PARIS
Stadt der
DICHTER

PARIS
Stadt der
DICHTER

HERAUSGEGEBEN VON
Laure Murat

MITARBEIT:

Patrizia Briguglio

Hector Feliciano

Jean-Louis Gaillemin

Séverine Jouve

Mona Thomas

Nicolas Weill

FOTOGRAFIEN VON
Georges Fessy

Aus dem Französischen von
Christophe Zerpka

KNESEBECK

Librairie Shakespeare & C°.

Inhalt

Stadt der Dichter

Paris und seine Schriftsteller

Victor Hugo

»Im zwanzigsten Jahrhundert wird es eine außergewöhnliche Nation geben. (…) Diese Nation wird Paris zur Hauptstadt haben, und sie wird sich keineswegs Frankreich nennen; sie wird Europa heißen.« So träumte Victor Hugo in seiner Einleitung zum berühmten *Paris-Guide par les principaux écrivains et artistes de la France*, der 1867 mit einem Umfang von 2135 Seiten erschien. Wenn für den visionären und so herrlich entschiedenen Hugo Paris aus Rom, Athen und Jerusalem, anders gesagt aus dem »Großen, Schönen und Wahren« hervorgeht, so sieht er doch in der Hauptstadt noch eine andere Dreifaltigkeit: »Rabelais der Vater, Molière der Sohn und Voltaire der Geist, jenes dreifaltige Gelächter, welches im sechzehnten Jahrhundert gallisch, im siebzehnten Jahrhundert humanistisch und im achtzehnten Jahrhundert kosmopolitisch ist, eben Paris.« Denn daran besteht kein Zweifel: »Was Paris zur Vollendung bringt und ihm die Krone aufsetzt, ist das Literarische.«

Seit ewigen Zeiten, seit François Villon, seit Montaigne, der seine Hauptstadt »zärtlich« liebte, »bis hin zu ihren Warzen und Flecken»[1], hat Paris auf Schriftsteller eine Faszination ausgeübt, deren Glut im Laufe der Jahrhunderte nie nachgelassen hat. Paris, der Aufenthaltsort der Gebildeten aus aller Welt, die dort die Luft

des geistigen Lebens in sich aufsogen, Paris, der »Leuchtturm der Welt«, mußte so zwangsläufig auch zur Quelle von Inspiration, zum literarischen Objekt oder gar zum Thema selbst werden. Poeten besingen es, Romanschreiber machen aus ihm eine Figur, Essayisten erdenken es, Theoretiker schöpfen daraus unermüdlich das Einzigartige. Und alle hinterlassen uns eine reichhaltige, tiefgründige literarische Geographie.

Sich diesem Kontinent zu nähern ist also eine Herausforderung, doch vor allem ein Anliegen: einige Schriftsteller auszusuchen, deren Werk vielleicht einen substantiellen Kern darstellt, von dem aus das beleuchtet werden kann, was nun schon als Mythos zu bezeichnen ist. Folgende Fragen muß man dabei vorausschicken: Welches Bild von Paris wird in Gedicht und Roman vermittelt? Wie mag dieses Bild unsere erdachte Geographie verändern? Was für eine Verbindung gibt es zwischen der realen und der literarischen Stadt? All diese Fragestellungen erfordern einen historischen Umweg, der für das Verständnis des literarischen Mythos von Paris und dessen Ausformung unabdingbar ist. Denn auch wenn im Inhaltsverzeichnis die Reihenfolge der Einfachheit halber eine alphabetische ist, gibt doch die zeitliche Abfolge den Ausschlag. Sie beginnt in der ersten Hälfte des XIX. Jahrhunderts, genauer

Gérard de Nerval

Honoré de Balzac

gesagt mit Balzac (1799–1850), einer Schlüsselfigur, dem bedeutenden Meilenstein auf dem Weg, der Paris mit der Literatur verbindet.

Paris, die Geburt eines literarischen Mythos

Natürlich haben schon andere vor ihm über die Hauptstadt geschrieben: Balzac selbst ist ein großer Bewunderer von Louis-Sébastien Mercier und dessen *Tableau de Paris*, ganz zu schweigen von Rabelais, der wie er selbst aus der Touraine stammt und der die Hauptstadt zum Schauplatz der Heldentaten seines Pantagruel gemacht hat. Doch mit dem Autor der *Menschlichen Komödie* wird sich Paris als Studienobjekt und Rahmen für Romanhandlungen in seinem Wesen und seinen Dimensionen verändern. Wie?

Diese Vorläuferrolle Balzacs wirkt vor allem auf jene Epoche, die eine ästhetische Revolution einleitet: Das moderne Leben wird zum Thema, man macht sich an »die märchenhafte Umsetzung des äußeren Lebens«, wie es Baudelaire so klar formuliert – der gleiche Baudelaire, welcher dann später seine Verwunderung über jene Kritiker zum Ausdruck bringt, die in Balzac einen »Beobachter« sehen, wo er doch vor allem den »Visionär« erkennt.[2]

Im jenem Paris der Jahre um 1820, als Balzac sich schwört, berühmt zu werden, läßt sich seine Karriere schlecht an. *Cromwell*, ein historisches Drama in Versen, wird abgelehnt, von *Jean-Louis ou la Fille trouvée*, einer mit komischen Effekten gespickten Intrige, die vor der Revolution spielt, wird er er später selbst sagen, daß es ein »abscheuliches Vorhaben« war. *Clotilde de Lusignan ou le Beau Juif*, ein in der Provence des XV. Jahrhunderts angesiedelter Troubadour-Roman, *Le Vicaire des Ardennes*, eine von der Zensur verurteilte Geschichte, in der es um Piraten und Inzest geht, all dies hat seine Illusionen von schnellem Ruhm und sozialer Anerkennung getrübt, worüber ihn seine Erfahrungen als Essayist, Drucker und Geschäftsmann kaum hinweggetröstet haben. 1825 erschien *Wann-Chlore* ohne den Namen des Autors, und hier kann man durchaus den Vorläufer der *Scènes de la vie privée* erkennen, deren erster Titel, *Das Haus zur ballspielenden Katze*[3], 1830 erscheint, womit dann die berühmte Wende in seiner Laufbahn eintritt. *Die menschliche Komödie*, deren Konzept erst 1842 unter diesem Titel zusammengefaßt werden wird, ist geboren; der Autor läßt übrigens seine Pseudonyme Lord R'Hoone (ein Anagramm von Honoré) oder Horace de Saint-Aubin fallen und zeichnet nun stolz mit »de Balzac«. Von jetzt an wird er nahezu sein gesamtes früheres Werk ablehnen.

Das Haus zur ballspielenden Katze beginnt mit diesem Satz: »In der Mitte der Rue Saint-Denis, fast an der Ecke Rue du Petit-Lion stand noch vor kurzem eines dieser vornehmen Häuser, die es den Historikern erleichtern, das alte Paris zu rekonstruieren.« Ein junger eleganter Mann betrachtet es mit »der Begeisterung eines Archäologen«. Doch der Pariser Leser hat seine Stadt vor allem durch untrügliche Einzelheiten wiedererkannt:

Charles Baudelaire

Die weißen Seidenstrümpfe des Helden sind vom Schlamm bespritzt, diesem so ekelhaften wie vertrauten Schlamm; in der ansonsten so lebhaften Straße herrscht eine »Ruhe, deren Zauber nur jene kennen, die im ausgestorbenen Paris umhergeirrt sind, zu jener Stunde, in welcher der Lärm, der sich einen Moment gelegt hat, wieder hochkommt und sich in die Weite ausbreitet wie die große Stimme des Meeres«. Ein Jahr später erscheint *Das Chagrinleder*, eine märchenhafte Erzählung, die im Paris der Julimonarchie spielt. Der gewaltige Apparat von Balzac setzt sich in Bewegung: Genauso wie der Dandy nun zum Helden wird, drängt Paris, der Schauplatz des zeitgenössischen Epos, nun mit Macht in den modernen Roman; seine Wirklichkeit und all das, was dabei an Trivialität und Größe dazugehört, tritt in den Dienst der Fiktion.

Man weiß, wie Balzac in seiner gnadenlosen Sittengeschichte seine Charaktere mit der Leidenschaft eines Insektenforschers sezieren wird. Ihr ständiges Wiedererscheinen von Roman zu Roman verleiht dem untereinander verknüpften Werk seine organische Einheit, bevor eine Aufstellung von *Études* und *Scènes* seiner grandiosen »Kathedrale« endgültig ihre Festigkeit gibt. Er selbst wird diese Vorgehensweise in der Einleitung zu den am 27. April 1835 erscheinenden *Études de Moeurs* untersuchen: »Kürzlich wurde ein großer Schritt getan. Das Publikum hat, als es im Vater Goriot einige schon existierende Figuren wiederauftauchen

Iwan Turgenjew

sah, eine der kühnsten Absichten des Autors verstanden, nämlich die, einer fiktiven Welt Leben und Bewegung zu verleihen, deren Figuren vielleicht noch da sein werden, wenn der größte Teil derer, die als Vorbild dienten, schon tot und vergessen ist.« Sein »vielleicht« ist pure Eitelkeit, verwundert jedoch bei Balzac kaum. Da klingt es schon richtiger, wenn er verkündet: »Es reicht nicht aus, ein Mann zu sein, man muß ein System sein.«

Wenn Balzac seine Zeitgenossen in die Form seiner Romanfiguren gießt, begründet er damit Typen von universellem Wert, stigmatisiert mit einem Satz die Allerweltsseelen, hält Charaktere definitiv fest. Die Hauptstadt wird er ebenso behandeln. Denn mit der gleichen Leidenschaft, diesmal als Entdecker und Archäologe, wird Balzac sie nunmehr durch seine Beobachtungen ausloten, den kleinsten Winkel unter die Lupe nehmen, alle Verbindungen abschreiten: Die Hauptstadt der Julimonarchie, größtenteils durch die Baustellen des Barons Haussmann, dann durch den Feuersturm der Commune verschlungen, hat uns keine Spuren hinterlassen können – die Fotografie steckte noch in den Kinderschuhen –, ist aber für die Nachwelt in der *Menschlichen Komödie* festgehalten.

Aber Balzac geht noch weiter. In der gleichen Einleitung bestätigt er tatsächlich, daß »die Geschichte dieser fiktiven Gesellschaft (...) wie eine abgeschlossene Welt sein wird«. Wenn er somit die Begriffe vertauscht und den Vorschlag macht, das Imaginäre als Prinzip einer höheren Wirklichkeit hinzustellen, so errät er, daß

diese Auffassung von Paris, die er genauso im Kopf hat wie die Gesellschaft seiner Zeit, daß diese in Worte gefaßte Stadt zum Bezugspunkt werden wird. Der von Balzac entschlüsselte urbane Code wird, wenn er erst einmal übertragen ist, die festen Umrisse eines Antlitzes von Paris wiedergeben, dessen Anatomie allgemeine Gültigkeit haben wird. Und von diesem Augenblick an, in dem das Modell hinter der künstlerischen Schöpfung verschwindet, verändert sich das *Wesen* des literarischen Paris: Hier nun entsteht es wirklich aus einem mythischen Konzept heraus. Seine Wirklichkeit ist zunächst einmal zur Fiktion geworden. Die Fiktion hat dann ihrerseits das wirkliche Bild durchdrungen.

Der Wanderer spaziert nicht mehr durch den Faubourg Saint-Marceau: Er irrt durch das Quartier du Colonel Chabert; und in der Rue Neuve-Sainte-Geneviève beschleunigt er seinen Schritt aus lauter Angst, Madame Vauquer[4] mit ihrem aufgedunsenen Gesicht könne ihm über den Weg laufen. Auf der anderen Seite des Ärmelkanals und in der gleichen Zeit hebt Dickens sein London aus dem gleichen Taufbecken.

Diese Veränderung im Wesen des literarischen Paris ist untrennbar verbunden mit einer größeren Aufmerksamkeit, die Balzac und andere ihm zukommen lassen, aber auch mit einem anderen grundlegenden Phänomen: Die Herausgabe von Feuilletonromanen in Zeitungen sichert eine beachtliche Verbreitung für eine immer zahlreicher werdende Leserschaft. *La Presse* und *Le Siècle*, die sich weitestgehend für die Literatur öffnen, sind 1836 gegründet worden. Nach 1840 verzeichnen die Populärliteratur, der Kriminalroman – ein neues Genre –, die Abenteuergeschichten, in denen Paris sehr oft den Rahmen bildet, wenn es nicht sogar im Titel erscheint, einen durchschlagenden Erfolg. Als *Le Constitutionnel*, der auf dreitausend Exemplare

Paul Verlaine

Émile Zola

abgesunken war, *Le Juif errant* auf seinen Seiten abdruckt, hat er plötzlich eine Leserschaft von vierzigtausend… Am modernen Paris läßt sich verdienen.

Dumas und Maupassant werden die sozialen und psychologischen Phänomene beschreiben, Hugo und Sue werden die untersten Schichten erforschen, indem sie sich über das »moderne Babylon« wie Biologen über ihr Mikroskop beugen. Als Spiegel der Ängste jener Zeit, als Schmelztiegel aller Leidenschaften wird Paris zu diesem gigantischen Ungeheuer, dessen Gesicht in ihren Büchern zerkratzt und dessen Architektur neu gestaltet wird. Die erdachte, die gespenstische, die mit Tinte benetzte und aufs Papier gebreitete Stadt hat die reale Stadt, von der sie sich anregen ließ, bereits überlagert.

Die Zeiten sind ausschweifend, die Energien gewaltig, die Unternehmen gigantisch. Was die Schriftsteller angeht, so sind sie in diesem Jahrhundert der Wörterbücher, in welchem die Menschen die Welt umschlingen wollen, um sie besser zu organisieren, allwissend. *Die menschliche Komödie, Les Mystères de Paris, Die Rougon-Macquart* stoßen die Tore nach Paris weit auf. Die Geschichte als wichtigste Disziplin und der Roman machen nun gemeinsame Sache, ganz gleich, ob es darum geht, die Altstadt zu erforschen *(Der Glöckner von Notre-Dame, Die drei Musketiere)* oder die Hauptstadt neuzeitlicher Revolutionen *(Die Elenden, Lehrjahre des Gefühls)*. Die durch das napoleonische Epos geprägte Zeit, deren Held lebendig in die Legende eingegangen ist, erfindet sich ihre titanenhaften Gestalten: Edmond Dantès und Vautrin, die so viel verkörpern, daß Phantomas fast neidisch werden könnte, schweben über der Stadt, kaum daß sie den Druckerpressen entronnen sind.

Die Stadt, vom Roman im Sturm erobert, wird als vom modernen Leben untrennbares Gesamtwerk betrachtet. So verleiht sie der Dichtung natürlich auch ihre

Charakterzüge. Ebenso wie Balzac für die Prägung des literarischen Mythos der Hauptstadt steht, verkörpert Baudelaire unbestritten das dichterische Genie, dessen Name unmittelbar mit dem nächtlichen Paris des XIX. Jahrhunderts in Verbindung gebracht wird, dem Spiegel seiner Seele und seiner Rastlosigkeit, jenem Paris, das Schwarz trägt, die Farbe der Modernität. Seine *Pariser Bilder* werden ihr Licht auf die Werke von Nerval, Verlaine, Rimbaud und Mallarmé werfen; ein andauernder Einfluß, dessen Spuren sich noch bei Apollinaire, dem Pariser Poeten schlechthin, finden lassen.

Etliche Schriftsteller sind in die Fußstapfen dieser illustren Vorgänger getreten, zahlreiche Ausländer folgten ihnen. Jules Verne schneidet mit *Paris im XX. Jahrhundert*[5] die Hauptstadt auf die Maße der Sciencefiction zu, Villiers de l'Isle Adam, Moréas oder Huysmans offenbaren uns das Paris der Symbolisten, Barrès pflanzt dort seine *Déracinés* ein, Léon-Paul Fargue macht sich zum *Piéton de Paris*, Breton folgt dort *Nadja*, Léo Malet und Georges Simenon setzen mei-

Henry James

sterhaft die Tradition des »kriminalistischen« Paris fort. Heinrich Heine und Oscar Wilde wählen Paris zu ihrer letzten Bleibe, Hemingway, Miller, Fitzgerald, Williams Carlos Williams und McAlmon ziehen dorthin als Eroberer, mit Herzen voller Hoffnung. Dort laufen ihnen dann Joyce, D. H. Lawrence, Anaïs Nin, Gertrude Stein, Ezra Pound und Djuna Barnes über den Weg… Und alle beschwören Paris in ihren Büchern herauf.

Dieser Prozeß dauert bis in die sechziger Jahre, in denen Paris dann zu ebendieser »mythischen« Stadt geworden ist. Auch Raymond Queneau, Georges Perec, Henri Calet, Michel Butor und Jacques Réda werden noch mit seinen Kulissen, Straßennamen, seinen geheimen Gärten spielen.

Wie sieht es heute aus? Auch wenn Paris keine so machtvolle intellektuelle Hauptstadt mehr ist wie einst, ist die Spur des literarischen Mythos auf den Seiten des zeitgenössischen Romans kaum verwischt: Die fortgesetzte Nostalgie in den Romanen von Modiano, die Plädoyers von Daniel Pennac für Belleville, die verschämten Andeutungen von Jean Echenoz können wie so vieles andere auch als Anzeichen der schönen Beständigkeit von Paris interpretiert werden.

Marcel Proust

zen Erde auf keinem einzigen Fleck nicht zum zweiten Mal findet, und Sie werden begreifen, daß ein kluger Kopf wie Ampère, in solcher Fülle aufgewachsen, in seinem vierundzwanzigsten Jahre wohl etwas sein kann.«

Obwohl Paris vom Zerfall seiner ungesunden, verpesteten, verdreckten Behausungen bedroht ist und schwer an seinem mittelalterlichen Gepränge zu tragen hat, bleibt es – grandios auch in seiner Unordnung – dank seiner Denkmäler, seiner geradlinigen, regelmäßig angelegten Avenuen am Anfang des XIX. Jahrhunderts die Drehscheibe des aufgeklärten Europa. Das intellektuelle Leben wurde schon lange aus den Salons auf die Straße verlegt; es findet zunehmend in den Cafés statt, die sich von verrufenen Spelunken zu neuen Foren entwickelt haben, wahrhafte »akademische Büros« der Aufklärung, die sich schwindelerregend vermehren: Von zweihundertfünfzig Häusern im Jahre 1680 steigt ihre Zahl auf fast eintausendachthundert am Vorabend der Revolution.

Paris, die Literaturhauptstadt

Es reicht nicht aus, Paris als die schönste Stadt der Welt anzusehen, wenn man die Anziehungskraft erklären will, die unsere Hauptstadt auf so viele Schriftsteller ausübt. Paris war, wie Historiker wissen, lange Zeit die Hauptstadt Europas, die Stadt der Ideen schlechthin, dieser »universelle Ort«, an dem sich jeder gebildete Mensch aufgehalten haben sollte. Man muß nur im Gespräch Goethes mit Eckermann vom 3. Mai 1827 nachlesen, um das Ausmaß dieser internationalen Schwärmerei zu verstehen und zu ermessen: »Und zu diesem allem, setzt er seinem Freund nach einer begeisterten Beschreibung auseinander, denken Sie sich nicht das Paris einer dumpfen geistlosen Zeit, sondern das Paris des neunzehnten Jahrhunderts, in welchem seit drei Menschenaltern durch Männer wie Molière, Voltaire, Diderot und ihresgleichen eine solche Fülle von Geist in Kurs gesetzt hat, wie sie sich auf der gan-

Diese jungen Literaturzirkel werden ihre glorreichen Zeiten in der Julimonarchie und dem Second Empire erleben, und zwar in der Umgebung der Boulevards, dort, wo die Theater wie Pilze aus dem Boden schießen. *Das Frascati* in der Nähe des Boulevard Montmartre, berühmt für sein Speiseeis, wird von Stendhal, dem ständigen Gast, ganz schlicht als »großartig« eingeschätzt. Am Boulevard des Italiens wird die *Maison dorée* von Balzac und von Murger besungen, der daraus einen der Treffpunkte der künstlerischen Boheme macht. *Momus*, das gegenüber dem *Journal des débats* liegt, das von Nerval, Baudelaire und Gautier geliebte *Le Divan-Le Peletier*, das *Café de Paris* oder das *Tortoni* sind Brennpunkte einer ständigen Bewegung. Von der Spelunke zur Institution war es nur ein Schritt, wie Donald Grant Mitchell, ein Amerikaner, der sich 1847 in Paris aufhielt, nach seiner Rückkehr ganz klar feststellte: »Nach Paris zu gehen, ohne ein Café zu besuchen, wäre wie eine Reise nach Ägypten ohne die Pyramiden…«[6]

Der Aufschwung der Theater und Zeitungen ist Teil dieser ständigen Bewegung, in der die Kunst der Konversation im Rauch der Zigarren und der Alkoholdämpfe allmählich in politische und literarische Gespräche umschlägt. Diskussionen, Schmähschriften, Beschimpfungen: Es ist die Stunde der Wortwechsel, und es ist

Guillaume Apollinaire

die Epoche, in der man die Metapher liebt. Mal wird Paris mit einer »Frau« verglichen – mit all den Bedrohungen, die man ihr unterstellt –, einem »Ungeheuer«, einem »Menschenfresser«, doch es wird auch als »Feuerofen«, als ständig kochender »Kessel« bezeichnet. Paris, so sagt man, schläft nie.

Die intellektuelle Lebenslust, durch Haschisch und Absinth aufgeputscht, wird vor allem im XIX. Jahrhundert noch beflügelt durch die politischen Erschütterungen, die Paris während seiner gesamten Geschichte erlebt: Das Echo von 1789 verhallt schon, als die Revolution von 1830, dann die von 1848 grollt, bis hin zum großen Donner von 1870. Haussmanns kapitalistisches Paris muß, kaum vollendet, zu einem Drittel in den Flammen der Commune sterben. Die Dritte Republik baut es wieder auf, und schon bald darauf wird die französische Gesellschaft durch die Dreyfus-Affäre zerrissen werden. Durch all diese Krisen und Zusammenbrüche hindurch bildet sich die für ihr Engagement bekannte französische Literatur heraus.

Reich an intellektuellen Abenteuern tritt Paris ins XX. Jahrhundert, schon mit literarischen Bildern besetzt. So sehr, daß es nun schon unmöglich ist, sich dieser Prägung zu entziehen. In seinem Buch *Jugend in Rio und Erste Reise nach Europa* erwähnt Gilberto Amado schon seinen ersten Aufenthalt in der französischen Hauptstadt 1912 mit diesen Worten: »Ich wußte, wo Auguste Comte gewohnt hatte; wo sich Descartes aufgehalten hatte (…); wo Madame Récamier Chateaubriand empfing; ich kannte die verschiedenen Wohnungen von Victor Hugo; das Haus, in welchem Baudelaire, eingeführt von Théophile Gautier, Haschisch rauchen ging; die zweite Etage, wo Stendhal in vier Wochen *La Chartreuse de Parme* geschrieben hatte; den Ort, an dem sich Nerval erhängt hat…« Paris ist zu einer riesigen geoliterarischen Karte geworden, auf der die reisenden Dichter umherlaufen.

Auch heute noch ist das literarische Zitat aktuell, wenn es darum geht, das Paris des XX. Jahrhunderts einzufangen. In einem jüngeren Artikel über die Briefe von Apollinaire erinnert Philippe Sollers daran, daß »Paris, man kann es nicht oft genug sagen, diese unglaubliche Stadt gewesen war, ›heilige Stadt, im Okzident liegend‹ (Rimbaud), wo die wichtigsten Errungenschaften des XX. Jahrhunderts entstanden sind, freilich nicht ohne Schlachten,

James Joyce

Niederlagen, Rückschritte und bisweilen auch blitzartige Sprünge nach vorn.«[7]

Zu Beginn unseres Jahrhunderts bildete sich in Montmartre, bekannt wegen seiner Cabarets und literarischen Cafés, die Hochburg der Avantgarde um ein berühmtes Atelier herum: um das *Bateau-Lavoir* in der Rue de Ravignan, welches mit dem Einzug von Pablo Picasso zur Legende wird, der dort ab 1902 Max Jacob und Guillaume Apollinaire empfängt, wenn man sich nicht gerade im *Lapin-Agile* mit Francis Carco trifft. Man setzt diese Tradition der Freundschaft zwischen Malern und Schriftstellern fort, die aus dem XIX. Jahrhundert übernommen wurde, als Baudelaire der Verteidiger von Delacroix und Manet war, bevor ihn Zola, ein Bewunderer der Impressionisten, ablöste.

Die Jahre nach der Jahrhundertwende bezeichnen außerdem den Beginn der bis 1950 währenden Glanzzeit eines anderen Künstlerviertels: Montparnasse. Die alte Hochburg der Cabarets und bals populaires wird zum weiteren Brennpunkt, um den sich neue Cafés ansiedeln: Das *Dôme*, wo Lenin und Trotzki sich vor dem Ersten Weltkrieg trafen, aber auch *La Rotonde*, das *Sélect, La Coupole*… Fargue, Cocteau, Breton, Cendrars, Soupault, Satie, Strawinsky, die Amerikaner der Zwischenkriegszeit, Carpentier, Unamuno y Jugo, Savinio, Ilja Ehrenburg und Majakowski verleihen diesen Orten ihr Adelsprädikat.

Den literarischen Blättern zieht man jetzt die Revuen vor, ob sie nun klein sind, wie es uns die *Little Review* glauben machen will, oder großformatig wie *Le Minotaure*, jedenfalls getreu den Vorbildern *Nouvelle Revue Française* und *Europe*. Als Hauptstadt der Gedankenfreiheit genießt Paris auch den anrüchigen Ruf, die Stadt lockerer Sitten

Rainer Maria Rilke

Louis Aragon

zu sein. Zwei Verlockungen, die beim Pariser Nachtleben, das in voller Blüte steht, durchaus in Zusammenhang stehen, wie Dunja Barnes in *Nachtgewächs* (1936) schelmisch bemerkt: »*L'Echo de Paris* und seine Bettlaken kommen aus der gleichen Druckerpresse.« Mehr als die Ausschweifungen, die gerade mal dazu taugen, Touristen zu erschrecken, ist es der Geist der Unabhängigkeit, welcher die literarische Pariser Gesellschaft charakterisiert, in der die Liebe allmählich zur Ehe ohne Trauschein übergeht, ganz nach dem Beispiel berühmter Paare wie Henry Miller und Anaïs Nin, Louis Aragon und Elsa Triolet, Simone de Beauvoir und Jean-Paul Sartre. Dieser wird sich den Spaß machen, in *Der Ekel* (1938) die Hauptstadt mit dem fröhlichen Junggesellentum in Verbindung zu bringen, wie es dieser kleine Dialog zeigt: »– Was machst Du? Wohnst Du in Paris? – Ich wohne in Bouville. – Bouville? Warum? Du bist doch hoffentlich nicht verheiratet? Verheiratet? sage ich hochfahrend. Es ist mir sehr unangenehm, daß Anny sowas von mir hatte denken können. Ich sage es ihr.«

Die Pariser Nächte sind lebhaft. Und am Tage wird der Geist des politischen Widerstands wachgehalten: Der internationale Schriftstellerkongreß, auf dem die Beunruhigung angesichts des aufkommenden Faschismus zum Ausdruck kommt, wird im Juni 1935 in der Mutualité abgehalten. Es nehmen neben anderen E. M. Forster, Robert Musil, Bertolt Brecht, Aldous Huxley, Romain Rolland, Louis Aragon, André Gide, Henri Barbusse, André Malraux teil…

Nach dem Zweiten Weltkrieg bewegt sich der geistige Fluß langsam in Richtung Saint-Germain-des-Prés, wo der Duft der *Temps modernes* mit dem Existentialismus einhergeht, der im goldenen Dreieck seine Wurzeln schlägt, dessen drei Eckpunkte von der *Brasserie Lipp* und den Cafés *Flore* und *Deux Magots* besetzt sind. Sartre ist dort das Orakel, Gréco die Muse, alles drängt sich dort, Boris-Vian, Albert Camus, Alain

Robbe-Grillet, aber auch Cortazar, Calvino, Vargas Llosa. Sie sind dort geblieben.

All diese Plätze beschreiben eine literarische Topographie, die nunmehr zur Geschichte gehört. Einige davon sind bedroht – die *Closerie des Lilas* ist gerade aufgekauft worden, die Buchhandlung *La Hune* wird vielleicht durch ein Luxusgeschäft ersetzt werden –, einige sind verschwunden – die *Maison des Amis des Livres* in der Rue de l'Odéon Nummer 7 hat seinen Platz einige Tage nach den Fotoaufnahmen für dieses Buch einem Friseursalon überlassen. Eines Tages werden andere auftauchen.

Diese kurze Erwähnung einer Geographie der Gasthäuser und Literaten hat nicht nur anekdotischen Wert. Sie zeigt uns schnell einige Orte, die zu Treffpunkten zwischen Künstlern, Schriftstellern und Verlegern wurden. Denn dieses Paris des XIX. und XX. Jahrhunderts, in dem sich ein guter Teil der Weltliteratur entfaltet hat, diese Hauptstadt der Menschenrechte, auf die die Franzosen so stolz sind, war auch ein bevor-

Colette

zugter Verlagsort. Eine Tradition, zu der auch ein Symbol verpflichtet, denn das erste in Frankreich gedruckte Buch, die *Epistolae* von Barzinius (1470), wurde mit diesen Worten Paris gewidmet: »Ebenso wie die Sonne überall das Licht verbreitet, so schüttest Du, Stadt Paris, Hauptstadt des Reiches, Nährerin der Musen, die Wissenschaft über die Welt.«

Die Universität trägt seit langem zum Ansehen der Hauptstadt bei, die Hingabe einiger Verleger verdiente jedoch ebensolche Beachtung. Man denke nur an den Stoizismus eines Furne angesichts der Zumutungen, die ihn Balzac erdulden ließ, an den hellsichtigen Mut eines Poulet-Malassis bezüglich Baudelaire oder eines Lemerre bezüglich der Parnasse-Dichter. Man sollte sich die Hartnäckigkeit und die bewundernswerte Geduld von Sylvia Beach ins Gedächtnis rufen, die, auch angesichts der Ansprüche eines von allen abgelehnten Joyce, 1922 in Paris die erste Ausgabe von *Ulysses* herausbrachte, koste es, was es wolle. Man sollte sich an den Eifer von Jack Kahane, dem Gründer der *Obelisk Press*, erinnern, der das Risiko auf sich nahm, 1934 *Wendekreis des Krebses* von Henry Miller zu publizieren, ein Buch, welches in den Vereinigten Staaten bis 1961 verboten war, und an Kahanes Sohn Maurice Girodias, der die französische Ausgabe der Werke von Henry Miller bei den *Éditions du Chêne* fortsetzte. Man sollte die Leidenschaft erwähnen, welche Adrienne Monnier jahrelang dazu brachte, in ihrem Buchladen in der Rue de l'Odéon junge Unbekannte oder gerade am Anfang ihres Ruhms Stehende zu empfangen, die Breton, Aragon, Hemingway, Valéry, Joyce, Gide, Claudel und Reverdy hießen... Man stelle sich nur diesen kleinen Raum vor, in dem sich die internationale Literatur zusammendrängte, und man wird verstehen, daß Paris gut und gerne die literarische Hauptstadt war, in der Rilke, Miller und so viele andere ihren Anfang machten, unwiderstehlich angezogen vom Reiz einer alten Stadt, in der der Hauch des Geistes immer noch jugendlich frisch wehte.

Von der Hernani-Schlacht zum Nouveau Roman über den Realismus, die naturalistische Schule, den Kubismus, die Dada-Revolution und den Surrealismus war Paris die Stadt mit schwindelerregenden Zentrifugalkräften. Die Hauptstadt stellte für die Ausländer, die vom »französischen Esprit« fasziniert und bisweilen über ihn verärgert waren, einen unwiderstehlichen Magneten dar, der die leidenschaftlichen Bindungen an sie begründete. Für einige, wie Henry James oder Turgenjew, hätte das Exil eine anregende Erfahrung sein können, ein Vorspiel für die Rückkehr an die Ursprünge ihrer Länder oder Sprachen: Das wird bei Giuseppe Ungaretti oder Ruben Dario der Fall sein. Andere, wie Samuel Beckett, E. M. Cioran, Eugène Ionesco oder auch Julien

Henry Miller

Green und Milan Kundera, werden sich hier festsetzen: »Jeder Mensch hat zwei Vaterländer – das seine und Paris«, sagte schon Jefferson...

In *Blanche ou l'Oubli* (1967) beschwört Aragon die glorreichen Zeiten eines internationalen und literarischen Paris: »*Es geht das Gerücht um, daß man eine literarische Überraschung für uns vorbereitet...* murmelte zu dieser Zeit, und mein Wort darauf, sehr höflich (ich kann nichts dafür, so steht es im Text), der Quäker-Bibliothekar in *Ulysses*, kennen Sie *Ulysses*? Joyce, ja. Die Mode kam erst ein wenig später auf, von Joyce, wie ich höre. 1922 las nicht die ganze Welt diesen *Phantomas* im Feuilleton der *Little Review*? Und, *bordel or not bordel*, niemand fragte Sie in diesem etwas verächtlichen Tonfall junger Mädchen, die schon Verhältnisse gehabt haben: Sie sind also nicht mal Judoka? Nein.«

Ernest Hemingway

So bringt Aragon die Literaturhauptstadt in einen anderen Bereich ein, den er perfekt beherrscht: den Raum zwischen Realität und Fiktion, die literarische Stadt.

Paris, eine literarische Stadt

Könnte man nicht jenseits des Begegnungsraums von Schriftstellern, Verlegern und Buchhändlern eine neue Definiton der Literaturhauptstadt herausbilden, etwas stärker, erhöhter, in einem anderen, mächtigeren Sinne – und literarischer, genauer gesagt einen vergeistigten, erträumten, durch die Literatur erzeugten Raum? Eine Stadt als Gegenstand der Literatur, deren Geographie in den Texten neu zusammengesetzt wird, deren Avenuen und Straßen zwischen den Zeilen und den Seiten hervorsprießen, Reste von Erfahrungen im Inneren der Stadt.

Dieses gewaltige Erbe ist auch für eine so fest an ihre Literatur gebundene Nation der Nährboden unserer täglichen Bezugspunkte geworden: Assoziiert man trotz des Wiederaufbaus des Justizpalastes nach der Commune nicht gleich die Conciergerie mit der langen und berühmten Beschreibung, welche Balzac in »Où mènent les mauvais chemins«, im dritten Teil von *Glanz und Elend der Kurtisanen* darüber abgibt? Und wenn Spaziergänger den Pont Mirabeau überqueren, können

Alejo Carpentier

sie dann auf das Gedicht von Apollinaire verzichten, das so oft zitiert wird, daß es ein Pariser Allgemeinplatz geworden ist? Lassen nicht die Hotels des Faubourg Saint-Germain sogleich den Geist des Erzählers von *Auf der Suche nach der verlorenen Zeit* auferstehen? Findet man nicht ganz automatisch unter den transparenten Gewölben der Passagen, welche die Hauptstadt wie ein Geheimnis birgt, zum Rhythmus der Schritte und zu den Halluzinationen von *Der Pariser Bauer*? Woran erinnern die so »geheimnisvoll gleichen und so geheimnisvoll verschiedenen« Arkaden des Palais-Royal, wenn nicht an die Stimme von Colette? Und welcher Touristenführer würde es wagen, einen Besuch der Pariser Kanalisation abzuschließen, ohne *Die Elenden* und die Flucht des vom Polizisten Javert verfolgten Jean Valjean zu erwähnen? Der Beispiele gibt es viele. Sie stehen auch für eine sehr konkrete Verschmelzung von urbanem Stoff und seinem literarischen Abbild – so sind Tausende von Texten heute und für ewige Zeiten in die Steine von Paris unsichtbar eingeritzt.

Paris ist also ein literarisches Werk, ein texttreues Wesen, das nach und nach die Unabhängigkeit einer fiktiven Stadt erlangt hat und nun ebenso zur Geschichte wie auch zur Literatur gehört. Die Passage de l'Opéra gibt es nicht mehr? In *Der Pariser Bauer* hat sie noch Bestand. Und die Hügel des Friedhofs Père Lachaise lassen immer noch Rastignacs Herausforderung spüren, wie auch die Seine ständig den Geist der von *Aurélien* beschriebenen Unbekannten anschwemmt. Das durch die Literatur verwandelte Paris gestaltet unsere Vorstellungswelt, nährt sie, verändert unseren Blick auf die Stadt. Schauen Sie doch nur auf die Wasserspeier von Notre-Dame: Sie tragen nun die Züge von Quasimodo,

und man glaubt, ein höhnisches Lachen zu hören. Schauen Sie sich um, wenn auf der Place de la Concorde die Nacht hereinbricht: die Wahrnehmung eines Nerval. Fahren Sie einfach über die äußeren Boulevards, und es kommt der Augenblick, in dem Ihnen eine Figur von Modiano über den Weg laufen wird. Es gibt heute in Paris kaum Viertel, Straßenabschnitte, Denkmäler, aus denen nicht Hunderte von Schriftstellern Größe und Elend herausgelesen haben, um sie uns sodann auf eine andere Art zu lesen zu geben.

So gibt es also viele Berufene, doch nur wenige wurden auserwählt. Zwanzig sind es hier, die ungefähr gleichmäßig auf das XIX. und XX. Jahrhundert, auf Frankreich und andere Länder verteilt sind, Dichter oder Autoren fiktionaler Werke, deren Welt im wesentlichen mit Paris verbunden ist. Ob es sich nun um Hugo oder um Prévert, um Turgenjew oder um Rilke, um Verlaine oder um Carpentier handelt, all die hier vorgestellten Schriftsteller waren irgendwann einmal aus bisweilen gegensätzlichen Beweggründen von dieser Stadt besessen. Bis hin zum extremen, ironischen Italo Calvino, der von dem mit Literatur übersättigten Paris so entmutigt war, daß er sich weigerte, darüber zu sprechen… und dann ein Buch schrieb, um sich dafür zu rechtfertigen. Zwanzig Schriftsteller? Eine willkürliche Zahl, jedoch ein Maximum, wenn man jeden mit einem Minimum an Sorgfalt behandeln möchte. Eine Zahl, die auch, wie der Zufall es will und sozusagen als Erheiterung, jener der Pariser Arrondissements entspricht…

Das Thema, gleichermaßen weit und eng gefaßt, verlangte nach einer völlig neuen fotografischen Vorgehensweise. Es ging in der Tat darum, das von den Schriftstellern überlieferte Paris – deren Herangehensweise sich manchmal radikal unterscheidet, aber auch ineinander übergehen und sich entsprechen kann – zu bebildern oder vielmehr zu gestalten, und dies trotz der Menge von Autos und der Aggressivität der Reklametafeln. Die bukolische Betrachtung von Colette hat nichts

Jacques Prévert

Italo Calvino

Der fotokünstlerischen Originalität sollte die Individualität der Texte entsprechen, die bei Historikern, Schriftstellern und Journalisten in Auftrag gegeben wurden, deren Ziel es war, einen Pariser »roten Faden« durch die Romane dieses oder jenes Autors zu ziehen. Wie ich es von Anfang an erhofft hatte, ergab sich aus diesen individuellen Lektüren eine Vielfalt an Ansichten und Auffassungen, unabdingbar für eine einfühlsame Wiederaufnahme des Gegenstands.

Spaß am Lesen: Aus nichts anderem ist dieses Buch entstanden. Diese Lust, zu den Ursprüngen unserer Begeisterung zu gehen, zu diesen Hunderten von Werken, die für *Paris – Stadt der Dichter* den Ausschlag gaben, würde es gerne an den Leser weitergeben. »Paris, das bedeutet laufen«, sagte Hugo in seinem Einführungstext zum *Paris-Guide*. Es sei mir also erlaubt, die Hoffnung auszusprechen, daß man am Ende der nun folgenden Kapitel ohne Umschweife den großen Mann paraphrasieren und in diesem Sinne sagen kann: Paris, das bedeutet lesen. Denn Paris ist, gesichert durch den weiten Bogen, der sich von Balzac zu Modiano, von Aragon zu Zola spannt, vor allem jener

gemein mit Rilkes Vorstellung von Paris. Haben Miller und Hemingway die gleichen Orte besucht? Gewiß, aber ihre Erkenntnis unterscheidet sich in allen Punkten – das Paris Hemingways ist hingegen dem von Fitzgerald ʼzu ähnlich, was dazu führte, daß man sich für einen der beiden Schriftsteller entscheiden mußte. Unvermeidlich kehren die Viertel von Montmartre oder von Montparnasse, der Parc Monceau oder der Tuileriengarten, der Eiffelturm, das Panthéon, die Seine wie die dazugehörigen Refrains im Kanongesang des Paris der Schriftsteller immer wieder. Jedes Bild birgt jedoch seinen eigenen Charakter, seine spezifische Beleuchtung, seine Zeichnung.

Patrick Modiano

endlose Roman geworden, der das physische Verschwinden der Stadt, die von nun an in die bleiernen Buchstaben der Druckerei gegossen ist, schon morgen erlauben würde. Absicht dieses Buches war es unter anderem gewesen zu zeigen, daß diese Möglichkeit, obschon natürlich nicht wünschenswert, wohl zulässig wäre. Kurz, ein sehr literarischer Traum.

L. M.

---

1 *Essais*, Buch III, Kapitel IX. Montaignes Loblied, welches um so wertvoller ist, als der Schriftsteller sein Leben lang die Einsamkeit seiner Bibliothek in Bordeaux dem hektischen Stadtleben vorgezogen hatte, geht dann so weiter: »Franzose bin ich nur durch diese große Stadt, groß durch ihr Volk, groß durch ihre günstige Lage, doch vor allem groß und unvergleichlich durch ihre vielen und unterschiedlichen Annehmlichkeiten, den Ruhm Frankreichs und eine der edelsten Zierden der Welt.«

2 Zitiert von Roger Caillois in seiner spannenden Studie »Paris, mythe moderne« in *Le Mythe et l'Homme*, Gallimard, Folio Essais, 1987.

3 Erster Titel aus der Reihe der *Scènes de la vie privée*. Doch im gleichen Jahr 1830 schreibt Balzac auch *L'Elixir de longue vie*, *Un épisode sous la Terreur*, *Une Passion dans le Désert*, *La Vendetta*, *Une double famille*, *Gobseck*, *La Paix du ménage*, *Le Bal de Sceaux* und *Étude de femme*, die alle in Die menschliche Komödie eingehen werden.

4 Dieses Phänomen ist in allgemeiner Hinsicht auch heute noch zutreffend: Sagt man denn nicht – bisweilen etwas unüberlegt – bezüglich einiger Intrigen »das ist wie bei Balzac«, ebenso wie man bei einer komplizierten Situation meint, sie sei »kafkaesk« oder, bei einer absur-

den Überlegung, »surrealistisch«? Es handelt sich hier um eine Eigenschaft des Mythos, ein Bild darzustellen, das reich genug und gesellschaftlich akzeptiert ist, um einen Gedanken in einem einzigen Wort auszudrücken, selbst in mißbräuchlicher Übertreibung. Diese Art von Bedeutungsverschiebung kann viele Formen annehmen. Ich will als Beispiel dafür noch den Irrtum anführen, der beim Zitieren der berühmten Herausforderung, die Rastingnac am Ende von *Vater Goriot* ausspricht, in schöner Regelmäßigkeit – und in den besten Werken – auftaucht, wo man dann liest: »Nun zu uns beiden, Paris!« Der korrekte Satz von Balzac lautet aber, wenn man sich auf autorisierte Ausgaben bezieht: »Jetzt zu uns beiden!« Diese an sich unbedeutende Kleinigkeit scheint mir dennoch bei unserem Thema recht reizvoll.

5 Das 1863 beendete Manuskript war verschollen. Nachdem es vor kurzem wiedergefunden wurde, ist es vom Verlag Hachette/Le Cherche Midi 1994 veröffentlicht worden.

6 Zitiert von Bertier de Sauvigny (G.), in *La France et les Français vus par les voyageurs américains*, 1814–1848, Flammarion, 1982.

7 *Le Monde des Livres* vom Freitag, dem 29. Dezember 1995.

G u i l l a u m e

Apollinaire

(1 8 8 0 - 1 9 1 8)

Ich besinge nicht diese Welt noch die anderen Sterne.
Ich besinge all die Möglichkeiten meiner selbst jenseits dieser Welt und der Sterne.
Ich besinge die Freude am Umherschweifen und die Lust, daran zu sterben.

Le musicien de Saint-Merry

Apollinaire, Bürger von Paris. Unter dieser Überschrift erinnerte Michel Leiris 1945 daran, daß »es in Paris und nirgendwo sonst war, wo er seine Heimat gefunden hat, wie sich in so vielen Stükken zeigt, in denen die Seine, Saint-Merry, die Rue Christine und der Eiffelturm den Ton angeben.« Es liegt heute auf der Hand, die Hauptstadt mit dem Dichter des *Pont Mirabeau* und dem Verfasser von *Le Flâneur des deux rives* in Verbindung zu bringen: kaum eine Seite, auf welcher der »große Amethyst« nicht sein Funkeln hinterließe.

Bürger von Paris ist Apollinaire in mehr als einer Hinsicht. Zunächst ist er Zeuge, als er als junger Mann im Quartier de l'Europe ankommt und sich bald darauf ins Künstlerviertel Montmartre wagt. Das Paris der Cafés, Restaurants, der Wein- oder Farbenhändler, der stillen Straßen oder der lauten Boulevards, all jene Treffpunkte finden in Apollinaire einen wandernden Geschichtsgeographen, der seine Erfahrungen in den Zeitungen wiedergibt und sie in seinen ersten Romanen verwendet. Von Montmartre, der »Heimstatt der schönen und freien Schlichtheit« *(La Femme assise)* bis Montparnasse, dem »Land der Terrassen und der freien Luft« *(Paris-Journal* vom 23. Juni 1914) geht Apollinaire als Chronist des Pariser Lebens unermüdlich auf die Stadt ein. Ob er im *Paris-Journal* die Unzulänglichkeiten des Musée du Luxembourg kritisiert, um ein »wirklich modernes Museum« zu fordern, ob er

Als »Schäfer«, der eine »Herde von Brücken« hütet, wie es in *Zone* heißt, taucht der Eiffelturm, hier 1910 von Picasso fotografiert, im nebeligen Paris von Apollinaire oft auf.

Saint-Germain-des-Prés und den Jardin des Plantes in den *Soirées de Paris* erwähnt oder über die Einweihung des Théâtre des Champs-Élysées in *La Vie anecdotique* berichtet, immer betrachtet er die großen Veränderungen der Hauptstadt oder die »kleinen wahren Geschichten« eines Viertels durch die scheinbar naiven Augen des Spaziergängers. *Le Flâneur des deux rives*, einer seiner berühmtesten Titel, ist dafür ein ausgezeichnetes Beispiel. Die Veröffentlichung dieser Sammlung von Artikeln, von denen die meisten zwischen 1911 und 1918 im *Mercure de France* erschienen sind, wird er selbst nicht mehr erleben. Apollinaire nähert sich darin Paris wie einem besonderen Ort voller unerwarteter Aufforderungen, auf Schicksale zu treffen: Das *Dôme*, die *Closerie des Lilas*, aber auch das *Napo* am Boulevard des Italiens, »dessen Eissorten berühmt sind«, die Quais, »diese köstliche öffentliche Bibliothek«, die er der Nationalbibliothek vorzieht, die Essen im Keller von Ambroise Vollard – all das sind Treffpunkte von Freunden oder Unbekannten, die vor allem seine Feder führen.

Neben diesem poetischen Tourismus, dessen moderner Erfinder er ist, bringt Apollinaire die Stadt in ein anderes Spiel ein, das der Eigennamen und der Straßenverläufe. Man kennt die Leidenschaft des Erzählers für Lautmalerei, für Namen mit merkwürdigen, gotischen, ursprünglich im biblischen Orient oder in Mitteleuropa beheimateten Gleichklängen, deren Dis-

sonanzen oder Melodien unmittelbar ins Ohr gehen. Dieses Interesse bringt ihn auf die »Straßennamen« in Paris, denen er 1918 im *Mercure de France* sogar einen Artikel widmet: »Der Patriotismus geht nicht unter, wenn er eine Rue Beethoven weiter bestehen läßt. Dagegen wird es nicht schaden, die Rue de Hambourg oder Budapest, sogar die von Constantinople abzuschaffen, wo doch eine Rue des Roumains, ein Boulevard de New York, eine Avenue des Américains, eine Place d'Australie, ein Rond-Point des Néo-Zélandais, der Boulevard des Indes und sogar – hat man daran überhaupt schon gedacht? – ein Boulevard de la Marne fehlen.«

Diese Lust am Namengeben – hier wird sie noch durch einen anderen Drang bei Apollinaire verstärkt: die ganze Welt in Paris eingemeinden – zieht sich durch sein gesamtes Werk. »Und alles soll einen neuen Namen bekommen«, befahl schon der Dichter von *La Victoire*. Durch das Spiel mit der Sprache und den Gleichklängen wird Apollinaire die Straßen, ohne deren Namen zu ändern, mit einem neuen Klang versehen – und sie dadurch umtaufen –, als ob die erste bescheidene Aufgabe des Dichters die wäre, es klingen zu lassen und zu einer Wiederentdeckung der Sprache aufzufordern. So zeigt es auch Daniel Delbreil in einer Studie zu diesem Thema: »Apollinaire empfindet intuitiv den Ortsnamen von Paris, das Pariser Toponym, als doppeldeutiges Zeichen, günstig für die Entfremdung des Realen. In den Straßen von Paris spürt er die Störung der Zeichensysteme: Ein Allgemeinplatz, der zum Eigennamen geworden ist, wird zum Straßennamen (Rue des Innocents, Rue des Francs-Bourgeois, Rue des Saints-Pères). Bisweilen wird ganz einfach ein schon ›eigener‹ Name plötzlich berühmt und sogar ›re-no(m)-miert‹, und zur gleichen Zeit umgewandelt: Ein Familienname wird zum Ortsnamen (dies ist in Paris und im Werk von Apollinaire der häufigste Fall); ebenso befindet sich ein Ortsname im Exil, wenn er zum Namen eines ›anderen Ortes‹ wird (Pont d'Austerlitz, Place d'Italie).« Ebenso wird die Seine zur Szene, Paris reimt sich auf pari [Wette, A. d. Ü.], Aubry-le-Boucher und Simon-le-Franc feiern geographisch ihre Wiederaufer-

Oben:
Die Rue Berton in Passy, 1901 von Atget aufgenommen, wird in *Le Flâneur des deux rives* erwähnt, »in dem Augenblick, in dem sie am schönsten ist, kurz vor Morgengrauen«.

Rechts:
Seine letzte Bleibe, der »Taubenschlag« am Boulevard Saint-Germain Nummer 202. »Er hauste da wie ein Kapuzinermönch«, erinnert sich André Rouveyre in seinen *Souvenirs de mon commerce*, »umgeben von den dreitausend Bänden seiner Bibliothek.«

Montmartre um 1895,
so wie Apollinaire es
gekannt hat, ist einer
der großen Fixpunkte
in seiner Geographie.
Am 23. Juni 1914 hält
er im *Paris-Journal*
fest: »Montparnasse
ersetzt von nun an
Montmartre. Alpinis-
mus hin, Alpinismus
her, immer noch sind
es Berge, Gipfelkunst.«

stehung. Was den Dichter von *Zone* betrifft, so muß er einfach ausrufen: »Das Blut Ihres Sacré-Cœur hat mich in Montmartre überschwemmt.«

Parallel zu dieser Mehrdeutigkeit und ihren unsichtbaren Verdrehungen beugt sich Apollinaire einem anderen durch die Wirklichkeit auferlegten Zwang: jenem der durch die Stadt laufenden, von ihm fast immer exakt wiedergegebenen Wegstrecken. Und wenn er ein humoristisches oder dichterisches Durcheinander schaffen will, zögert er nicht, zu einer absurden Form zu greifen, von der insbesondere die phantastische Erzählung *L'Amphion faux messie* zeugt, ein Meisterwerk seiner Art, das letzte der Sammlung *L'Héresiarque et Cie.*

Die Geschichte erzählt von dem Baron d'Ormesan, der seine Tage damit verbringt, »Amphionie« zu betreiben (von Amphion, der die Stadtmauern von Theben errichtete, indem er Lyra und Flöte spielte), eine von ihm

erdachte Kunst, die darin besteht, »Antiopien« – oder einfacher ausgedrückt: Spaziergänge durch Paris – durchzuführen, so wie jeder »unbewußt Amphionie betreibt«. Doch im Unterschied zum gewöhnlichen Stadtbummler macht der extravagante Baron aus seinem Tun eine Kunst: Wenn man solche Absicht zum Prinzip erklärt, so wird damit schon die Stadt zum dichterischen Gegenstand transformiert – es sei daran erinnert, daß 1914, vier Jahre nach der Veröffentlichung dieser Erzählung, Marcel Duchamp den gewöhnlichen Gegenstand in den Rang eines Kunstwerks erhob, indem er einen Flaschentrockner ins Museum stellte.

Der Schluß der ersten unter dem sehr lakonischen Titel *Lutèce* zusammengefaßten »Antiopie«, in der der Baron eine Gruppe Ausländer auffordert, ihm in Begleitung des Erzählers zu folgen, ist wirklich witzig: »Wir, die Touristen, der Baron und ich, stiegen auf die obere Plattform des Omnibus Linie Madeleine-Bastille. Als wir an der Oper vorbeikamen, kündigte der Baron sie mit lauter Stimme an. Er setzte, wobei er auf die Filiale der

Diskontkasse wies, hinzu: das Palais du Luxembourg, der Senat. Vor dem Napolitain sagte er emphatisch: die Académie française. Vor dem Crédit Lyonnais sprach er vom Élysée-Palast und in dieser Art ging es dann auch weiter, als wir zur Bastille kamen: unsere wichtigsten Museen, Notre-Dame, das Panthéon, die Madeleine, die großen Kaufhäuser, die Ministerien und die Wohnstätten unserer berühmten toten oder lebenden Männer; also alles, was ein Fremder sich in Paris anschauen muß.« Sowas dürfte einem Raymond Queneau mit seinem *Zazie in der Metro* bestimmt gefallen haben…

Das Abenteuer unseres Amphion wird freilich wenig später böse ausgehen: Der Baron wird im Gefängnis von Fresnes landen, weil er beschlossen hatte, eine Antiopie namens *Das goldene Vlies* zu unternehmen, und deshalb einen Juwelier in der Rue de la Paix ausgeraubt hat – noch ein kleiner Wink in bezug auf Wortspielereien: Für solch eine Tat ist natürlich keine Straße besser geeignet als die Rue de la Paix…

Nach dieser kleinen Verirrung des Barons nimmt das Schicksal weiter seinen Lauf, als er sein System der »Berührung auf Distanz« entwickelt: Dank eines von ihm erfundenen Apparates, den er vor allen Synagogen aufstellt – natürlich auch vor jener in der Rue de la Victoire –, erscheint er gleichzeitig in allen Städten Europas und kann so als Messias auftreten: Judaismus und Allgegenwart, das sind zwei Themen, die Apollinaire immer beschäftigt haben. Als Dieb, als Mörder, der wissenschaftliche, »allgegenwärtige, kunstvolle Verbrechen« begeht, ist Baron d'Ormesan die variantenreiche Verkörperung des Spaßvogels. Der sowohl entzückte als auch entsetzte Erzähler wird ihn am Ende mit sechs Revolverkugeln töten, wobei er auf ein Bild zu schießen glaubt, das durch die Wunder der Berührung-auf-Distanz-Maschine projiziert wird: Der Messias ist nun tot.

Hinter dieser Geschichte zeichnet sich auch die Idee eines Paris ab, das wie ein ständiger und absoluter Bezugspunkt aufgefaßt wird, ein Raum, in dem alles möglich ist, zugleich Ursprung und Abschluß eines Schicksals. Wird der schöne Prinz Mony Vibescu in *Die elftausend Ruten* nicht auch in (und durch) Paris sein Schicksal erfüllt sehen? Seine letzten Gedanken, als er gefangen ist und sich auf den Tod vorbereitet, richten sich auf die Hauptstadt: »Eine Sache wurde deutlicher. Er erinnerte sich an den Boulevard Malesherbes; Culculine im Frühlingskleid trabte Richtung Madeleine und er, Mony, sagte: Wenn ich nicht zwanzig Mal hintereinander Liebe mache, sollen mich die elftausend Jungfrauen oder die elftausend Ruten züchtigen.« Die Vorahnung erweist sich als wahr – selbst wenn die Ruten, auf die der Prinz anspielte, anderer Art waren: »beim zweitausendsten Schlag gab Mony den Geist auf«.

In seinem erotischen Roman erwähnt Apollinaire auch das Bild eines »Paris, das Rom an der Spitze des Universums so gut ersetzt hat…«, ein Gedanke, der in seinen Gedichten häufig auftaucht. Diese Hauptstadt

Vor der Synagoge in der Rue de la Victoire in Paris hat der Baron d'Ormesan, in *L'Amphion, faux messie*, beschlossen zu erscheinen. Die Synagoge kehrt in Poesie und Prosa Apollinaires immer wieder, genauso wie die Seine (folgende Doppelseite), der Fluß, der ihn nicht losläßt, das Blut von Paris, in dem sich die Lichter der Stadt und die Liebesklagen des Dichters widerspiegeln.

der Welt, ein flüssiges, von Blut, Liebestränen und einer allgegenwärtigen Seine aufgeblähtes Universum, besingt Apollinaire mal als ein »junges Mädchen« welches »schmachtend erwacht« *(Les Collines)*, mal aber auch als eine göttliche Macht, die jedes Opfer fordern und alle Meere und Flüsse zum Durstlöschen herbeirufen darf, wie im *Vendémiaire*, wo er Paris ermuntert: »Du wirst in langen Zügen all das Blut Europas trinken / Weil du schön bist und edel nur du allein / Weil durch dich Gott werden kann.«

Als Stadt seiner leidenschaftlichen Liebe – »Hübsches Paris, das eines Tages wohl die Liebe erschaffen hat« *(Voyage à Paris)* –, als Stadt seiner nächtlichen Wanderungen, bei denen er den dichterischen Vorgaben von Baudelaire folgt, wird Paris im gleichen Gedicht zu jener totalen Stadt, in welcher der Dichter so sehr aufgeht, daß er mit ihr eins wird: »Ich bin trunken von all dem getrunkenen Universum / Auf dem Quai, wo ich die Welle fließen sah / Und schlafen die schwimmenden Stege / Hört mich, ich bin der Schlund von Paris / Und wenn es mir gefällt, werde ich auch das Universum austrinken.«

Im Vers – die mächtigste Waffe Apollinaires, ungleich stärker als die Prosa – verherrlicht der Dichter Paris, von Les Halles bis Passy, vom Marais bis zum Quartier Latin, ohne jemals den geringsten Makel, den kleinsten Fehler zu sehen. Selbst als Betrachter der berühmten Überschwemmung von 1910 ist er entzückt von der Naturkatastrophe und schreibt im *L'Intransigeant* vom 25. Januar: »Gegen vier Uhr komme ich nach Auteuil zurück. Die riesige, wilde Seine schwemmt unter meinen Augen einen Baum in vollem Blätterkleid und einen weißen und rostbraunfarbenen Ochsen vorbei. Das ist die Sintflut wie bei Poussin...«

Immer schön, glänzend, großartig sind die Feuer der Modernität, »die von Gin trun-

Von allen Pariser Baudenkmälern ist der Pont Mirabeau ohne jeden Zweifel am engsten mit seinem literarischen Abbild verbunden, wie es Apollinaire in seinem Gedicht vermacht hat, in dem er von den »ewigen Blicken der so müden Welle« schwärmt.

Die Rue Gros am 28. Januar 1910. Hier wohnt Apollinaire während der großen Überschwemmung: Der Wasserspiegel der Seine erreichte 8,50 m. Das ängstigt ihn nicht, er freut sich darüber in *L'Intransigeant*: »Bei mir zu Hause sind die Keller überschwemmt, das Wasser steht fast zwei Meter hoch, und die Gesichter wirken beunruhigt. Ich empfinde nichts dergleichen. Hat nicht Gott Noah versprochen, daß die Menschen nie wieder durch eine Sintflut umkommen würden?«

Rechte Seite:
Der Médicis-Brunnen im Palais Luxembourg.

kenen Pariser Nächte, flackernd vor Elektrizität«, und die Stadt, stumme Angebetete seiner Gedichte, verschmelzen: Die Denkmäler, die Straßen, der Dichter und seine Liebschaften werden eins. Die Seine versinnbildlicht den Fluß seiner Trauer, wenn er an Marie Laurencin in *Le Pont Mirabeau* denkt; Paris wird unverzichtbar, wenn er seine ebenso kurze wie heftige Leidenschaft für Louise de Coligny-Châtillon beschwört: »Sie haben einen Passierschein / Eine verbindende Kraft, das Wort / Es war die Stadt wo ich Dich, Lou, kannte / Oh Lou, mein Laster«. Als er im Jahre 1915 diese Zeilen schreibt, kämpft Apollinaire an der Front, sehnt sich um so mehr nach Paris als er fürchtet, dort nie wieder umherlaufen zu können: »Werde ich Paris und sein bleiches Licht wiedersehen / Des Abends im Nebel fröstelnd am Laternenpfahl stehen / Werde ich Paris wiedersehen und das Lächeln unter Augenschleiern / Die kleinen flinken Füße unbekannter Frauen / Den Turm von Saint-Germain-des-Prés / Die Fontaine de Luxembourg / Und Dich meine Angebetete / Dich meine teuerste Liebe?« fragt er Lou noch einmal. Apollinaire kehrt im folgenden Jahr in die Hauptstadt zurück, um in der Villa Molière wegen einer Verletzung an der rechten Schläfe, die von einem Granatsplitter stammte, operiert zu werden. Die schwere Grippewelle, welche 1918 in der Hauptstadt zahlreiche Opfer fordert, rafft schließlich auch ihn mit achtunddreißig Jahren hinweg, die grausame Antwort auf das *Chanson du Mal-Aimé*, in dem der Dichter schrieb: »Ich irre durch mein schönes Paris / Ohne die Lust, hier zu sterben.«   L. M.

Aragon

(1897–1982)

Auf dem Pont Neuf habe ich ihn getroffen
Meinen ahnungslosen und leichtgläubigen Doppelgänger
Und lange bin ich in meinem eigenen Schatten geblieben
der zurückweicht.
LE ROMAN INACHEVÉ

»Reißt mir mein Herz heraus und ihr werdet Paris sehen«, droht Aragon in seinem Gedicht *Le Paysan de Paris chante*. Wenn man diese Worte hört, wird man sich sogleich des schwierigen Unterfangens einer Beschäftigung mit dem Paris dieses vielschichtigen Schriftstellers bewußt, dessen Leben und Werk mit unserem Jahrhundert verwoben sind. Von seinen ersten, 1918 erschienenen Schriften bis kurz vor seinem Tode, in Prosa oder Gedichten, stellt Aragon der Hauptstadt immerfort seine Fragen, ständig auf dem Weg zu den Ursprüngen. Ob es sich dabei um das Paris der Jahrhundertwende handelt oder um die von Modernität bedrohte Hauptstadt »in Techni-dolor«, immer ist es die Stadt, in der er geboren ist und zu deren Schmeichler er sich bald macht, die Aragon mit immergleicher Freude besingt, beschreibt, erforscht. Es ist zwar leicht, Paris mit den Szenen eines Balzac, mit dem Volkstheater eines Hugo, mit den verliebten Träumen eines Apollinaire, dem anonymen Irrgarten eines Modiano gleichzusetzen, doch was kann man über das Paris Aragons sagen, außer daß es all dies beinhaltet und noch viel mehr?

In diesem Labyrinth trifft Aragon keine Wahl. Geht man nur *Crève-Cœur* und *Nouveau Crève-Cœur* durch, dann wird man auf ein antikes Paris treffen: »Das Panthéon erhebt sich dort wie eine Taucherglocke / Ist es Troja oder Paris, die Seine oder der Skamander / (…) Der Palast des Priamos kannte keine Zufälle / Und

»Auf den Buttes-Chaumont war ich in meiner Jugend oft, ich habe sogar da oben geschrieben, wenn Du meine Bücher lesen würdest…«, sagt uns der Erzähler von *Spiegelbilder.*

der Louvre ist nichts anderes als der Name eines Bazars«. Doch es wird auch politisch: »Ihr seid in der Riesenfalle der Geschichte / Hier ist das Land der gefallenen Bastillen«. Paris, das große Ganze der überall verfolgten und wiedergefundenen menschlichen Seele, das bedrängte Paris: »Es war jedoch Paris, jener Quai de Parme / Es war Paris, jene zarten blauen Dächer / Es war Paris, sein Lachen, seine Tränen«.

Paris, die Literaturstadt schlechthin im *Roman inachevé*: »Pont Alexandre bleich und schön / Der Abend wie ein Vers von Rimbaud / Mein Turm in der Ferne scheint eine erneute Melodie von Apollinaire.« Und wenn er von »dieser Welt und ihren Gesichtern / In den Farben der zwanziger Jahre« erzählt, kann er Paris nur wieder und wieder beschwören: »Und ich wäre dem alten Pfad nachgegangen / In der beschriebenen Vergangenheit, hätte beharrlich / Die wirklichen Schritte erneut unternommen, die uns / Durch Paris führen, von einem Ende zum anderen«. Dabei darf man nicht außer acht lassen, daß in diesem Schlaraffenland natürlich die Liebe ihre Heimat gefunden hat, denn Elsa Triolet, der Schreckens- und Schutzengel, der am Abend des 6. November 1928 an der Bar im *La Coupole* erscheint, wird diejenige, der Aragon sein Werk hauptsächlich widmen wird. Ihr Vorname erscheint in zahlreichen Gedichtsammlungen, und bei jener Anthologie, die 1964 erschien, erübrigt sich

jeglicher Kommentar. Es reicht schon aus, den Titel zu zitieren: *Paris wird nur durch Elsa zu Paris.*

Dieses riesige Untersuchungsfeld, unerschöpflich und allumfassend, hat aber dennoch überall seine Rückbezüge. Die geräuschreiche, prosaische Stadt, welche Aragon in *Die wirkliche Welt* einfangen wollte, ist eine Welt aus Kinos, Cafés, geprägt von Lärm und modernen Geräuschen, von Schreien und Farben. Die Abgase der Motorroller, »der zeitweilige Husten der Metro« und deren Mäuler, die Passanten verschlingen, das Kreischen der »knirschenden Achsen«, die gelben Straßenbahnen, die Autos an den Ampeln, die Taxis auf ihren Raubzügen beleben die Boulevards und rütteln die Straßen wach, welche Aragon am Ende seines Lebens immer noch ruhelos durchstreift, die Silhouette eines großartigen alten Mannes auf der Suche nach neuen Bildern und nicht eingestandenen Liebschaften.

Dieser Mensch kehrt dann auch zu den Spuren eines Lebens voller »Mißerfolge und enttäuschter Hoffnungen« zurück, von dem er glaubt, daß er es »von vorne bis hinten vertan« hat, wenn man dem Zeugnis Glauben schenken darf, das er in der letzten Nummer der *Lettres françaises* 1972 ablegt. Der Schriftsteller macht sich auf die Suche nach einer stürmischen, schwierigen, jedenfalls schönen Jugend, wenn man seine Romane liest. In diesen, von *Anicet ou le Panorama, roman* (1921), seinem ersten Prosaband, über *Aurélien* (1944) bis hin zu *Théâtre/Roman* (1974) breitet sich ein schwärmerischer Fächer aus, der den Hintergrund abgibt für die bewußten Phantastereien des Erzählers, ein Podium für das Schicksal seiner Romanfiguren.

Ist Paris also das Herz der Aragonschen Anatomie? Dann wäre die Seine seine natürliche Schlagader, die ihm ständig Wasser zuführt. Gesteht Aurélien nicht ebendies ein, wenn er die Flußbiegung an der Ile Saint-Louis betrachtet und darin die Schemen eines »aderndurchzogenen M« erkennt? »Und mit einem Mal ver-

losch alles, die Stadt wurde zähflüssig und schlug in der Nacht wie ein Herz. Der Lastkahn ließ ein langes herzzerreißendes Klagen hören. Autos stießen ins Horn. Mary bemerkte das Blinzeln der Eulenaugen der erleuchteten Fenster, die immer zahlreicher wurden. Sie wandte sich zu Aurélien und sah, daß sein verlorener Blick dem Fluß folgte (…) – Die Seine spricht immerfort, immerfort vom Selbstmord… Sie wälzt sich dahin… und diese Schreie der Flußkähne… Was mich erschüttert, daß ich nun… um mich an dieses Bild eines aderndurchzogenen M anzupassen… mir ständig den Sinn vor Augen führen muß, von diesem fließenden Wasser, diesem blauen Blut, vor mir…«

Der Schwall dieser trüben, aus Liebe und Tod gemischten Flüssigkeit zieht sich unaufhaltsam durch den ganzen Roman wie ein schwerer, zu Kopf steigender, sich endlos wiederholender Refrain. Vierhundert Seiten weiter, am Zufluß der Epte, schon auf dem Lande, betrachtet Bérénice die Gegend: »Die gleiche Seine. Hypnotisierend. Die aus Paris kommt und fort zum Meer geht. Immer. Nie anders. Die aus Paris kommt. Und fortgeht. Zum Meer.« Schicksal von Paris, ewiger Neubeginn der Dinge: Man entkommt seinem Schicksal ebensowenig wie die Seine ihrem Lauf.

Andere Adern führen durch Aragons Herz. Darunter gibt es einige, die genauso tief sind wie die überbauten Gassen von Paris, Orte des dichterischen Treibens schlechthin. Eine Art Übereilung oder Gewohnheit führt stets dazu, sofort *Der Pariser Bauer* zu zitieren, und oft genug nur diesen. Doch das Passagen-Thema zieht sich durch das gesamte Werk Aragons, angefangen bei *Anicet ou le Panorama*, einem Titel, dem durch eine merkwürdige Manie meist nicht der Zusatz *Roman* zugestanden wird. Aragon bestand jedoch auf diesem Detail – welches keines ist –, das in einigen Ausgaben fehlt. Die romantische, die bürgerliche Gattung, welche mit der Person von Anatole France verbunden ist, dessen Leichnam nach einem Aufruf der Surrealisten 1924 »geohrfeigt« werden sollte, wurde besonders von André Breton lächerlich gemacht. Aragon ging nicht nur ein Risiko ein, wenn er diese Gattung im Titel aufgriff: Er bezog Stellung.

Welche Vorstellung von Paris gibt er in diesem ersten Roman wieder, den er mit dreiundzwanzig Jahren vollendete? Zunächst die von »einem schönen Kinderbaukasten«, von einer den schrullenhaften Launen der reisenden Dichter geschenkten Stadt, einem allen Träumereien und Mutmaßungen geöffneten Raum: »Der Obelisk läßt die Sahara an der Place de la Concorde wachsen, während die Galeeren auf dem Dach des

Marineministeriums schwimmen: es waren jene auf den Emblemen der städtischen Waffenkammer (…) Man wohnte in aller Ruhe in brennenden Gebäuden, in riesigen Aquarien (…); der Umsturz verschonte auch nicht die Museen, und alle Bücher der Bibliothèque Nationale versanken eines Tages in der Menge der Schaulustigen.«

Auf diese durch die Person des Arthur beschworenen Schwelgereien in magischen Bildern antwortet der Bericht des Anicet im zweiten Kapitel. Der Protagonist ist dem Leser bereits mit diesen genialen, für Aragon typischen Worten vorgestellt worden: »Anicet hatte von seinem Studium nur die Lehre von den drei Einheiten, der Abhängigkeit von Zeit und Raum behalten; dort beschränkte er sich auf sein Wissen über die Kunst und das Leben. Daran hielt er eisern fest und danach richtete er sein Tun.« Getreu seinem Prinzip geht Anicet nun daran, sein ganzes Leben zu erzählen, welches er an einen einzigen »unpersönlichen, neutralen« Ort verlegt, an dem »alles geschehen kann, an dem die verschiedenen Akteure zu jeder Tageszeit Zugang haben…« Es ist die erste Erwähnung eines wichtigen Bestandteils der Mythologie, welche Aragon auszuarbeiten beabsichtigt: die Passage, Ort des Zufalls und des Übergangs, Abbild der Welt, wo tausend Verlockungen die Passanten rufen, teure Materialien und undenkbare Begegnungen. Das Parfüm Großbritanniens, Indiens und Amerikas schwebt in dieser Galerie, in welcher der Pariser gleich die Kulisse der Passage Jouffroy wiedererkennt,

hier mit dem gefühlvolleren Namen Passage des Cosmoramas versehen. *Cosmos* (die Welt) und *oramas* (Blicke): Welche Namensgebung hätte besser zu einem Dichter gepaßt, der seine Vision der Welt zum Ausdruck zu bringen wünschte? Wie Arthur, der Zauberkünstler, besitzt Anicet, jedoch in Reichweite, »das ganze Werkzeug eines Weltenverwandlers. Dieser Ort ist ein Abbild davon, und alles bietet sich mir nach meinen Wünschen dar, um dort mein Leben umzusetzen.« Zahlreiche Hinweise auf den marxistischen Wunsch nach einer Umgestaltung der Welt, auf die vom Surrealismus geforderte Verfluchung Rimbauds, »das Weltverändern«, oder auf die Zauberkraft des Pariser Mythologen Baudelaire: »Du hast mir deinen Dreck gegeben, und ich habe daraus Gold gemacht.« So viele Elemente, die dann in die abschließende Lektion von *Blanche ou l'Oubli* (1967) münden werden: »Bis jetzt haben die Romanschreiber sich damit begnügt, die Welt zu parodieren. Jetzt geht es darum, sie zu erfinden.« Nach einigen Seiten ist die Passage also zum eigentlichen Platz des Schriftstellers geworden, die exemplarische Methapher des literarischen Raumes.

1925 erschien *Der Pariser Bauer*, zusammengesetzt aus einem »Vorwort zu einer modernen Mythologie« und zwei Teilen: »Die Passage de l'Opéra« und »Das Naturgefühl auf den Buttes-Chaumont«. Für Aragon eine Gelegenheit, von neuem jene Gänge zu besuchen, »Verstecke etlicher moderner Mythen, denn erst heute, da sie von der Spitzhacke bedroht werden, sind sie tat-

Vorige Doppelseite und folgende Seite:
Die Passage Véro-Dodat.

Linke Seite:
Hier auf der Ile Saint-Louis läßt Aragon seinen Helden *Aurélien* wohnen: »Das Haus bildete den Bug der Insel, flußabwärts, wo sich das Ufer in Baumkronen verliert, und eine einsame und traurige Brüstung, auf die sich die Verliebten und Verzweifelten stützen.«

Links:
Paris, vom Panthéon aus gesehen.

sächlich zu Kultstätten des Ephemeren geworden, zur gespenstischen Landschaft verruchter Vergnügen und Berufe, die gestern unverständlich waren und die kein Morgen erleben werden.« Der Ton geht schon ins Nostalgische, die Galeries du Baromètre und du Thermomètre setzen ihre letzten Lichter, das *Café Certa* wird verschwinden, »dieser Ort, wo Ende 1919 an einem Nachmittag André Breton und ich uns entschlossen, unsere Freunde um uns zu scharen, aus Haß auf Montparnasse und Montmartre, auch aus Geschmack an der Zweideutigkeit der Passagen...« Das Briefmarkengeschäft, die Schuhputzer, die Friseursalons, die Badeanstalt, das am Schild »Massagen im 2. Stock« zu erkennende Bordell sind ebensolche Vorwände zum Abschweifen für diesen Passagier »eines festliegenden Schiffes«, den im Inneren »eines großen Glassarges« erwachten Träumers. In diesem verlassenen Tempel droht eine Begräbnismusik. Walter Benjamin vergleicht in *Paris, Hauptstadt des XIX. Jahrhunderts* den Roman von Aragon sogar mit einem »Autopsiebericht«. Die Passage de l'Opéra gibt es heute nicht mehr in der Stadt: Im *Pariser Bauern* aber lebt sie weiter.

In der Überschneidung von Traum und Wirklichkeit, von innen und außen bildet die Passage den virtuellen Raum aller Möglichkeiten, den natürlichen Scheideweg des Schriftstellers, wo »jeder Eindruck einen jedesmal aufs neue dazu zwingt, die ganze Welt zu überdenken.« Ebenso wie man an den Ort des Verbrechens zurückkehrt, so kehrt auch Aragon 1936 in *Die Viertel der Reichen* zu seinem bevorzugten »Mittel der Annäherung« zurück. Der dritte Teil nennt sich »Passage-Club«, welchen er nicht ohne Ironie zu einer Spielhölle degradiert. Man geht dorthin über den gleichen Korridor, der auch zum Théâtre Robert Houdin führt; der Ausgang führt über die Passage de l'Opéra. Das Casino als freischwebender Ort verbindet sich mit Mythologie und Magie, ohne vollkommen darin aufzugehen.

Aragon verweilt im übrigen länger bei den Romanfiguren seiner *Wirklichen Welt*, jenem mit *Die Glocken von Basel* zwei Jahre zuvor angefangenen Zyklus, als bei der Szenerie, in der sich die Intrigen entwickeln. Der Zweideutigkeit des Ortes zieht er nun die Zweideutigkeit der Situation vor. In dieser Zeit der sozialen Unruhen, des Zufalls, des Spiels, heißt es nun mit der Macht des Geldes rechnen. Eines aber bleibt bestehen: das gedämpfte Licht, das ganz wie bei Baudelaire oder Verlaine immer der grellen Arroganz der Lampen vorgezogen wird. Dieses »Zwielicht« der Passagen, das nach Anicet »alle Irrtümer und alle Ausdeutungen erlaubt«, dieses »Zwielicht, (...) Verbündeter echter Schwärme-

reien« in den Äußerungen des *Pariser Bauern*, ist zum unechten Tag geworden, zum kitschigen Licht in den *Vierteln der Reichen*: »Die Beleuchtung befand sich über den Tischen, mit falschen elektrischen Kerzen an einer Art Gehänge mit Lampenschirmen, die außen metallisch grün, innen beige waren.« Aragon hat eine neue Seite aufgeschlagen. Er wird in *Blanche ou l'Oubli* noch einmal kurz zurückblättern: »Passage Véro-Dodat. Dort also soll es sein, in der Galerie zumindest, wenn nicht in den Wohnungen, die als erste in Paris mit Gasbeleuchtung ausgestattet worden waren, 1826, und verdammt dunkel war es dort, dreizehn Jahre später, gegen elf Uhr abends.«

1964 schreibt Aragon ein Vorwort zu den mit Elsa Triolet gemeinsam verfaßten *Oeuvres romanesques croisées*, in welchem er die Wiederkehr des Passagen-Themas in seinen Romanen analysiert. Wenn er es auch vermeidet, Anicet, einen ganz sicher surrealistischen Versuch, einzuordnen, so stellt er zumindest fest, daß er zwischen *Der Pariser Bauer* und *Die Viertel der Reichen* vom Realismus zum Naturalismus übergegangen ist. Und weiter: »Diese Wechselwirkungen zwischen meinen Büchern sind ebenso gewollt wie die Farben eines Malers, der sich eine Palette zusammengestellt hat.« Ganz genau. Der Autor von *Henri Matisse, Roman* und *L'Exemple de Courbet* weiß das Verhältnis zwischen Literatur und Malerei auszunutzen. Er nutzt es besonders in der *Karwoche*, in welcher der Held Théodore nicht nur seinen Vornamen von dem Maler Géricault übernimmt: »Plötzlich bemerkte er vor sich, ein wenig zu seiner Rechten, über den Häusern auf dem Dunkelgrau des Himmelshintergrundes den Anfang eines Regenbogens, der in die Stadt eintauchte und die Erde drüben unweit

Als schwankende Platten eines Ozeans aus Blech werden die Dächer von Paris in Aragons Poesie und Prosa regelmäßig beschworen, so in *Aurélien*, dem Pariser Roman schlechthin: »Auf der windigen Terrasse entsetzte sich Bérénice über das ganze Metallgewirr der Dächer unter ihr: Zinkhüte, Rauchkappen. Ritter und Don Quichotte, Schornsteine…«

der Seine berühren mußte: vielleicht beim Carrousel du Louvre, in jenem seltsamen, zweideutigen Viertel… Er dachte plötzlich: wie geschmacklos! Und grinste. Übrigens weiß man ja, daß allzu lebhafte Farben in der Malerei schlecht wirken.« Genauso eifrig wird Anicet sich zeigen, als er Mirabelle trifft, Idol einer Geheimgesellschaft von sieben maskierten Männern, die bereit sind, alle möglichen Diebstähle für sie zu begehen: »Am gleichen Tag verschwanden aus allen Pariser Museen dank der Mithilfe der Wächter all die Greuzes, Bouchers, Meissonniers, Millets, Harpignies, Pissarros, Carolus Durands, Antonin Merciers, Bartolomés, Dalous.« Alles wird auf dem Dach des Arc de Triomphe in einem riesigen Autodafé verbrannt werden. Diese beiden Geschichten haben etwas gemein: Paris bleibt der gigantische Schauplatz für die fixen Ideen von Aragon.

Ob nun Anatomie der Gefühle oder Heldentheater, Paris ist vor allem Vorwand für die Ausarbeitung eines anderen, zentralen Gedankens, der im Werk Aragons oft anzutreffen ist: die Reflexivität. Die nicht nur semantische Symmetrie zwischen den Figuren Blanche und Marie-Noire; die ersten Seiten von *Spiegelbilder*, auf denen der ironische Fougère Antoine auffordert, stehenzubleiben und in den Spiegel zu schauen, als seine Augen gerade in die Ferne schweifen; die am Anfang des Kapitels zitierte Inschrift, der »Brief an sich selbst« des leider kaum bekannten *Théâtre/Roman*, all das sind kurze Beispiele für das leidenschaftliche Interesse Aragons für das bei Schriftstellern beliebte Phänomen der Verdopplung, das er zum Extrem treiben wird.

Seine unzähligen Nachworte, in denen er sich rechtfertigt, seine sachkundigen Exkurse zum schreibenden und zum erzählenden »Ich« beweisen dies. Dies andere »Erfundene«, »Gewordene«, das Aragon verfolgt und zu treffen bemüht ist, wird in Paris jenen Raum finden, um sich aufzulösen und neu zu entstehen, sich zu verwandeln und sich – vielleicht – wiederzufinden. Es ist hier kaum nötig, auf allzu lange Metaphern zurückzugreifen: Paris, ein riesiges literarisches Feld, auf welchem der Erzähler und seine Figuren sich bewegen, wird selbst Schrift, einziger Buchort auf Erden, an dem Aragon hoffen kann, auf sein Abbild zu treffen. Die Träumereien in *Aurélien* drücken schon diese Gleichstellung aus: »…und Paris, Paris wie ein offenes Buch mit seinem sanften Abhang nach links Richtung Sainte-Geneviève, das Panthéon, und das andere Blatt, voller zu dieser Stunde schwer zu lesender Druckbuchstaben bis zum weißen Flügel von Sacré-Cœur…«

Man wird sich also, wenn man Aragon liest, nicht wundern, wenn er auf die Frage aus dem berühmten Fragebogen von Proust: »Wo möchten Sie gerne leben?« antwortet: »In Paris.« Liest man ihn erneut, so wird man bald darauf verzichten, durch die Stadt zu spazieren, um statt dessen lieber einen anderen Titel des Fortsetzungsromans, den sein Werk darstellt, erneut zu lesen oder neu zu entdecken. Denn auf den verschlungenen Wegen der Reise, zu der er uns einlädt, bleibt eines gewiß: Wenn Paris für ihn auch »verteufelt der Hölle« ähnelt, so würden doch alle Leser gerne dazu verdammt werden.

L. M.

Honoré de
Balzac

(1799–1850)

Dort, Lieber, ist das Leben der besseren Leute.
VERLORENE ILLUSIONEN

»Die Stadt der hunderttausend Romane, der Kopf der Welt«: Mit wenigen Worten, auf den ersten Seiten von *Ferragus*, hat Balzac gleich einem Verdikt festgelegt, welch einen Platz Paris bei ihm einnimmt. Als Zusammenfassung des Universums, als Kondensat der Seele kommt die Hauptstadt bei weitem nicht nur in den *Scènes de la vie parisienne* vor, sie durchzieht auch die ganze *Menschliche Komödie*: Für Vautrin ist Paris dieses vielgestaltige Ungeheuer, die verabscheuungswürdige und großartige Inkarnation, welche für jene Geschichtsforscher, die die Zeit vor Haussmann untersuchen, als die Fotografie ihre ersten unsicheren Schritte unternimmt, zum verbindlichen Bezugspunkt und zum unersetzlichen Beweis wird. Denn, um es gleich zu sagen, das Paris Balzacs gibt es bis auf einige Ausnahmen nicht mehr: Die verwinkelte, übervolle, verdreckte Stadt, mit deren Beschreibung er viel Zeit verliert, ist seit dem Second Empire, also einige Jahre nach dem Tod des Schriftstellers 1850, völlig erneuert worden. Umso wertvoller sind seine Erzählungen: Durch Balzac ist Paris zu einem zeitlosen Mythos geworden, der Inbegriff einer Hauptstadt, deren Spielregeln er auf Dauer fixiert und deren Geheimnisse er gelüftet hat. Mit Balzac tritt Paris großartig in den modernen Roman ein.

Paris, dieses »große Geschwür«, eingeschlossen in das »illustre Tal voller Schutt«, dieser riesige Schauplatz höchster Weihen und abscheulichster Gemeinheiten,

Le Rocher de Cancale in der Rue Montorgueil, das Restaurant, in dem die Rastignacs und Rubemprés aus der Menschlichen Komödie speisen, eines der ganz wenigen Überbleibsel aus dem Paris Balzacs.

der Gegenstand allen Strebens, Schlupfwinkel aller Laster, Ort des Triumphes für Spekulanten und höchster Traum der Frauen vom Lande. Auch Balzac hat geschworen, ganz wie Lucien de Rubempré und Eugène de Rastignac, es sich »eines Tages zu unterwerfen« (Brief an Madame Hanska vom 18. November 1835), »diese Hölle«, wie er in *La Fille aux yeux d'or* noch ohne Hintergedanken schrieb, »(...) wird vielleicht eines Tages ihren Dante haben?« Kein Zweifel, daß Balzac ein solcher sein wird, weil auch er in konzentrischen Kreisen vorgeht, um das Theater seiner nicht mehr göttlichen, sondern nun schrecklich menschlichen Komödie darzulegen.

Als die mit nichts zu vergleichende Stadt schlechthin tritt Paris bei dem Schriftsteller zunächst weitaus mehr als Gegensatz denn als Analogie in Erscheinung. Er zeichnet gewissermaßen das Portrait einer einmaligen, nicht einzuordnenden Stadt a contrario, deren Einzigartigkeit er ständig aufzuzeigen bemüht ist: Diese Tatsache, diese Geste, diese Haltung, die man oft »nur in Paris« findet, kommen in der *Menschlichen Komödie* häufig vor. Wer sich nie dort aufgehalten hat, kann es nicht verstehen. Und wie sollte etwas auch mit dem »Kopf der Welt« rivalisieren? Die Großstädte im Ausland sind die ersten Opfer in diesem System der Kontraste: »Zwischen London und Sankt Petersburg wird jedermann die Spiegelungen in der Natur den künstlichen Spiegeln vorziehen. (...) Der

1826 stürzt sich Balzac in das Druckermetier und stellt seine Pressen in der heutigen Rue Visconti auf, die er in _Das Haus zur ball-spielenden Katze_ und in _Verlorene Illusionen_ beschreiben wird. Im Sommer 1827 droht das Geschäft, bankrott zu gehen. Er gibt jedoch nicht auf, sondern kauft sogar eine Gießerei für Bleibuchstaben. Im Jahr darauf ist er ruiniert.

Canale Grande ist ein Leichnam, der Wald von Den Haag nur eine große Vorstadtkneipe für Reiche (…); in Paris dagegen! Oh! In Paris! Dort ist die Freiheit der Intelligenz, dort ist das Leben!« entscheidet er in seiner _Histoire et Physiologie des Boulevards_. Neben solch knappen Urteilen stehen strenge Kritiken: Aus der »Köni-gin der Städte« wird ein »manisches Monster«, das im Gegensatz zu London das übrige Land regelrecht »tyrannisiert«. Doch ob Balzac nun Paris mit einem Satz in den Himmel lobt oder niedermacht, immer besteht der Schreiber auf dem außergewöhnlichen Charakter der Stadt und läßt so ihre Überlegenheit zum Ausdruck kommen. Man versteht schon: Paris, die Stadt der Superlative »ist im ganzen Universum ohnegleichen« _(Paris en 1831)_.

Paris, vom Rest Europas sowohl durch seine Groß-artigkeit als auch durch seine Verruchtheit isoliert, bleibt aber vor allem durch einen noch tieferen Graben von etwas anderem getrennt: der Provinz. Erst in deren Licht kann der Leser überhaupt die Hauptstadt und ihren Geist einschätzen. Die ganze _Menschliche Komödie_ beruht auf dieser leidenschaftlichen Beziehung: Paris, das Reich aller Möglichkeiten, verachtet die Provinz, an die es sich nur wendet, »um sie um Geld zu bitten«. Die bedürftige, minderwertige Provinz tut so, als verachte sie die Hauptstadt und äfft doch deren Gebräuche bis zum Exzeß nach. Zwei Welten, die verdammt sind – eine zum prachtvollen und erschreckenden Beben, die andere zum elenden, in seiner Beschränktheit ersticken-den Stillstand – und die sich ständig bekämpfen. Die-ses Motiv, das der Schreiber als Spannungsmoment

nach Lust und Laune verstärkt oder abschwächt, bestimmt einen Großteil der Handlungen und Bewegun-gen der Personen. Die _Verlorenen Illusionen_ sind ein typisches Beispiel dafür, denn innerhalb von nur neun Tagen wirft das stürmische Paris die Lebensläufe von Lucien de Rubempré und seiner Maitresse Madame de Bargeton über den Haufen. Er, »einst so groß in Angoulême und so klein in Paris«, verelendet; sie wird dank der Unterstützung einer einflußreichen Kusine den Zugang zur großen Welt finden. Einmal aus seinem Milieu gefallen kennt sich das Paar nicht mehr: Die Tren-nung wird unausweichlich. Wenn diese erdrückende Macht von Paris Balzac oft die Essenz zu seinen Dra-men liefert, erlaubt ihm dies aber gleichfalls, Menschen-typen zu schaffen und deren Verhaltensweisen einzustu-fen und zu rechtfertigen: »In Paris gibt es mehrerlei Arten von Frauen«, erklärt er in _La Muse du département_, »es gibt die Gräfin und die Frau des Finanzmannes, die Bot-schafterin und die Frau des Konsuls, die Frau des Mini-sters, der Minister ist und die Frau von dem, der es nicht mehr ist; es gibt die anständige Frau vom rechten Ufer der Seine und die vom linken Ufer. Doch in der Provinz gibt es nur eine Frau, und diese arme Frau ist die Pro-vinzfrau.« Und da er sie alle in Bronze gegossen hat, die Dame von Welt und die Frau aus der Provinz, den Krämer, den Notar, den Angestellten, den Bankier, den Hausmeister, kurz, die unzähligen Wahrzeichen, zu denen seine Figuren geworden sind, verewigt Balzac so Paris im Marmor seiner Romane. Das Erhitzen dieses Schmelztiegels »zwischen dem beschränkten Horizont der Provinz und der maßlosen Welt der Hauptstadt« _(Das Antiquitätenkabinett)_ erlaubt es Balzac schließlich, eine der Grundtheorien seiner Sittengeschichte des XIX. Jahrhunderts auszuarbeiten: Es gibt nur den gesell-schaftlichen Raum; der Mensch, seine Klasse und sein Herkunftsort sind die drei Abbilder ein und dessel-ben Bildes.

Sehr schnell beginnt sich das Pariser Puzzle unter den Augen des Lesers zusammenzusetzen. Die Stadt, die seinerzeit grob gesehen durch einen Kreis begrenzt war, der heute die Metrolinie Étoile-Nation im Norden und Denfert-Rochereau im Süden bildet, besteht aus drei unterschiedlich großen Teilen. Der Westen ist die Domäne der Aristokratie und der Bankiers; seine zwei Hauptbereiche werden durch den Faubourg Saint-Ger-main und den Faubourg Saint-Honoré gebildet, sein neues Viertel an der Chausée-d'Antin weitet sich gera-de aus. Im Osten teilen sich Kleinbürger, Händler und Verwaltungsbeamte das rechte Ufer, während Studen-ten, Buchhändler, Gelehrte und gerade die Ärmsten auf dem linken Ufer, vor allem rings um das Quartier Latin zu finden sind. Schließlich das Zentrum, wo sich jene glanzvollen Orte des Vergnügens und der Verruchtheit (Palais-Royal) oder die Hochburgen der Theater und Cafés (Boulevard du Temple, Boulevard des Italiens, früher Boulevard de Gand, woraus der Ausdruck »gandin« [eine Art Dandy, A.d.Ü.] entstand) befinden. In dem alles umfassenden, von Balzac, dem unersättlichen Pfadfinder und Beobachter, genüßlich ausgemalten Pariser Bilderbogen sind jedoch zwei Dinge ausgelassen: Die Welt der Arbeit – keine seiner Gestalten wird in dieser Hinsicht wirklich herausgearbeitet – und die großen Monumente: das Palais de Justice, der Louvre, der Friedhof Père Lachaise sind höchstens drei Ausnahmen in einer *Menschlichen Komödie*, die auch die großen Ereignisse ausläßt, welche die Hauptstadt erschüttern, nämlich die Revolution von 1830 und die Cholera-Epidemie von 1832.

Auf dieser allgemeinen geographischen Grundlage baut Balzac seine Welt auf, ganz wie ein Schachspieler seine Figuren setzt und seine Strategie vorplant. Als romantischer Visionär umfaßt er die Stadt mit einem Blick und gibt darüber packende Beschreibungen in *Das Chagrinleder*, wo Raphael de Valentin von seiner Mansarde aus »das Wogen dieser gedrückten Dächer, den Ozean unbewegter Wellen« betrachtet oder auch in *Die Frau von dreißig Jahren*: »Dort, ganz im Hintergrund, die dampfenden, mit Häusern und Mühlen beladenen Hügel von Belleville, deren Umrisse mit denen der Wolken verschmelzen. Es gibt jedoch eine Stadt, die man nicht sieht, dort zwischen den Reihen der Dächer, die an das Tal angrenzen, und jenem Horizont, der ebenso unbestimmt ist wie die Erinnerungen an die Kindheit. Eine riesige Stadt, wie in einem Abgrund verloren zwischen den Gipfeln des Pitié und der Anhöhe des Ostfriedhofes, zwischen Leid und Tod.« Denn was den Romanschreiber zuallererst interessiert, ist jenes verdammte, verdreckte Paris, wo gewisse Dandys, die später in den Tuilerien herumstolzieren werden, bisweilen ihre Karriere beginnen. Am Beginn von *Vater Goriot*, wo die Beschreibung der Pension Vauquer sechs eng beschriebene Seiten einnimmt, ist Balzac so vorsichtig, den Leser über die Geschichte, die er bald enthüllen wird, vorzuwarnen: »Wird sie außerhalb von Paris überhaupt verstanden werden? Zweifel sind erlaubt.« Muß man nicht tatsächlich das Elend, das in diesem Stadtteil herrscht, im Kopf haben – in jenem Quartier Latin, »das schrecklichste« aber auch »das unbekannteste« –, um das Drama zu verstehen, das sich dort abspielt? Balzac dringt ein in die Rue Neuve-Sainte-

Zwischen 1840 und 1847 wohnt Balzac in der Rue Basse in Passy, der heutigen Rue Raynouard, in dem Haus, das heute sein Museum birgt. Dort hat er einen großen Teil der *Menschlichen Komödie* verfaßt.

Folgende Doppelseite:
Es gibt in Paris, im Bastilleviertel, noch einige wunderbarerweise erhalten gebliebene Enklaven, die das Paris Balzacs beschwören.

Geneviève, dann in die Pension, dann in das Gesicht und die Kleidung der Pächterin, um dann, getreu seiner Theorie der Verschmelzung von Person und Umfeld, seine Schlüsse zu ziehen: »schließlich erklärt die ganze Person die Pension, ebenso wie die Pension die Person einschließt«. Mit dem gleichen Hochgenuß beschreibt der Schriftsteller das Dreckloch, in dem Colonel Chabert, Held von Eylau und Comte de l'Empire, lebt, den das Unglück in die Rue du Petit-Banquier (im heutigen XIII. Arrondissement) getrieben hat, in »eine dieser in den Pariser Vorstädten errichteten Bruchbuden, die mit nichts vergleichbar sind, nicht einmal mit den ärmlichsten Behausungen auf dem Lande, mit denen sie wohl das Elend, nicht aber das Romantische gemein haben«. In dieser Auflistung des Verfalls befindet sich die Rue Férou, »in der alles traurig ist« (*Melmoth réconcilié*), die Rue de Seine, welche den Namen jenes schwarzen Flusses trägt, dem Balzac immer die Loire vorzog und

den er oft als letzte Zuflucht der Verzweifelten beschreibt (Rubempré, Birotteau, Raphael de Valentin träumen davon), die von Zerfall und Prostitution geprägte Rue Mazarine, Saint-Roch, das schmutzige Viertel Montparnasse, das selbst durch die Vorstadtkneipen nicht fröhlicher wird, der Faubourg Saint-Marceau – heute Gobelins –, wo Gerber und Steinbrecher in überriechender Luft arbeiten, das stinkende Petite Pologne… Die Liste ist noch viel länger, so sehr bemüht sich der Schreiber mit seinem schon ins Phantastische gehenden Realismus, die häßliche Seite der Stadt bis in ihre verborgensten Winkel hinein wiederzugeben. Und dies mit beängstigender Genauigkeit: Balzac, dessen Beobachtungsgabe außergewöhnlich ist, bespitzelt des Abends die aus den Boulevardtheatern kommenden Arbeiterfamilien, folgt ihnen bis zu ihren Wohnungen, notiert jede Bemerkung, nimmt ihre Behausungen unter die Lupe, um seine Szenen besser zu veranschaulichen. Sein verrufenes Paris ist auch das eines Detektivs, das durch den Filter der Literatur gegangen ist.

So hat auch Jeannine Guichardet in ihrer Doktorarbeit *Balzac, archéologue de Paris* festgestellt, daß der Schriftsteller niemals so ins Detail geht, wenn er die reichen Viertel behandelt. Straßennamen werden da selten erwähnt – man erfährt nicht viel mehr, als daß der Marquis de Beauséant und der Duc de Grandlieu in der Rue Saint-Dominique wohnen, daß das Hotel Ferraud in der Rue de Varennes liegt –, die Beschreibungen der Privathäuser sind oft kurz gefaßt, ausgenommen die Eingänge und Treppenhäuser, Sinnbilder des sozialen Auf-

Auf dem Friedhof Père Lachaise richtet Rastignac am Schluß von *Vater Goriot* seine berühmte Herausforderung an Paris, Vorspiel zu einer Karriere, die von einem Ministeramt gekrönt sein wird: »Jetzt zu uns beiden!«

stiegs. Gibt er in *La Duchesse de Langeais* nicht sofort zu, daß es ihm Mühe bereitet, den Faubourg Saint-Germain zu beschreiben, »weder ein Viertel, noch eine Sekte, noch eine Institution, noch irgendetwas, was man klar ausdrücken könnte«? Dieser goldene Gürtel ist nichtsdestoweniger der Bezugspunkt schlechthin, da der Faubourg Saint-Honoré »die Luft des Faubourg Saint-Germain atmet«, und Notre-Dame-de-Lorette bekommt den hübschen Beinamen »Faubourg Saint-Germain de la galanterie«. Es scheint tatsächlich so, daß ab dieser Grenze Paris nicht mehr zu einem Wesen aus Stein, sondern zum reinen Geist wird: dem der Pariser Gesellschaft während der Restauration und der Julimonarchie, seiner Sitten, seiner Intrigen, die Herzen bewegen und Handlungen bestimmen. Gerade dieser Geist fasziniert den Romanschreiber, Historiker und Soziologen, »diese tausend Nichtigkeiten, die man wissen muß, um nicht als Nichtpariser zu gelten« *(Verlorene Illusionen)*, diese kleine, auf das Opernpublikum beschränkte Welt, die Lucien bald zu bändigen gedenkt und die plötzlich zu diesem Universum wird, dem Rastignac seine berühmte Herausforderung entgegenschleudert: »Und jetzt zu uns beiden!« Nur eine Bedingung ist notwendig, um in diese höhere Sphäre einzudringen: Gold, dieses flüssige Gold, das zwischen den Fingern der sehr geschickten Pariser fließt und das in der geizigen Erde der Provinz vergraben ist. »Trotz so vieler einfältiger Aussprüche über das Geld wird man, wenn man in Paris lebt, immer von dem bedrängt, was unter der Rechnung steht, muß man Zahlen vergöttern und den gespaltenen Fuß des goldenen Kalbs küssen«, muß Madame Rabourdin aus *Employés* durch die Feder des Erzählers bitter feststellen.

»– Mein Gott! Gold um jeden Preis!« sagt Lucien zu sich, kaum daß er aus Angoulême fort ist. »Gold ist die einzige Macht, vor der diese Welt auf die Knie fällt« *(Verlorene Illusionen)*. Gold ist im Vergleich zu Titeln und Talenten alles, Gold gehört zum Vergnügen, dessen Hauptstadt Paris ja ebenfalls ist, und es ist auch Teil der großen Bälle, auf denen Karrieren beginnen oder zerbrechen, auf denen Komplotte geschmiedet werden und Geschichte gemacht wird, wie es Balzac weitsichtig wie immer in *Ferragus* feststellt, wenn er den Bankiersball erwähnt, »eines dieser unverschämten Feste, durch die jene Welt aus Mattgold versuchte, den Feingoldsalons zu trotzen, wo die feine Gesellschaft des Faubourg Saint-Germain lachte, ohne zu ahnen, daß eines Tages die Bank das Palais Luxembourg einnehmen und sich auf den Thron setzen würde.«

Klein-Polen, eine Enklave, die durch die Rue de la Pépinière, die Rue du Rocher und die Rue de Miromesnil begrenzt wird, »wo unwissende Armut und auswegloses Elend vegetieren« und wo jeder sich wundert, Aristokraten Arm in Arm mit einer niederen Boheme zu sehen, ist eines der schmutzigsten Viertel von Paris. Es wird in *Tante Lisbeth* beschrieben. Balzacs Paris ist voller starker Kontraste: Auf den folgenden Seiten das Gold des Faubourg Saint-Germain und die Tuilerien.

Zwischen schwärzester Armut und den Tummelplätzen der Mächtigen folgt jener, der »eine ganze Gesellschaft mit sich im Kopf herumträgt«, den Bewegungen eines urbanen Gewebes, das in einer Umwälzung begriffen ist. In der Zeit, als *Die menschliche Komödie* Gestalt annimmt, erlebt die Hauptstadt in der Tat gewaltige Veränderungen, die von den gargantuesken Arbeiten Haussmanns verdeckt werden.

Tatsächlich steigt die Einwohnerzahl von Paris zwischen der Geburt und dem Tod Balzacs (1799–1850) von fünfhunderttausend auf eine Million, die Stadt wird nach und nach mit Gasbeleuchtung versehen, erlebt die Ankunft der ersten Eisenbahnzüge und die Verbreiterung der Arkaden in der neuen Rue de Rivoli, während viele Viertel unter der »kulturstiftenden Mörtelkelle« der Bauleute, die Paris von seinen Warzen befreit, eine Veränderung erfahren. Und wer von Bauleuten spricht, meint Spekulanten: Auf diese Weise verläßt Tillet seine soziale Schicht, so wird das Haus Nucingen wohlhabend, so wird sich Birotteau ins Unglück stürzen, weil er sich in betrügerische Vorgänge rund um die Gegend von Madeleine hat hineinziehen lassen.

Würde man hier aufhören, so hätten all diese Betrachtungen über Paris aus Balzac nur einen strengen Beobachter seiner Zeit gemacht. Aber der Schriftsteller, Urheber eines wahren Pariser Mythos, geht weiter: Die Stadt, welche ihre gewohnte Rolle als Rahmen oder Hintergrund weit übersteigt, *bewohnt* das Werk eben-

so wie die zahllosen Darsteller. Denn Paris ist letztendlich diese teils übermütige, teils unheimliche Person, dieses stets launische, lebhafte Ungeheuer, dem Balzac, der große Neigungen zur Formenpsychologie und zu den auf Lavater zurückgehenden Prinzipien hat, ein Gesicht geben wird.

Man kann der Versuchung nicht widerstehen, aus den ersten Seiten von *Ferragus*, dem Pariser Roman schlechthin, zu zitieren, der einer ganz bestimmten Epoche (1833–1835) zuzuordnen ist, und in dem der Schriftsteller seine Vorstellung von der Stadt endgültig auf den Punkt bringt: »Endlich haben die Straßen von Paris menschliche Züge, und wir prägen uns durch ihre Physiognomie gewisse Vorstellungen ein, gegen die wir machtlos sind (…) Einige Straßen wie die Rue Montmartre sehen am Anfang noch nett aus und enden dann irgendwo sinnlos. (…) Wenn Sie durch die Straßen der Ile Saint-Louis spazieren, dann suchen Sie den Grund für jene nervöse Traurigkeit, von der Sie da ergriffen werden, allein in der Einsamkeit, dem trübseligen Aussehen der Häuser und der verlassenen Hotels. Diese Insel, dieser Leichnam der Generalpächter, ist das Venedig von Paris. Die Place de la Bourse ist schwatzhaft, geschäftig, verhurt; schön ist sie nur im Mondlicht um zwei Uhr früh. Tagsüber ist es ein Abklatsch von Paris; nachts ist es ein Traum von Griechenland.« Und Balzac, der Stadtbummler läßt sich noch weiter aus über »seine Dachböden, die Köpfen voll von Geist und

Wissenschaft gleichen; seine ersten Etagen sind wie glückliche Mägen; seine Geschäfte richtige Füße; von hier nehmen alle flinken Schuhe, all diese Geschäftigen ihren Lauf.

Und welch ein hektisches Leben führt dieses Ungeheuer? Kaum hören die letzten Zuckungen der letzten Ballkutschen auf, da beginnen sich die Arme an den Barrières schon wieder zu bewegen, und langsam fangen sie an zu beben. Alle Türen gähnen, drehen sich in ihren Angeln wie die Glieder eines großen Hummers, unsichtbar bewegt von dreißigtausend Männern und Frauen (…) Unfühlbar knacken die Gelenke, die Bewegung überträgt sich, die Straße spricht. Mittags ist alles lebendig, die Kamine rauchen, das Ungeheuer speist; dann brüllt es, dann bewegen sich seine tausend Füße. Schönes Schauspiel!

Doch ach, Paris! Wer nicht deine düsteren Stadtbilder, deine lichtlosen Ecken, deine tiefen und stillen Sackgassen bewundert, wer nicht zwischen Mitternacht und zwei Uhr morgens dein Gemurmel gehört hat, der weiß noch nichts von deiner wahren Poesie noch kennt er deine bizarren und breiten Kontraste.« Als umfassende, rastlose Maschine, die ihre Mechaniker immer schneller antreibt, wird die Stadt zur Gottheit, die einigen Glück beschert, anderen Pech bringt. Dementsprechend nehmen die Personen die Züge des Ungeheuers an, ihre physische Erscheinung ist Ausdruck der Häßlichkeit einer Vorstadt oder der Eleganz eines Viertels. Die Fußgänger sind zwar Gerber, Hausmeister, Dandy, Buchhändler, Anwalt, Minister, Marquise oder leichtes Mädchen, doch zuerst und vor allem Pariser. Mit diesem Wort legt Balzac den Grundstein für seine psychologischen Charaktere: *Die menschliche Komödie* ist voller genauer Beobachtungen über Gangarten (über die

er auch eine Theorie entworfen hat), Benehmen, Kleidung und Bewegungen seiner durch die eigentümliche Pariser Ausstrahlung geprägten Protagonisten. Mit einem Wort, Pariser zu sein wurde zu einer ganz eigenen Identität. Davon zeugen zahlreiche Passagen, die Paris zum Schauplatz aller möglichen Mythenbildungen machen: »Dieses Fräulein«, schreibt er wiederum in *Ferragus* bezüglich einer Gelegenheitsprostituierten, »war genau diese Art Frau, die man nur in Paris trifft. Sie ist ein Teil von Paris wie der Dreck, wie das Pflaster von Paris, wie das Wasser der Seine, welches in Paris in großen Reservoirs aufbereitet wird, in denen es die Industrie zehnfach filtert, bevor es in geschliffenen Karaffen serviert wird, in denen es klar und rein funkelt, wenn es auch noch so schmutzig gewesen war.« Er verschont auch nicht die Damen von Welt, die »so sind wie alle Frauen aus Paris«, und die »Leidenschaften, nicht aber Liebe« kennen. Selten sind Pariser Tugenden, was immer man auch darunter versteht, so selten, sagt uns Balzac, wie ein großer Diamant. Spöttisch und scherzend, »übersättigt von allen nur möglichen Darbietungen« *(Le Cousin Pons)* läßt sich der Pariser selbst durch den echtesten Schmerz nur selten rühren. Wie könnte er das im übrigen auch in dieser Welt der ständigen Lüge, in der keine Erlösung möglich ist? Wird die Gräfin von Langeais sich nicht durch ihren Eintritt ins Kloster selbst freiwillig zum Exil verurteilen, als sie die Liebe nicht als Geschenk, sondern als Schicksal erlebt? Und führt Luciens Naivität ihn nicht zum Selbstmord in seiner Zelle in der Conciergerie? Schon in *Marana* hatte Balzac den Leser vorgewarnt: »Jene, die sich in Paris hervortun, müssen sich Paris gefügig machen oder Paris erdulden.«

Mehr als ein Eindruck, mehr als ein Bild, das nach etlichen Pinselstrichen im Laufe der Ereignisse in der *Menschlichen Komödie* auftaucht, hat uns Balzac von Paris eine Anatomie, einen dauerhaften und umfassenden Blick überliefert, von dem der Leser auf jeder Seite die bittere Wahrheit spürt. George Sand hat dies verstanden, als sie einen Artikel über ihren illustren Vorgänger überarbeitete und dabei diese glänzende Bemerkung machte: »Balzac, der so sehr das Absolute in seinen Entdeckungen suchte, hatte in seinem Werk selbst beinahe die Lösung eines vor ihm unbekannten Problems gefunden, nämlich die totale Wirklichkeit in der totalen Fiktion.«

L. M.

Charles
Baudelaire

(1821–1867)

*Du hast mir deinen Dreck gegeben, und ich habe
daraus Gold gemacht.*

Entwurf eines Epilogs für Die Blumen des Bösen

Durch das Paris Baudelaires zu reisen ist eine Einladung, den Bummeleien eines einsamen Dichters und seinen nächtlichen Streifzügen durch den Nebel und den Lärm der Stadt zu folgen. Das Paris von Baudelaire ist vor allem der Traum eines einsamen Menschen. »Als Bürger mischt sich Hugo unter die Menge; Baudelaire als Held setzt sich von ihr ab«, bemerkt Walter Benjamin. Es ist das Heldentum des modernen Mannes, der in schwarzen Kleidern und Lackstiefeln steckt und der als Dichter – also als *Seher* – »die hehren Motive« seines Jahrhunderts und dessen episches Antlitz zu erkennen weiß. »Das Pariser Leben ist ergiebig an wunderbaren und poetischen Themen. Das Wunderbare umgibt uns und benetzt uns wie die Atmosphäre; aber wir sehen es nicht«, stellt Baudelaire in seinem *Salon von 1846* fest. Doch die Gabe, das Wunderbare zu entdecken heißt zunächst einmal, schärfer als sonst die Dekadenz und Vulgarität der eigenen Epoche zu erspüren: Um ein Motiv herauszulösen, muß man ein Bild verstehen; um aus dem Häßlichen das Schöne zu vertreiben, bedarf es dieser dem Dichter eigenen Scharfsicht, zu der er vielleicht verdammt, vielleicht privilegiert ist. Die gesamte Dichtung Baudelaires beruht auf diesem Zwiespalt: »Das Schöne hat immer etwas Absonderliches.«

Es überrascht nicht, daß die Beziehung zwischen Baudelaire und Paris immer auf leidenschaftlichen

Von den Orten, an denen Baudelaire, hier von Carjat fotografiert, gelebt hat, kennt man vor allem das Hotel Pimodan, unweit der Rue de la Femme-sans-tête, wo er seine Maitresse Jeanne Duval traf.

Gefühlen beruht hat. In seinem Entwurf eines Epilogs für *Die Blumen des Bösen* für die Ausgabe von 1861 faßt der Dichter die ihn bewegenden Widersprüche in einem einzigen Ausruf zusammen: »Ich liebe dich, oh du abscheuliche Hauptstadt!…« Diese Stadt, in der er nahezu die gesamte Zeit seines allzu kurzen Lebens verbringt – Baudelaire ist mit sechsundvierzig Jahren gestorben –, war zunächst das Gebiet seiner nächtlichen Streifzüge, auf welche dann seine Spaziergänge bei Tage folgten. Es wäre gewagt zu behaupten, man könne eine vollständige Liste der Wohnungen des Dichters erstellen, doch es waren mehr als vierzig, meist auf der Rive gauche. Von denen, die heute noch existieren, muß man in erster Linie seine Wohnungen auf der Ile Saint-Louis erwähnen: eine Zeitlang am Quai de Béthune, dann am Quai d'Anjou Nummer 15, wo er drei Monate blieb, bevor er dann in die Nummer 17 ins Hotel Pimodan, auch de Lauzun genannt, zog, wo er von Oktober 1843 bis September 1845 die Dachzimmer bewohnte. Diese glückliche Zeit, verknüpft mit der Anwesenheit seiner Maitresse Jeanne Duval, die an der Ecke Quai Bourbon/Rue Le Regrattier – früher treffend als »Rue de la Femme-sans-tête« bezeichnet – lebte, erlaubte ihm sogar diese spaßigen Zeilen, welche aus einer seiner »Causeries« für das im September 1846 erschienene *Le Tintamarre* entnommen ist: »…in

1843 zieht Baudelaire, nachdem er einige Monate im Quai d'Anjou Nummer 15 verbracht hat, unter die Dächer der Nummer 17, ins Hotel Pimodan, wo sich der berühmte »Club der Haschischraucher« trifft, zu dem Nerval und Gautier gehören.

aller Bescheidenheit gestehe ich ein, daß ich als Badeanstalt nur das gefilterte Wasser der Ile Saint-Louis kenne.« Was das gefilterte Wasser betrifft, so fließt dieses vor dem Erdgeschoß des Hauses, in dem sich eine Färberei befindet, in ekelhaft stinkenden bunten Bächen… Das seinerzeit als abgelegen geltende Viertel zieht Rentner, Kleinbürger, Handwerker, aber auch einige Künstler an, zu denen Meissonier, Daumier und Feuchère zählen.

Von Oktober 1852 bis März 1854 ist Baudelaire in der Rue Pigalle Nummer 60 zu finden, von Juli 1856 bis November 1858 am Quai Voltaire im gleichnamigen Hotel, das auch berühmt wurde, weil es Oscar Wilde und Richard Wagner beherbergt hat. Ein anderes Hotel, das Hotel Dieppe in der Rue d'Amsterdam Nummer 22, dient ihm von Januar 1860 bis April 1864 als provisorische Herberge vor Exil und Tod, der ihn 1867 in der Rue du Dôme im heute nicht mehr existierenden Krankenhaus des Doktor Émile Duval ereilte. Die Trauerfeier findet in Saint-Honoré d'Eylau statt, bevor er auf dem Friedhof Montparnasse beerdigt wird.

Wenn Baudelaire nicht gerade umzieht, arbeitet er in den Cafés, wo sich die für Henri Murger so wichtige Boheme trifft: das Café *Momus* Ecke Rue Saint-Germain-l'Auxerrois/Rue de l'Arbre-sec, das *Café de Bade* am Boulevard des Italiens, das *Café de Madrid* am Boulevard Montmartre, die *Brasserie des Martyrs* oder die *Taverne Saint-Austin* in der Nähe des Hotel Dieppe. Das berühmteste – und auch das am meisten besuchte – bleibt das *Riche* in der Rue Le Peletier, wo der Verleger Jules Hetzel, Gérard de Nerval, Théophile Gautier mit dem Maler Paul Chenavard oder dem Bildhauer Auguste Préault verkehren. Edmond de Goncourt bemerkt dort an einem Tag des Jahres 1857 Charles Baudelaire »ohne Krawatte, mit offenem Kragen, geschorenem Kopf, ganz in der Aufmachung eines

Guillotinierten. (…) Der Kopf eines Verrückten, die Stimme scharf wie eine Klinge«.

So ist Baudelaire zwischen Zimmern und Cafés ständig auf der Flucht vor Gläubigern und Störenfrieden, verschleißt sich durch diese erzwungene Unausgeglichenheit: »Ich habe dieses Leben in Kneipen und Hotels vollkommen satt; das bringt mich um und vergiftet mich. Ich weiß nicht, wie ich das ausgehalten habe«, schreibt er seiner Mutter am 20. Dezember 1855. Drei Monate später erscheint sein *Edgar Allan Poe, sa vie et son Oeuvre*, in dem man diese Einschätzung findet, die Baudelaire auch leicht auf sich hätte beziehen können: »Er ging durch sein Leben wie durch eine Sahara und wechselte seinen Ort wie ein Araber.« 1858 hat sich seine Lage kaum gebessert: »Ich habe ernsthaft das Verlangen, aus dieser verfluchten Stadt herauszukommen, in der ich so gelitten und so viel Zeit verloren habe«, beklagt er sich noch am 19. Februar bei der Witwe des General Aupick.

Dennoch schmachtet Baudelaire, sobald er von der schon früh idealisierten Stadt fort ist. Eine der ersten Bemerkungen über die Hauptstadt taucht in einem Brief an seinen Halbbruder Alphonse vom 1. Januar 1834 auf, als er am Collège Royal in Lyon studierte. Er ist gerade mal dreizehn und schon »vermißt er die Boulevards und die Bonbons von Berthellemot und das Universalgeschäft von Giroux und die reichhaltigen Bazare, auf denen man so reichlich Dinge findet, die als Weihnachtsgeschenke dienen«. Zwei Jahre vor seinem Tod, am 3. Februar 1865, schimmert die gleiche Bitterkeit durch einen Brief an Madame Paul Meurice, als sich der Dichter in *Armes Belgien!* befindet, wohin er sich freiwillig ins Exil begeben hat: »In Paris gibt es Essen unter Freunden, Museen, Musik und Mädchen. Hier gibt es nichts.«

Diese biographischen Betrachtungen, für den Pilger auf der Suche nach Baudelaire sicherlich nützlich, sind jedoch hinsichtlich des poetischen Paris, welches der Dichter uns hinterlassen hat, nur von geringem Wert. Man muß die Hauptstadt mit den *Blumen des Bösen*, seiner einzigen Verssammlung, und vor allem mit den *Tableaux parisiens* in der Hand abschreiten, um das immense Stadtgenie Baudelaires zu erfassen. »Als erster sprach er von Paris als täglich zur Hauptstadt Verdammter« sagt uns Jules Laforgue (*Mélanges posthumes*, 1903). Als Verdammter, gewiß, aber als Verdammter, der ein absoluter Gegner des Malerischen oder Anekdotischen ist. Wenn er zufällig von dieser oder jener Gestalt der Pariser Bevölkerung spricht (die Prostituierte, der Glaser, der Bettler…), so tut er dies nie, um Charakterzüge festzulegen und einen Typus zu begründen – wie zum Beispiel Balzac, den er im übrigen bewundert –, sondern um sie in allegorischer Weise in menschliche Situationen einzuordnen. Ebenso erwähnt Baudelaire in seinen Versdichtungen keine Straße noch irgendein Monument (mit Ausnahme des Louvre, der zumindest einer einzigen kurzen Erwähnung wert ist). Er spricht lediglich in *Der Schwan* von einem bestimmten Viertel: das Quartier du Carrrousel und Doyenné, welches in den Louvre übergeht und den Blick auf die Tuilerien verstellt, wo Kasernen, Ställe, Kirchen und Hotels unter dem Second Empire zu Brachland geworden sind. Dort, zwischen Brettern und Schutt, findet man die letzten Buchverkäufer und Vogelhändler – bei diesen eben auch Schwäne.

Paris, Wesen und Landschaft zugleich, Sinnbild des Städtischen, wird unter der Feder eines Baudelaire als vom modernen Leben untrennbares Ganzes erfaßt. Wirft er denn nicht im *Salon von 1859* den Malern seiner Zeit vor, »die Landschaft der Großstädte, also die Ansammlung von Großem und Schönem, die aus einer mächtigen Einheit von Menschen und Monumenten hervorgeht, den tiefen und verwirrenden Zauber einer alten und in den Höhen und Tiefen des Lebens alt gewordenen Hauptstadt« zu vergessen? Es besteht kein Zweifel, daß Baudelaire der Fürst dieses Reiches ist, in dem der Dichter »Über die Worte wie über die Pflastersteine stolpert / An manchmal lang geträumte Verse stößt« (*Le Soleil*).

Es ist jedoch ein finsteres Reich, »Fegefeuer, Hölle, Straflager«, das Baudelaire freimütig duzt, um in nostal-

gischem Ton »Deine melancholischen Vorstädte / Deine möblierten Zimmer / Deine Gärten voller Seufzer und Machenschaften / (...) Deine erhabenen Monumente, in denen sich der Nebel festhält / (...) Dein zauberhaftes, zu Festungen aufgetürmtes Pflaster...« wachzurufen (Entwurf eines Epilogs für die Ausgabe von 1861 der *Blumen des Bösen*).

An anderer Stelle ist Paris »die riesenhafte Hure«, die mit ihren abscheulichen Lüsten nicht geizt, die »wimmelnde Stadt, Stadt voller Träume« der *Sept vieillards*, ein Bild, welches in *Die kleinen Alten* wieder zum Tragen kommt, als der Flaneur »durch Paris wie durch ein wimmelndes Gemälde geht«.

Als geheimnisvolle Höhle, als Höhle der Träume wird Paris in der Tiefe einer feuchten Nacht sichtbar, zu jener Stunde, da das wahre Leben beginnt. Die Baudelairesche Stimmung, die sich aus nassen Sonnen, schmutzigen und gelben Nebeln, verdunkelten Himmeln speist, beschreibt oft den Herbst und »den liebenswerten Abend«. Alle Bestandteile dieser fließenden, nächtlichen Welt finden sich in der ersten Erwähnung von Paris in den *Blumen des Bösen* unter dem Titel *Geständnis* wieder: »Und feierlich gleich einem weiten Strome / Durchrann die Nacht das schlafende Paris.«

Baudelaire steht auf, wenn die Sonne untergeht, im Morgengrauen geht er schlafen. Der Dichter wird lebendig, wenn der Bürger in sein bequemes Bett schlüpft. Und es kommt nicht von ungefähr, daß zwei Gedichte aus den *Blumen des Bösen* der Dämmerung gewidmet sind. Die des Morgens ist mit der Figur des Todes verbunden: »Der Hahnenschrei fern durch den Nebel

1842 wird Baudelaire volljährig und kann über das Erbe seines Vaters verfügen. Er zieht sofort an den Quai de Béthune Nummer 22 auf der Ile Saint-Louis.

klingt / Wie Schluchzen, das in blutigem Schaum ertrinkt / Ein Nebelmeer die Stadt! In dumpfen Hospitalen / Stöhnen die Kranken in den letzten Qualen / Und stoßen schluchzend ihre Seufzer aus. – / Der Wüstling taumelt müd und schwer nach Haus.« Die Abenddämmerung feiert eine vertraute Welt, die Baudelaire dagegen nur mit Gegenwart verbinden kann, wie um die Intensität noch zu unterstreichen: »Da lebt die Unzucht auf in dumpfer Gassen Enge / (…) Jetzt hört man's da und dort in Küchen leise zischen / Theater kreischen auf, Orchester brummt dazwischen / Die Säle, drin das Spiel Rausch gibt den schlaffen Hirnen / Sie füllen sich nun rasch mit Gaunern und mit Dirnen…« Die Nacht und die Menge bilden Baudelaires Freiheit in diesem Paris, das er in Schwarz, der Farbe der Moderne, sieht. Hat er nun nicht das Recht, sich in *Pariser Spleen* zu wundern: »Wer sind jene Unseligen, die der Abend nicht beruhigt, und die wie die Uhus das Kommen der Nacht als ein Zeichen zum Sabbat verstehen? (…) Oh Nacht! Oh erfrischende Finsternis! Ihr seid für mich das Signal für ein inneres Fest, ihr seid die Erlösung von einer Angst!«

Nacht, die befriedigt, doch auch mystische Nacht. Schreibt Baudelaire seine Lobpreisungen an die Finsternis nicht gerade wegen jener Schleier, die sie über die Stadt zu werfen versteht? Klagt Baudelaire als Dichter im Schatten nicht ausdrücklich den wildwuchernden Fortschritt an – die Beleuchtung, Haussmanns Abriß- und Umbauarbeiten –, wenn »dieses schreckliche Paris (…), das schwarze und blendende, am Horizont meiner Träume aufragende Gespenst« im Mund der *Fanfarlo* zum »riesigen Paris« mit dem »konfusen Erbrechen« des *Vin des Chiffonniers* wird? Die Anspielung auf das dümmliche und vulgäre Frankreich Napoleons III., der Paris in eine Baustelle verwandelt und auf die Nacht des Dichters sein gellendes Licht wirft, nimmt fast die

Form eines politischen Lieds an, wenn er in *Pariser Spleen* durch die Augen der Armen den unverschämten Luxus seiner Zeit betrachtet: »Des Abends, etwas ermattet, wolltet ihr euch vor ein neues Café setzen, das die Ecke zu einem neuen Boulevard bildet, voller Schutt noch, und doch zeigt er schon glorreich seinen unvollendeten Glanz. Das Café funkelte. Selbst das Gas verströmte die volle Glut des Beginns, und beleuchtete mit all seiner Kraft die in ihrer Weiße blendenden Wände, die sich in den Spiegeln reflektierenden Tischdecken, das Gold der Deckenleisten und Simse…«, sagt uns Baudelaire, der als Empörter, nicht aber als Revolutionär stets die soziale Entfremdung des Menschen anzuprangern wußte.

Ganz wie bei einer Fotografie, die gerade im Entwicklerbad schwimmt und bei der die Umrisse langsam deutlich werden, schiebt Baudelaire uns das Bild eines mutierenden Paris mit seinem Glanz und seinen Auswüchsen unter die Augen. Während Verlaine anklagend mit dem Finger auf den ganzen Verfall einer Stadt zeigen wird, formuliert Baudelaire in seinem dichterischen Werk nie eine manichäische Anklage. In dieser sehr subtilen Verschmelzung von Idealem und Trivialem, die er als Neuerung einführt, sind das Paradoxe, sind die inneren Widersprüche seine Figuren selbst. Baudelaire stellt sich nicht als Haussmann-Opfer dar, weil er als Dichter die Macht hat, alles zu verwandeln. Das ist die Lehre aus dem *Schwan* mit den so berühmten Versen: »Das alte Paris ist nicht mehr (die Gestalt einer Stadt ändert sich rascher, ach! als das Herz eines Sterblichen)« und etwas weiter »Paris verändert sich! Nichts aber hat in meiner Schwermut sich bewegt! Neue Paläste, Gerüste, Steinblöcke, alte Vorstädte, alles wird mir zur Allegorie, und meine liebsten Erinnerungen lasten schwerer als Felsen.«

Die *Pariser Bilder* sind reich an Beispielen dieser Art:

Davon zeugen *Die kleinen Alten*, die »in den gewundenen Falten der alten Hauptstädte, wo alles, selbst das Grauen, uns verzaubern kann« zu sehen sind, und wiederum im *Pariser Traum*, wo der Dichter sich von der Sonne befreit, »um diese Wunder zu erhellen, die von eignem Feuer funkeln!«

Baudelaire ist ein Einzelgänger. Diese Einsamkeit teilt er mit seinen Brüdern, den modernen Malern, denen er die gleiche Macht zugesteht. So ist es mit Constantin Guys, so ist es mit Charles Méryon, einem Radierer, den Baudelaire und der Kritiker Paul Mantz als einzige verteidigen. Dichter und Maler haben als gemeinsames Projekt ein Album über Paris vor, das leider am komplizierten Charakter von Charles Méryon scheitert. Baudelaire schickt seine Betrachtungen über die Hauptstadt an seine Mutter, welcher er einige Tage später in einem Brief vom 4. März 1860 diesen Vorwurf macht: »Du täuschst dich, wenn du sowas das alte Paris nennst. Das sind poetische Ansichten über Paris, so wie es vor den riesigen Zerstörungen und dem ganzen vom Kaiser befohlenen Neuaufbau war.« Man sieht schon, die Arbeiten des Präfekten der Seine zählen hier nicht: Nur die Vision, die »Sichtweise« ist wichtig. Baudelaire wird einer der wenigen seiner Zeit sein, der den Anspruch auf Urteilsfähigkeit so hoch hält:

Unten:
Die Place Saint-André-des-Arts, wie Baudelaire sie gekannt hat, als er dort mit seiner Mutter wohnte. Fotografie von Charles Marville.

Rechte Seite:
Der Louvre, das einzige in den *Blumen des Bösen* erwähnte Monument.

Seine *Curiosités esthétiques* sind auch heute noch Pflichtlektüre für jeden, der die Kunst des XIX. Jahrhunderts erforschen möchte.

Ohne jemals den gängigen Vorstellungen einer alles verschlingenden Stadt zu erliegen, hat es Baudelaire verstanden, uns das wohl verträumteste Bild der französischen Dichtung zu hinterlassen: jenes, das den Betrachter vom Licht in den Schatten treten läßt, aus dem blinden Tag in die tröstende Nacht mit ihren unendlichen Schattierungen.

Hat man nicht das Recht, dem flanierenden Dandy, einem von Baudelaire gepflegten, doch seitdem mit zahlreichen Klischees beladenen Bild, den Gedanken an einen Dichter vorzuziehen, der durch Paris geht wie über einen Spiegel? Gibt es bei Baudelaire nicht einen Identifikationsprozeß mit Paris, der Hauptstadt seiner Schmerzen, in welcher er vielleicht den Spiegel seiner Seele mit all ihren Irrwegen und schwarzen Flecken sucht, die Augen manchmal zum Himmel und den Wolken gehoben, als ob dort oben eine hoffnungsvolle Verheißung zu finden sei? So viele Fragen, auf die es sicher keine Antwort gibt, und über denen man nicht vergessen sollte, daß er Paris meint, wenn er sich in seinem berühmten Vers aus dem Epilogentwurf zu den *Blumen des Bösen* sagt: »Du hast mir deinen Dreck gegeben, und ich habe daraus Gold gemacht.«

L. M.

Calvino

(1923–1985)

Vielleicht könnte Paris wieder zu einer inneren Stadt werden, über die es mir möglich wäre zu schreiben, wenn es mit meinen persönlichen Erlebnissen, mit dem Alltag zusammenfiele und jene Atmosphäre verlöre, die nur der kulturell-literarische Reflex eines Parisbildes ist.

Eremit in Paris

Es mag enttäuschend sein, das Werk Italo Calvinos auf der Suche nach seinen dreizehn, von 1967 bis 1980, in Paris verbrachten Jahren zu durchforsten. Weder *Der Baron auf den Bäumen* noch *Der geteilte Visconte* haben in den Straßen oder auf den Bäumen der Lichterstadt gelebt. Die Erscheinungsdaten der Bücher, in denen diese Helden vorkommen, könnten dies zum Teil erklären. Doch auch in den *Cosmicomics* (1968) gibt es keine Anspielung auf die Seine, noch liefert das Marais-Viertel für irgendeine der *Amori difficili* (1970) den Hintergrund.

Passagen, die mit dem, wie es Cesare Pavese ausdrückt, »Eichhörnchenstift« geschrieben sind, in denen die Stadt Paris ganz offen zum literarischen Ort wird, sind sehr selten: die ersten Zeilen von *Der Ritter, den es nicht gab*, einige Berichte in *Herr Palomar*, der Anfang von *Wenn ein Reisender in einer Winternacht*, ein Satz in *Die unsichtbaren Städte*, einige Seiten in *Gesammelter Sand* und *Unter der Jaguar-Sonne*... Ob dieses Nichtvorhandensein mit dem Unbehagen zu tun hatte, welches Italo Calvino in seiner Autobiographie selbst eingestand? »Jedes Mal, wenn ich mein Leben fixiert und objektiviert vorfinde« – so schreibt er 1985 – »werde ich von Angst ergriffen, vor allem, wenn es sich um Neuigkeiten handelt, die ich selbst geliefert habe (...); wenn ich die gleichen Sachen mit anderen Worten wiederhole, hoffe ich immer, mein neurotisches Ver-

Für Italo Calvino, hier 1980 in seiner Pariser Wohnung fotografiert, ist Paris eine umfassende Enzyklopädie, in der alles, von den Tieren im Jardin des Plantes bis zu den Denkmälern, Gegenstand einer wissenschaftlichen Einordnung ist.

hältnis zur Autobiographie zu umgehen.« Dennoch muß man sich an die autobiographischen Seiten halten, um zu verstehen, welche Anziehungskraft Paris sowohl auf den Menschen als auch auf den Schriftsteller ausübt.

In einer biographischen Notiz aus Anlaß der Veröffentlichung der Novelle *Das Schloß, darin sich Schicksale kreuzen*, schreibt Calvino an den Verleger Franco Maria Ricci: »...Jahrelang habe ich unter einer geographischen Neurose gelitten: Ich brachte es nicht fertig, an keinem Ort, in keiner Stadt, länger als drei Tage zu bleiben. Schließlich wählte ich dann auf Dauer Frau und Wohnung in Paris.« Er begab sich in die Bibliothèque Nationale, »um seltene Texte einzusehen, wobei ich in den Genuß der Leserkarte Nr. 2516 kam. So genoß ich, auf das Schlimmste gefaßt, unbefriedigter denn je, die unvergleichlichen Freuden des Altwerdens (...)«. Diese paar Zeilen machen schon den eigentlichen Charakter von Calvinos Beziehung zur französischen Hauptstadt klar, einen Charakter, den er rechtfertigen zu müssen glaubt. Er tut dies 1974 während eines Interviews mit dem italienischsprachigen Schweizer Fernsehen, aus dem ein Text entstand, der in die 1994 von seiner Witwe veröffentlichte Sammlung autobiographischer Schriften Eingang fand. Der Titel spricht Bände: *Eremit in Paris*.

»Seit einigen Jahren habe ich in Paris ein Haus und verbringe dort einen Teil des Jahres, doch bis jetzt

Drei Beispiele für ein
Paris, das sich wie
ein riesiges steinernes
Lesebuch gibt.

Rechts:
Die Cinémathèque
française in Chaillot.

Unten:
Das der Geschichte
von Paris gewidmete
Musée Carnavalet.

Rechte Seite:
Der Flohmarkt an der
Porte de Clignancourt.

tauch diese Stadt nie in den Sachen auf, die ich schreibe.« Calvino beginnt, seine literarische Beziehung zu der Stadt zu erforschen, wobei er von dieser einfachen und friedfertigen Feststellung ausgeht. Verschiedene Hypothesen könnten diesen Tatbestand erklären: »Vielleicht muß ich mich, um über Paris schreiben zu können, davon lösen, fort sein: Wenn es denn stimmt, daß man beim Schreiben immer von einem Verlust, einer Abwesenheit ausgeht. Oder aber mehr dazugehören, doch dafür hätte ich seit meiner Jugend dort leben müssen. Wenn es stimmt, daß es die Geschichten unserer ersten Lebensjahre sind, die unsere Phantasiewelt formen, und nicht die Orte des Erwachsenseins. Besser gesagt: Ein Ort muß zu einer inneren Landschaft werden, damit die Phantasie darangehen kann, diesen Ort zu bewohnen, daraus ihren Schauplatz zu machen. Doch Paris war schon die innere Landschaft eines so großen Teils der Weltliteratur, mit einer solchen Anzahl von Büchern, die

wir alle gelesen haben, die in unserem Leben wichtig waren. Bevor Paris eine Stadt der realen Welt wurde, war es für mich wie für Millionen anderer Menschen in jedem Land eine durch Bücher erdachte Stadt, eine Stadt, der man sich durch Lesen nähert (...)«

Paris, die Literaturstadt schlechthin, scheint sich also Italo Calvino gerade durch den Reichtum an Bildern, den sie hervorruft, zu entziehen. Gerade als ob der Mythos von Paris, nach Giovanni Macchia »einer der prächtigsten der modernen Welt«, für die Phantasie des Schriftstellers unversehens eher die Rolle eines Zügels denn die eines Ansporns spielt. Im gleichen Moment, in dem er die Schwierigkeit zum Ausdruck bringt, seine Geschichten an einen so literarischen Ort zu verlegen, macht der Autor von *Die unsichtbaren Städte* uns deutlich, in welcher Weise Paris auch für ihn Protagonist und Adressat des »letzten Liebesgedichtes« ist, das ein Schriftsteller den Städten widmet.

Calvino schafft es, sich vom lähmenden Pariser Mythos zu befreien, indem er zwischen der Stadt und ihrem Abbild unterscheidet. Er läßt sie für einen Augenblick aus dieser »großzügigen und herrlichen Reglosigkeit« entkommen, die sie nach Giovanni Macchia bisweilen »einem jener alten Grafen von Proust ähneln läßt, die beim Aufstehen den Eindruck erwecken, daß sie gleich an ihrem hohen Alter zusammenbrechen«. »Die Städte sind dabei, sich in eine einzige Stadt zu verwandeln, eine ununterbrochene Stadt, in der sich die früher so charakteristischen Unterschiede zwischen ihnen verlieren.«

Diese Idee durchzieht und bestimmt jede Seite von *Die unsichtbaren Städte*. Calvino erklärt, daß sie von seiner Lebensweise abweicht, »welche nun die von vielen von uns ist: Ein ständiges Reisen von einem Flughafen zum anderen, um dann ein nahezu gleiches Leben in jeder Stadt zu führen, in der man gerade ist.« Der Flughafen Orly wird so für den Schriftsteller einer der Knotenpunkte der »Megalopolis, der endlosen, gleichförmigen Stadt, die nun dabei ist, die Welt zu bedecken...« Der Schreibtisch, an dem er arbeitet, ist »ein wenig wie eine Insel: Er könnte in Paris ebenso wie in einem anderen Land stehen«.

Ungeachtet dieser Krise der Stadt, die nur ein »anderes Gesicht der Krise der Natur« ist, gibt es »geheime Gründe«, die die Menschen dazu bringen, in der Stadt zu leben. Für Calvino sind »die Städte ein Ganzes aus vielen Dingen: aus Erinnerung, aus Wünschen, aus Sprachmerkmalen. Städte sind, wie es in allen Geschichts- und Wirtschaftsbüchern erklärt wird, Orte des Austauschs, doch getauscht wird hier nicht nur

Ware, getauscht werden auch Worte, Wünsche, Erinnerungen…«.

Auch Calvino hat seine geheimen Gründe: »Ich könnte also sagen, daß Paris, eben das, was Paris ausmacht, eine riesige Konsultationsmaschine ist, es ist eine Stadt, die man wie ein Lexikon befragt: Sowie man es öffnet, gibt es dir eine ganze Reihe Auskünfte von einer Reichhaltigkeit wie sonst keine Stadt. Man nehme nur die Geschäfte… In Paris gibt es Käsegeschäfte, in denen es Hunderte von Käsesorten gibt, alle anders, jeder mit einem Namensetikett, es gibt in Asche gerollten Käse, Käse mit Nüssen: Eine Art Museum, der Käse-Louvre.«

Paris, in dessen Straßen »alles darauf wartet, ins Museum zu wandern«. Es ist auch kein Zufall, daß Calvinos Lieblingsmuseum jenes ist, welches der Pariser Geschichte gewidmet ist, das Musée Carnavalet. Die gothischen Kathedralen zeugen von diesem Stadtgedanken »wie ein allumfassender Vortrag, wie eine kollektive Erinnerung«. Die Stadt kann man »lesen« wie ein Werk, ganz wie wir Notre-Dame lesen (selbst nach den Renovierungen von Viollet-le-Duc), Kapitell für Kapitell, Wasserspeier für Wasserspeier«.

Paris kann auch »wie ein Traumbuch, wie ein Album unseres Unbewußten, wie ein Ungeheuer-Katalog« interpretiert werden. Aus diesem Grund öffnet sich die Stadt den Erkundungen des Schriftstellers »mit den Tierkäfigen des Jardin des Plantes, den Schlangenhäusern und den Terrarien, in denen es sich die Leguane und Chamäleons bequem machen, der Fauna aus prähistorischer Zeit und der Drachenhöhle; all dies schleppt unsere Kultur hinter sich her«.

Selbst das Kino wird zum Museum, zum Nachschlagewerk »nicht nur für die Menge an Filmen der Cinemathek, sondern für alle Kinos im Quartier Latin…«.

Als Museumsstadt birgt Paris für Calvino auch poetische Enklaven wie hier unten die Bahnlinie Paris-Ceinture, einige Schritte entfernt von seinem Haus am Square de Châtillon in der Nähe des Friedhofs von Montrouge (rechte Seite).

Dieses Nachschlagewerk kann auch erlauben, »das, was man verloren glaubte, seine Vergangenheit oder die eines anderen, wiederzufinden. Von daher ist es eine andere Sichtweise auf die Stadt: Wie ein riesiges Fundbüro, ein bißchen wie der Mond in *Orlando Furioso*, wo das gesammelt wird, was von der Welt verloren worden war«. So kehrt man ins Paris der Sammler zurück, in »eine Stadt, die dazu einlädt, von allem eine Sammlung anzulegen…«.

Aussichten auf ein existentielles Abenteuer stellen sich ein: das des Sammlers, »einer Selbstfindung durch die Gegenstände, einer Entdeckung der Welt, die auch eine Selbstverwirklichung ist«. Doch Calvino hat dieses Stadium hinter sich gelassen: Paris ist für ihn die Stadt seines Erwachsenseins. Er sieht sie nicht mehr »im Geist der Weltentdeckung, die das Abenteuer der Jugend ist«. Er gibt zu, in seinem Verhältnis zur Welt von der Entdeckung zur Befragung übergegangen zu sein. Von Paris werden ihm dennoch einige Erinnerungen mit melancholischem Einschlag bleiben, wenn er zum Beispiel sein Haus am Square de Châtillon erwähnt: »Unter den Fenstern meiner Wohnung gibt es eine alte Vorortbahn, die Paris-Ceinture, fast schon außer Betrieb, doch zweimal am Tag kommt noch ein kleiner Zug vorbei, und dann erinnere ich mich an die Verse von Laforgue, die da lauten: *Ich werde nie ein Abenteuer haben; Wie klein sie ist, in der Natur, die Bahnlinie Paris-Ceinture.*«

Eine unsichtbare Stadt kommt einem in den Sinn, wenn man die Gedanken von Italo Calvino über Paris liest. Es ist Isidora, die Stadt der Erinnerung, die ganz allein in allegorischer Weise die Erfahrungen des Schriftstellers in Paris und seine Urteile über die französische Hauptstadt zusammenfaßt.

»Isidora ist also die Stadt seiner Träume: Mit einem Unterschied. In seinem Traum bezog die Stadt auch ihn selbst ein, in jungen Jahren. Er kam in fortgeschrittenem Alter nach Isidora. Auf dem Platz gibt es das Mäuerchen mit den Alten, die die Jugend vorbeiziehen sehen. Er selbst sitzt dort, zwischen den anderen. Die Wünsche sind schon zu Erinnerungen geworden.«

P. B.

Alejo
Carpentier

(1904–1980)

Paris war Schlaraffenland und gelobtes Land, Kultstätte der Intelligenz,
Metropole der Lebenslust, Quelle aller Kultur...

Die Methode der Macht

In der großen Vielfalt von Liebesge-schichten, die Paris mit den Schrift-stellern verbinden, stehen jene, wel-che die Romane und Chroniken des Kubaners Alejo Carpentier durchzie-hen, als unvergleichlich leidenschaft-lich, absolut, einzig. Als Sohn von in Kuba ansässigen französischen Eltern spielt der Schriftsteller mit dem Spannungsverhältnis zwischen Nähe und Distanz und, in einem System unwahrscheinlicher Vergleiche mit der Stadt, aus der seine Helden stammen, malt er ein einzigartiges Bild von Paris, das eher aus spontanen Eindrücken als aus der Beschreibung konkreter Orte entsteht.

Esteban, der junge karibische Held in *Explosion in der Kathedrale*, der zum ersten Mal in ein herbstliches Paris kommt, das noch die Revolution feiert, liefert uns seine ersten Eindrücke von dieser Stadt, von der er in seiner fernen Geburtsstadt Havanna so viel geträumt hat, »einer gleichgültigen, seelenlosen Stadt, (...) die dem Handel und der Häßlichkeit überlassen wurde«. In Paris denkt Esteban an harte Schatten, »verstärkt durch das extreme Licht der beleuchteten Dinge« in seinem Land, an »zu kurze Dämmerung« und an plötzlich vom Him-mel gefallene Nächte. Er, der zuvor die immergrünen Inseln Haiti und Kuba durchstreift hatte, staunt nun über krasse Veränderungen, welche die ihm unbekannten Jahreszeiten bei der Natur bewirken, und ist entzückt über »die üppigen Farben am Herbstanfang, welche für jemanden, der von den Inseln kommt, wo die Bäume

In seinem Werk hat sich Alejo Carpentier gerne über die von Paris, seinen mythi-schen Plätzen, seinen Sitten, seiner Mode, seinen Gewohnheiten faszinierten Latein-amerikaner lustig gemacht.

den Wechsel von grün zu blutrot und sepia nicht kennen, etwas wunder-bar Neues ist.« Seine Liebe zu Paris wird in dem Maße wachsen, wie sich die Kontraste verstärken.

Diese Art, ein gemäßigtes Paris zu begreifen, »einzigartig, unerwar-tet und hübsch«, verkehrt die Auffas-sung von dem, was uns fremd ist, ins Gegenteil. Hier ist die französische Hauptstadt die Fremde, das Fremdartige. »Die Allegorien und die Fah-nen« in den Straßen, »die stämmigen Pferde mit breitem Rücken (...), die sich so von jenen knochigen, schwächlichen Gäulen, den guten Nachfahren ihrer andalusischen Ahnen unterscheiden«, »die Seiltänzer, der Anzug des Waffelverkäufers und die Ausla-ge der Nadelhändler« werden ebenso zu Elementen eines »weitaus malerischeren Exo-tismus als der seines Palmen- und Zuckerrohrlandes, in welchem er aufgewachsen war, ohne daran zu denken, daß ein ganz gewöhnliches Schauspiel für andere durchaus exotisch sein kann«. Das Theatrali-sche der sehr aktiven französischen Hauptstadt, die nach und nach ihre Revolution zu Ende bringt, bestätigt diese Entdeckung auf spektakuläre Weise. Die Erinne-rung an die Eintönigkeit und Lässigkeit seiner kleinen Stadt jenseits des Meeres verblaßt vor dem Leben in den Straßen von Paris, wo alles wie auf einer Bühne ins Auge fällt: »Jedes Geschäft war für ihn ein Theater, mit jener Schaufensterszene, die Hammelkeulen auf Papier-deckchen zur Schau stellte; die der Parfümhändlerin...

Vorhergehende
Doppelseite:
*Der Auszug der Frei-
willigen von 1792,*
auch *La Marseillaise*
genannt, das auf der
den Champs-Élysées
zugekehrten Seite
des Arc de Triomphe
angebrachte Meister-
werk von Rude.

Alles war eingepackt, verziert, mit Bändchen versehen…«

Wenn der Italiener Calvino bemerkt, daß Paris die Stadt ist, welche den Museumsgedanken hervorgebracht hat (als Beweis dafür wertet er, daß jedes Schaufenster eines Käseladens durch die geschickte Dekoration gleich etwas von einem Käsemuseum hat), so stellt sich der Kubaner Carpentier vielleicht etwas dramatischer das revolutionäre Paris als Ort der Darstellung schlechthin vor, als »größtes Theater der Welt«, interessanter als die Wirklichkeit selbst. Denn das Paris in *Explosion in der Kathedrale* ist vor allem das der neuen, republikanischen, antireligiösen, für die Abschaffung der Sklaverei eintretenden Ideen, die auch in die Literatur, die Malerei, die Kleidermode eingehen und deren Einfluß Lebensweg und Lebensweise vieler Männer und Frauen auf der ganzen Welt verändern werden. Dieses Paris, das aus der Ferne herrscht, wird sogar Helden unterwerfen. So ist die persönliche und politische Haltung von Victor Hughes, einem in Port-au-Prince ansässigen französischen Geschäftsmann, der an der Revolution in der Karibik teilnimmt, direkt und unmittelbar von den ständigen Veränderungen bestimmt, welche die europäische Metropole durchmacht. Hughes wird in diesem Teil der Neuen Welt die neuesten, gewagtesten, ja sogar die widersprüchlichsten Pläne und Erfindungen aus Paris einführen und verbreiten. Das Beklagenswerteste in diesem Sinne bleibt die

schreckliche und blutige Einführung der Guillotine auf der französischen Insel Guadeloupe, welche ohne den Zusammenhang mit Paris jeglichen Sinn verliert: »Sie wurde nicht mehr von Standarten, Trommeln und Menschenmassen begleitet; sie kannte weder Gefühl noch Wut, weder die Tränen noch die Rauschzustände jener, die sie dort gleichsam als Chor einer antiken Tragödie umstanden…«

Ob alt oder modern, Paris ist ein einzigartiges Theater. Und aus den Vergleichen, mit denen die Romanfiguren die Stadt belegen, ergibt sich das Bild einer anderswo nicht möglichen, unersetzbaren Stadt. Die Lichterstadt Carpentiers hat nichts Vergleichbares; es ist auch die einzige Stadt, die der südamerikanische Despot aus *Die Methode der Macht* eindeutig rühmt, bewundert und respektiert, der einzige Ort, an dem er sich wirklich glücklich fühlt. Von seinem Haus in der Rue de Tilsit kann er überglücklich jeden Morgen auf den Arc de Triomphe mit seinen Details blicken und die von Rude geschaffene »Marseillaise« bewundern. Paris erlaubt es ihm genauso, sich zu bilden, wie auch in einem »Bois-Charbons« in der Rue des Accacias oder der Rue Sainte-Appolline mit einer üppigen Blonden zu versumpfen.

Obwohl *Die Methode der Macht* am Ende der Belle Époque und während des Ersten Weltkrieges spielt, also hundert Jahre nach der *Explosion in der Kathedrale*, und der Roman in einem anderen Milieu – dem der Bourgeoisie – angesiedelt ist, bleibt die Ausstrahlung von Paris erhalten. Noch für einige Jahrzehnte bleibt das Urteil dieser Stadt entscheidend für die Welt. Ebendeshalb fürchtet der Tyrann dieses eine mehr als alles andere: in Paris einen schlechten Ruf haben.

Als er nach der grausamen Niederschlagung eines Putsches in seinem Heimatland in die Rue de Tilsit zurückkehrt, wird der Diktator von seinen Pariser Freunden, die aus der Presse von den von ihm begangenen Grausamkeiten erfahren haben, höflich und diskret, aber strikt abgewiesen und verachtet. Niedergeschlagen und untröstlich kümmert sich der Diktator vor allem um das allmächtige »Was sagt man dazu« der Pariser, das ihn bei einer weiteren Verbreitung um das Vergnügen bringen würde, in der Hauptstadt zu leben. Alles, bloß keinen schlechten Ruf in Paris. Unwillkürlich macht er sich daran, die Stadt mit den anderen europäischen Hauptstädten zu vergleichen: »An Orten, die er nie gemocht hatte, wäre es ihm gleichgültig gewesen, als ›Schlächter‹, Barbar, Kaffer, als was auch immer beschimpft zu werden (…). Auf seinen Lippen war Berlin eine Stadt, die ihren primitiven Namen als ›Bärenhöhle‹ sehr wohl verdiente (…), Wien war trotz seines durch Operette und Walzer eleganten und sinnlichen Renommees in Wirklichkeit schrecklich provinziell

(…); Bern ein langweiliges Städtchen (…); in Rom war jeder Platz, jede Kreuzung eine Opernszene; (…) was Madrid angeht, so war es höchstens Kulisse für spanische Schmierenkomödien.«

Unnachahmlich, unvergleichlich hat die Königin der Städte keine Rivalin. Der Diktator, welcher das Glück kennt, in Paris zu wohnen und von seinen Avenuen, seinen Bewohnern, seinen Cafés, seinen Konversationen und Freudenhäusern zu profitieren, weiß dies wohl. Die Neue Welt, immer neugierig, romantisch, doch so fern von der Lichterstadt, hat keine andere Möglichkeit, als sich mit dem Unmöglichen zufriedenzugeben: dem Imitieren des Originals. In *Die Methode der Macht* trifft der Leser auf Südamerikaner, die das Pariser Leben buchstäblich nachäffen. Um die Nächte seiner Tropenstadt in diesem »imitierenden und zurückgebliebenen Amerika«, das er gleichzeitig liebt und verachtet, zu beherrschen, läßt der Diktator ein Kapitol errichten, das von einer »majestätischen Laterne, einer Kopie des Pariser Invalidendoms« gekrönt wird. Auch fangen die Leute an, sich in Restaurants und Cafés zu treffen »unter den Markisen der Terrassen (…), die als große Neuheit eingeführt worden waren, ganz wie

In diesem sehr vornehmen Wohnhaus in der Rue de Tilsit läßt Carpentier den Helden seiner *Methode der Macht*, den grotesken lateinamerikanischen Diktator, wohnen.

Zu den von Alejo Carpentier bewunderten Werken in Paris zählen die bemalten Flachreliefs von Bourdelle im Théâtre des Champs-Élysées.

die, welche man in Paris hatte sehen können«. Die Garderobe der Neureichen kommt aus den Ateliers von Worth, Doucet und den Callot-Schwestern. Die Nachahmung geht bis ins kleinste Detail, denn auch die Presse läßt sich von einer »durch *L'Illustration* aus Paris verbreiteten graphischen Technik« anregen.

Dieses Dürsten nach Kopien unter anderen Breitengraden kann in gewissen Fällen weh tun. Dieser Diktator auf Lebenszeit, hin- und hergerissen zwischen Paris und seinem fernen Land, wird unfehlbar in die Versuchung kommen, sein Land zum Teufel zu schicken, um sich endgültig in dieser so angenehmen Stadt niederzulassen, wo »es ausreicht, Atem zu holen, die Brust anschwellen zu lassen, und schon fühlt man sich wohler«. Eine Revolution vor Ort wird ihm die schwierige Wahl abnehmen, da er gestürzt und ohne Prozeß ausgebürgert wird. Doch das Paris, welches er nach dem Ersten Weltkrieg vorfindet, hat sich verändert: Es hat schon einen Teil seines Einflusses und seines Zaubers von einst verloren. Der Ex, wie er sich nun selbst nennt, muß feststellen, daß seine Freunde tot sind, daß seine Interessen und seine ästhetischen Neigungen aus der Mode gekommen sind. Heruntergekommen,

wird der Diktator schnell alt in dieser Lichterstadt, die ihren Glanz verliert und ihm nicht mehr gehört. Von seinem Haus betrachtet er den Arc de Triomphe und rezitiert auf französisch Verse, die immer verstümmelter werden. Er scheidet sanft dahin, altersschwach und verwirrt.

Seine Beziehung zu Paris war so stark gewesen, daß der frankophile Diktator die Einsamkeit einer Gruft auf dem Friedhof Montparnasse wählte, um in der Ewigkeit zu ruhen.

Eine südamerikanische Geschichte erzählt, daß ein Minister, der von den unlösbaren Problemen seines Landes erdrückt wurde, dem Präsidenten der Republik ins Ohr geflüstert habe: »Warum verkaufen wir dieses riesengroße Land nicht einfach und kaufen uns ein kleineres ganz nahe bei Paris?«

Das Schicksal von Carpentiers Tyrann steht durchaus in Zusammenhang mit dieser Anekdote, denn in der Pariser Gruft des Ex befindet sich eine Marmortruhe, in der etwas von der heiligen Heimaterde aufbewahrt wird, die jedoch, was kaum einer weiß, von seiner Tochter aus einem Blumenbeet im Jardin du Luxembourg entnommen worden war… H. F.

Colette

(1873–1954)

Fünfundvierzig Jahre Paris haben aus mir nichts anderes gemacht als ein Mädchen vom Lande, das in zwanzig Arrondissements und auf zwei Flußseiten nach seinem verlorenen Dorf sucht…

En Pays connu

In Frankreichs literarischer Ruhmeshalle des XX. Jahrhunderts nimmt Colette einen einzigartigen Platz ein. Wahrscheinlich deshalb, weil sie in erster Linie eine Frau ist, frei ist, ein skandalumwittertes Leben führt, doch vor allem, weil sie jene unvergleichliche, eigentlich ganz klassische Stilistin ist, von der man vor allem das eigensinnige Staunen beim Anblick der Natur kennt, diese Sinnlichkeit, mit der ihr Blick auf den sanften Rundungen der Kürbisgewächse oder dem Schlummern einer Katze, dem Aufblühen einer Knospe oder den Launen eines Eichhörnchens verweilt. Ob es nun um ihr heimatliches Burgund oder um andere Orte geht, Madame Colette – so stellte man sie für gewöhnlich vor – schreibt über die Fauna und Flora, über die Erde und ihre Landschaften; das versteht sich, besser als sonst jemand, eine Fähigkeit, die bei einer entsprechenden Herangehensweise dazu führen würde, sie auf eine Heimatschriftstellerin zu reduzieren. Das hieße jedoch, den riesigen Fundus der fünfzehn Bände ihrer *Gesammelten Werke* zu verkennen, dessen Reichtum weit über die ersten Gefühlsregungen von *Claudine* oder die den *Dialogues de bêtes* innewohnende Zärtlichkeit hinausgeht.

Ihre Weltgewandtheit, ihre scharfsinnige Intelligenz, die sie einsetzt, um eine Szene zu beschreiben oder eine Geschichte aufzubauen, scheint Colette aus einem Sensualismus zu schöpfen, der vor allem die

Leben, handeln, schreiben »mit Würde, also mit Feuer«: Dies wird die Devise von Colette sein, von der Belle Époque der Cabarets bis zu ihrem Lebensabend im Schatten der Gärten und Parks.

Präzision liebt, jene verblüffende Genauigkeit, die sofort Aufmerksamkeit erregt. Die unglaubliche Naivität der jungen Mädchen, der Zynismus der reifen Männer, die Verdrießlichkeiten der Liebe werden durch diesen anspruchsvollen Hedonismus gefiltert und, so scheint es, ohne Wertmaßstäbe in eine Welt eingebracht, die die Schriftstellerin konstruiert: Die Umgebung, die Plätze, das Innere eines Hauses, alles erfährt die gleiche, glückselige Beachtung. Der Raum, das Vergnügen: Begriffe, die für Colette die Triebkraft des Lebens selbst bilden und damit die ihrer Literatur. Unter der spitzen Feder der Schriftstellerin kommt so Paris sein rechtmäßiger Anteil zu, und wenn der nur im Gegensatz zum Ländlichen bestehen würde, selbst wenn Colette, wie man sehen wird, immer darauf aus ist, die Provinz mit der Hauptstadt zu versöhnen. Colette ist weitaus stärker der lebendigen Welt verbunden als der des Todes, »der nur eine belanglose Niederlage ist«; eher die Schriftstellerin eines bisweilen schmerzhaften Glücks als die allzu steriler Zusammentreffen.

Als unvergleichliche Beobachterin hat sich Colette in der Verkleidung von Claudine selbst als »sitzende Vagabundin« definiert. Da sie kaum zum Reisen neigt, bekennt sie sich zu ihrer Seßhaftigkeit, redet von ihrem Abscheu vor dem Umziehen – auch wenn sie zugibt, dies in Paris fünfzehnmal getan zu haben –, und spricht freimütig von der Befriedigung, die sie dabei empfindet, die Welt von ihrem Fenster aus zu betrachten, eine Tätigkeit, zu der sie in ihren letzten Lebensjahren, gelähmt durch eine Hüftarthrose, gezwungen ist. »Der Stein von Paris hält mich«: Die ganze Sittsamkeit von Colette wird in dem Doppelsinn dieses Satzes deutlich. Ausgesprochen wird er in dem Film von Yannick Bellon, jener köstlichen Reise, die 1952, zwei Jahre vor dem Tod der Schriftstellerin, deren Wohnungen gewidmet wurde. Der Stein von Paris oder genauer des Palais-Royal und seiner Gärten ist der vor allen auserwählte Ort, dessen legendäre Figur Colette werden wird. Eingenommen ist sie von diesen »geheimnisvoll gleichen und so geheimnisvoll verschiedenen« Arkaden schon seit 1928, als sie noch in einer Zwischenetage wohnte, die für einen endgültigen Einzug allzu feucht und ungesund war, doch von da an hat sie immer wieder in ihren Hafen zurückgefunden. Zehn Jahre später wird die vornehme Etage in ebendieser Rue de Beaujolais Nummer 9 frei. Es ist die letzte Etappe ihres in *Trois… six… neuf…* beschriebenen Pariser Nomadentums; die Wohnung, welche uns auf vielen Fotos mit der schon älteren Colette begegnet, wird gleichsam die Höhle einer Frau, die entschlossen ist, in ihrem »Floßbett« zu leben und zu schreiben, welches von einem »Tischbänkchen« überbrückt ist, das sie mit Hilfe ihres »Harpunenstocks« zu sich heranziehen kann. Zwischen vier mit rotem Damast bespannten Wänden, umgeben von Erinnerungsfotos und ihrer Mineraliensammlung empfängt Madame Colette zusammen mit ihrem letzten Mann, Maurice Goudeket, und ihren Tieren – Hunde, Katzen, und sogar ein Eichhörnchen, das unter ihren nachsichtigen Augen an den Vorhangstangen nagt –, ihre treuesten Freunde und ihre zahlreichen Bewunderer. Das Palais-Royal ist auch Ort literarischer Weihen und Symbol dieser »Grande Dame der Literatur«. Es ist ebenso der unerwartete Abschluß einer langen Erfahrung als Stadtbewohnerin, wonach sie es durchaus hätte vorziehen können, sich aufs Land zurückzuziehen, wenn man die wiederholten Seufzer über die »kubische Tristesse« und die »rechteckigen Schatten der Gebäude« *(Le Voyage égoïste)* oder diese »mißgestalteten, in der Farbe schmutziger Butter gehaltenen« Wohnungen zu hören versteht, gar nicht zu reden von den *Claudine à Paris* in den Mund gelegten Bemerkungen über »diesen grauenhaften Akzent der Pariser Vorstädte«, »diese Rasenflächen, die man wie Parkettböden fegt!« oder das »mir machen die Pariser Straßen niemals Spaß. Das ist die ganze Zeit so platt am Boden…«.

1948 gestand Colette in einer Reihe von Radiogesprächen mit André Parinaud ihren Mangel an Neugierde in bezug auf die Hauptstadt: »Ich wollte Paris gar nicht so gerne kennenlernen«, sagt sie schlicht und schildert ihre ersten Eindrücke als Provinzlerin, die ihrem heimatlichen Saint-Sauveur-en-Puisaye entrissen wird, als sie mit ihrem ersten Mann, Henri Gauthier-Villars, genannt Willy, in die Rue Jacob zieht. In dieser Hinsicht beleuchtet der Werdegang von Claudine – zwar nicht das Beste, was Colette geschrieben hat, aber einer der größten kommerziellen Erfolge der französischen Literatur – unzweideutig die Entwicklung einer wirklich Verbannten. In vielen aufeinanderfolgenden Ansätzen vertieft sich der *Claudine-Zyklus* in die Verän-

»Es war damals nur unerwartet, nicht erwünscht, eher befürchtet, daß sich über meiner Hilflosigkeit ein Regenbogen rundete – der Bogen eines Fensters in einer Zwischenetage, das auf den Garten des Palais-Royal ging«, erzählt Colette in *Trois… six… neuf…*: In diesem Viertel, an dem sie die Ruhe und die Passagen liebt, wird sie den größten Teil ihres Stadtlebens verbringen.

Colette und ihr Hund
in ihrem Haus am
Boulevard Suchet
Nummer 62, wo sie von
1916 bis 1928 lebte.
Wegen der Gartenlaube
und der Nähe zum Bois
de Boulogne...

derungen und Zwänge, die ein Ortswechsel mit sich bringt, eine unspektakuläre Initiationsreise, wäre sie nicht mit dem Erwachsenwerden und einem allmählichen inneren Exil verbunden, das dann im darauffolgenden Werk zu seiner vollen Entfaltung kommen wird.

Nach dem durchschlagenden Erfolg von *Claudine à l'école*, das 1900 unter dem Namen von Willy erschienen war, liegt eine Fortsetzung auf der Hand: Es wird *Claudine à Paris* sein. Das junge Mädchen aus Montigny will die Hauptstadt nicht erobern, nichts weniger als das; als sie dort ankommt, hat sie Heimweh: »Die Reise, die Ankunft, das Sicheinrichten, alles verliert sich in einem Nebel panischer Ängste. Die düstere Wohnung zwischen zwei Hinterhöfen in dieser armen, dreckigen Rue Jacob ließ mich in einer traurigen Erstarrung verharren.« Eine merkwürdige, ungewöhnliche Einführung in die Hauptstadt. Colette kannte ihren Balzac. Sie hat also die gewaltige Macht der Faszination erraten können, die sich hinter Paris verbarg. Claudine erliegt ihr nicht, selbst wenn sie schon auf den ersten Seiten des Romans »zu verstehen beginnt, daß man sich für das interessieren könnte, was in den großen sechs-

stöckigen Schachteln geschieht«. Es wird eine lange Lehrzeit werden.

Ganz wie ihre Heldin widersteht Colette, die Burgunderin, Colette, die Einmalige, den mondänen Trugbildern, sie, die unter dem spielerischen Äußeren ewig Melancholische. Colette gesellt sich nicht dazu; sie ist auch nicht darauf versessen, sich durch irgendeinen Skandal herauszuheben, der geeignet wäre, den Bourgeois einen Schrecken einzujagen. Die Unbescholtenheit ihrer Person, ihre sorglose und entschlossene Unabhängigkeit könnten mit diesem Satz von Claude Pichois zusammengefaßt werden: »Colette war mehr als moralisch: sie war aufrichtig.« Ist es nicht bezeichnend – oder zumindest symbolisch –, daß sie in mehr als fünfzig in Paris verbrachten Jahren nicht ein Quentchen von ihrem »Bourrrguignon«-Akzent, wie sie ihn ausschrieb, verloren hat? Ebenso gesteht sie 1939 während eines Gesprächs im Radio: »Es gibt wirklich ein typisches Pariser Verhalten, das ich nie habe nachahmen können.« Mit ihrem Jagdhütchen, ihrem um die Schultern gelegten Schal und den Sandalen à l'antique an den Füßen – eine Aufmachung, welche übrigens zum größten Vergnügen der Betroffenen spöttische Bemerkungen von Anna de Noailles hervorrief –, wird Colette bis zu ihrem Tode diese schöne Treue zu sich selbst offen und ungekünstelt bewahren. Was weder Schalk noch Humor ausschließt, jedoch jede Form von Falschheit. Louis Delluc, 1913 ein junger Kinobegeisterter, hat sich damals nicht getäuscht, als er über die von Georges Wague geleiteten Pantomimevorstellungen, in denen Colette sich nackt unter einem großen weißen Schleier darstellte, schrieb: »Wir wissen nicht, ob wir betört sind oder ob wir einfach nur bewundern. Denn sie will ergreifend und vielleicht pervers erscheinen, und wir lassen uns durch ihren Willen beherrschen, doch wir fühlen, daß es in ihr etwas Unerklärbares und sehr Reines gibt.«

Wie nun schafft es diese nicht anpassungsfähige Claudine-Colette, mit dieser lärmenden und trügerischen Hauptstadtwelt, die ihr fremd ist, zurechtzukommen? Traurig, vorwurfsvoll »diesen Pariser Frühling, der mich allzusehr vom anderen, vom Wahren träumen läßt« anklagend, bekommt sie doch wieder Geschmack am Leben, als sie eines Tages durch die Kaufhäuser bummelt, dabei »diesen süßlichen Geruch von neuem blauen Baumwollstoff« einatmet, »den himmlischen Duft des blauen Pauspapiers zum Vorzeichnen von Stickereien, der über den widerwärtig klebrigen Geruch der Parfüms und Seifen wegtröstet«. Hinter der Maske von Claudine lehrt uns Colette dies: Sie wird immer durch ihre Sinne gerettet. Das Besondere ihrer Beziehung zu

Paris ist hier ganz enthalten: Sie unterwirft die Stadt ihrer vom Leben auf dem Lande inspirierten Sinnlichkeit; sie schnuppert an den Fabrikprodukten, wie man an Blumen auf den Feldern riecht. Eine Erlösung durch die Sinne, die sich an einem verbummelten Tag bisweilen Bälle zuwerfen: »Der Parc Monceau, grün, mit seinen sanften Rasenflächen, die von den Bewässerungsstrahlen mit einem Dampfvorhang verschleiert werden, reizt mich wie etwas Leckeres zum Essen.« Besser noch: Colette wendet auf Paris – und das ist eine echte Kraftanstrengung – ein Vokabular an, welches gewöhnlich auf die Natur angewandt wird: Spricht sie nicht von »Land« oder »Provinz«, wenn sie ein Viertel bezeichnet, oder erwähnt sie nicht in *Vrilles de la vigne* das »fette und fruchtbare Pflaster von Paris«, als wenn sie die Qualität eines Bodens beschriebe? Sie liebt den Bois de Boulogne wegen seines »Nachtigallenviertels« und seiner Sammler von Pilzen und wildem Knoblauch, die Champs-Élysées wegen ihrer summenden Bienen, die Dachrinnen wegen der Katzen, die Rue Montorgueil, weil dort »der Salat und die Radieschenbastionen« herrschen (*De ma fenêtre*). Colette nimmt nicht Partei: sie vermittelt. Und fügt durch ihr Umherschweifen das zerrissene Band mit ihrer »verlorenen Provinz« wieder zusammen.

Wenn Colette aus einem, wie es scheint, lebensnotwendigen Bedürfnis heraus ihre Provinz nach Paris holt, geht es im Gegensatz dazu nicht darum, Paris in die Provinz zu versetzen und so Äpfel mit Birnen zu mischen: »Marcel hierher!« ruft die Erzählerin von *L'ingénue libertine* empört aus. »Ich ertrage es in Paris, bin nachsichtig mit seinem Laster, hege keine Rachsucht wegen seiner kleinlichen Bosheiten. (…) Doch dieses verdächtige Schmuckfigürchen hier zu haben, und sei es auch nur für eine Woche, dieses spitze Lachen zu hören, zu fühlen, wie er sich zwischen Annie und mir langweilt… ah! Nein, nein, nein!« Die Überbleibsel der verfolgten Natur in Paris erleichtern sie von der durch die Stadt auferlegten Schwere, doch Paris, und sei es auch nur aus der Erinnerung heraus, wird unfehlbar das Landleben vermiesen. Das Urteil ist unwiderruflich.

Claudines Erfahrungen in der Hauptstadt entsprechen auch dem Erwachen anderer Gefühle: Bevor sie in gewisser Weise zur Minne von *L'Ingénue libertine* wird, die versucht, einen »Satyr« durch einen geheimen Gang an der Place de la Bourse loszuwerden, wird in ihr die Eitelkeit wach, von den Herren auf der Straße angeschaut und verfolgt zu werden. Auf das »ich ahnte wohl, daß ich mich später sehr wohl amüsieren würde«, folgt sehr bald »die angenehme und allmähliche Verdorbenheit, die ich Renaud verdanke«, der *Claudine en ménage*. Nach den zärtlichen, durch die schattigen Linden von Montigny behüteten Mädchenfreundschaften kann Claudine-Colette die Vorstellung ihrer ersten mit einem Mann erlebten Vergnügen, mit Renaud-Willy, nicht von Paris trennen. Nur die Liebe konnte sie in Paris zurück-

Auf dem Markt sucht und findet Colette den Geschmack und die Düfte ihres verlorenen Landlebens wieder: »den Salat und die Radieschenbastionen«, die Kräuter, die Zwiebeln, der Knoblauch spielen die gleiche Rolle wie die Madeleine bei Proust.

Colette im Mai 1953.
Zu dieser Zeit ging sie
noch, trotz ihrer
Schwierigkeiten beim
Laufen, zu Drouant
(rechte Seite), wo die
Académie Goncourt
ihren Sitz hat, zu deren
Mitglied sie 1945, zu
deren Präsidentin sie
1949 gewählt wurde.

halten; nur die Untreue und die lasterhaften Handlungen ihres Mannes bringen sie dazu, von dort fortzugehen. Renaud hatte eine Wohnung gemietet, damit Claudine ihre Liebe zu der schönen Rézy verbergen konnte: An dem Tag, als er sie zu seiner Maitresse macht, wird Claudine die Flucht ergreifen und »nach Hause« zurückkehren, in ihren einzigen Fluchtort, an dem ihr Herz etwas Trost findet.

Die allmähliche Zähmung von Paris durch Colette wird ihre Früchte tragen – »ein gelungener Sprung auf die Plattform eines Omnibus im schnellen Trab, das macht vieles wieder gut«, wie sie sagt –, doch es reizt ihren Appetit auf Entdeckungen nicht so sehr, wie man glauben könnte. Ihre Romanfiguren wohnen zumeist auf der Rive droite, im allgemeinen zwischen dem XVI. und dem XVII. Arrondissement: am Boulevard Suchet, der Avenue Kléber, am Boulevard Henri-Martin, den Dörfern Passy und Auteuil, Neuilly – wegen der Nähe zum Wald – oder im Ternes-Viertel, der Avenue de Wagram, der Rue de Courcelles, am Boulevard Berthier – wegen der Nähe zum Parc Monceau. Wenn sie ihre Hauptfiguren unterbringt, kümmert sich Colette kaum um Authentizität. Renaud und Claudine wohnen in der Rue de Bassano? Colette gestand später – Eitelkeit? Ziererei? –, damals den genauen Ort nicht gekannt zu haben. Rézy logiert in der Rue Goethe Nummer 59? Diese Nummer hat es in der kurzen Straße nie gegeben. Der Graf d'Espivant, zweiter Mann von *Julie de Carneilhan*, der einige Charaktereigenschaften von

Henry de Jouvenel, dem zweiten Mann von Colette, verkörpert, wohnt in der Rue Saint-Sabas? Kein Stadtplan gibt darüber Auskunft. Die Geographie von Paris langweilt Colette. Für sie zählen als Refugium für ihr Leid, als Krücken für ihr Stadtleben nur die Gärten und Parks, die Überbleibsel der aus der Großstadt vertriebenen Natur, dies bleibt für sie das Beste an der Hauptstadt. Ist eine ihrer glücklichsten Erinnerungen denn nicht mit dem »Häuschen«, mit einem Garten und zahlreichen Tieren verbunden, das sie zwischen 1911 und 1916 bewohnte? »Dem Landhaus in Passy habe ich viel zu verdanken«, vertraut sie Yannick Bellon an und greift die in *Trois… six… neuf…* benutzten Begriffe wieder auf. »Unter seinen Holzbalkons und mitten im grünen Klee habe ich ein wirklich weibliches Leben geführt, durchzogen mit ganz normalen, schnell heilbaren Kümmernissen, mit Revolten, mit Lachen und Feigheiten…«

Immer noch auf der Rive droite erinnern einige Streifzüge durch Montmartre wie z. B. in *La Vagabonde* an ihre Karriere als Mimin im *Empyrée-Clichy* und den *Folies-Bergères* und an oben auf dem Hügel verbrachte Abende in diesem »kleinen Montmartre-Restaurant, in dem es von sieben bis zehn ruhig, den Rest der Nacht hingegen recht aufgeregt zuging, mit einem ziemlich ›aufgesetzten‹ Lärm aus Schreien, Geschirrklappern und Gitarren«. Ein Viertel, auf das Colette vor allem in *Dans la foule* zurückkommt, um über den Friedhof und den schlechten Geschmack, der dort vorherrscht, mit unerbittlichem Scharfsinn zu schreiben: »Keine würdevolle Trauer fällt von der Caulaincourt-Brücke, die unter den Lastwagen und Autobussen bebt. Es ist nur ein etwas merkwürdiger Garten, eine Zwergenstadt – Häuschen, kabinenartige Kapellen und hüttenförmige Mausoleen –, alles aus massivem Stein, Eisen, Marmor, gegossen, behauen nach erlesen schlechtem Geschmack, eine kindliche Eitelkeit, die nicht entwaffnend ist, sondern ein Schulterzucken, ein entrüstetes Lachen hervorruft und aus einem solchen rituellen Spaziergang eine taktlose Zerstreuung macht. An was sollte man beim Anblick dieser Festung aus glasierter Schokolade, geschmückt mit Zierleisten, durchbrochen von Rundfenstern auch denken, wenn nicht an die Säulenhalle von Magic City?« Wir sind weit entfernt von dem in *Aventures quotidiennes* erwähnten »hübschen Friedhof von Passy, wo die privilegierten Toten schlafen«.

Es sind nicht nur die Friedhöfe, »verlockende Gehege«, oder die Parks – die es Colette erlauben, sich von

der Stadt abzusondern –, die ihre Aufmerksamkeit wekken. Wenn sie ganz offen die Denkmäler vernachlässigt, so deshalb, weil sie in allen Dingen das Diskrete dem Aufdringlichen, das Alltägliche dem Besonderen vorzieht. Eine flüchtige Bewegung, ein verstohlener Blick lassen sie eher zur Feder greifen als der Glanz großartiger Gesten. Diese Vorliebe trifft ebenso auf die Stadt zu. »Paris, das vertraute Paris, das, welches nicht im Baedeker erwähnt wird, ist herrlich mit bescheiden eingefügten Meisterwerken ausgestattet«, läßt sie die Amerikaner wissen, an die sie sich am 25. November 1939 über Radio-Mondial wendet. Einen Monat später gesteht sie in der gleichen Sendung, daß sie »gerne die Passagen Choiseul, Vivienne, Véro-Dodat und Panoramas aufsucht; ich mag sie alle, wie sie unter dem etwas traurigen Licht ihrer Glasdächer schlummern«. Schon 1912, als sie Paris an Bord des Zeppelin Clément-Bayard III überflog, hatte sie ihre Vorliebe »für die alten Viertel« gestanden, die aus den Lüften erkennbar wurden, »die schönsten, sie, die durch die Zeit, den Ruß, den verwitterten Stein, den schwarzen Kohleregen mit einer fein nuancierten Asche bedeckt wurden« *(Dans la foule)*.

Auch in den letzten Büchern beschäftigt sich Colette mit Paris, doch es ist ein Paris, das sich immer mehr auf das Palais-Royal zurückzieht, in dem sie selbst »auf diese Fensterecke, in der schönen, der sehr schönen Mitte von Paris« beschränkt ist, von wo sie Kriegsgerüchte und Schreie spielender Kinder vernimmt. »Ich sage gerne«, fährt sie in *L'Étoile Vesper* fort, »und ich wiederhole, daß unser Palais-Royal vor dem Krieg selbst eine kleine Provinz war, die von einer Freundlichkeit, einer Solidarität zusammengehalten wurde, die der echten Provinz fehlt.« Das war ein schönes Kompliment an eine Gegend der Hauptstadt, die immer durch eine Natur verschönt wird, die danach trachtet, die Schandflecken der Stadt zu vertuschen, an eine Hauptstadt, die vor allem durch die Schreibkunst von Colette verherrlicht wird, die in unverbesserlicher Weise in *En Pays connu* noch einmal gesteht: »Glyzinen in Töpfen, rote Geranien, gekräuselte Minze und Bienenmelisse, Ranken von wildem Wein, die den Stahlbeton in eine liebliche Klostermauer verwandeln, unsichere Provinz, einer Pariser Gefangenen vorgetäuscht, ihr alle ward ein Teil, und nicht der geringste, meiner sentimentalen Dorfweide.«

L. M.

Hemingway

(1898–1961)

Paris war es immer wert, und man bekam den Gegenwert von allem, was man hinbrachte.

PARIS – EIN FEST FÜRS LEBEN

Als Soldat der amerikanischen Armee kommt der junge Hemingway zum ersten Mal Ende Mai 1918 nach Paris. Er sieht eine Granate, die an der Fassade der Madeleine explodiert und einige Steine absprengt. Drei Jahre nach diesem Bombardement der letzten großen deutschen Offensive kehrt er zurück, um etwas sanfter Bekanntschaft zu schließen mit »einer Stadt, wo man jemand ist«. Er findet sich inmitten eines gewaltigen *künstlerischen* Aufschwungs wieder, der auf den Ersten Weltkrieg folgt, und in diesem Paris wird er eine seiner schönsten Schlachten schlagen.

Hemingway heiratet im November 1921 in Chicago. Er hat keine Arbeit. Der junge Mann wird bald darauf Europakorrespondent des *Toronto Star*. Nach der Ankunft in Paris am 22. Dezember, gerade rechtzeitig, um das erste Weihnachtsfest in Paris zu erleben, wohnen Monsieur und Madame Hemingway zunächst im Hotel Jacob in der Straße gleichen Namens. Alles begeistert sie, das Paris jener verrückten Jahre ist außergewöhnlich. Für Ernest werden die Dreh- und Angelpunkte dieser Stadt Montparnasse und die Hochburgen des Sports sein, mit der Literatur als einziger Geschichte.

Am 9. Januar 1922 zieht das Paar in eine Wohnung in der Rue du Cardinal-Lemoine Nummer 74, von wo aus Hemingway an Dos Passos schreibt: »Das Haus liegt oben auf einem Hügel, im ältesten Viertel von Paris,

Zwei immer wieder von Hemingway besuchte Orte: der Buchladen von Sylvia Beach in der Rue de l'Odéon und *Harry's Bar* in der Rue Daunou, wo er seinen Freund F. S. Fitzgerald trifft.

gerade über einem angenehmen Ort namens Bal du Printemps. Wenn man aufmerksam lauscht, hört man den Lärm des Akkordeons, aber das stört nicht.« Die Wohnung ist in Wirklichkeit laut und sehr klein und eignet sich kaum zum Arbeiten. Hemingway mietet zum Schreiben ein Zimmer in der Rue Mouffetard, in welchem nach einer durch ihn verbreiteten und von Kritikern aufgegriffenen Legende Paul Verlaine gestorben sein soll. In *Paris – ein Fest fürs Leben* kommt diese Episode sogar vor, ohne daß freilich der Name der Straße genannt wird. Der Dichter war jedoch 1896 in der Rue Descartes Nummer 39 gestorben. Nachdem Hemingway zu Ruhm und Reichtum gekommen war, ließ er gerne verbreiten – sehr zu Unrecht –, daß er früher ebenso mittellos wie Verlaine gewesen sei.

Nicht daß der junge Hemingway in seinen Gründerjahren auf großem Fuß gelebt hätte. Doch Paris ist zu jener Zeit sicherlich erschwinglich für einen jungen Mann, dessen Arbeit gut bezahlt wird und dessen Frau Hadley finanziell gut abgesichert ist, auch wenn sie sich ärmlich kleidet. Ihre Freunde regen sich darüber auf, daß Ernest ihr nicht erlaubt, ihre Garderobe zu erneuern. Für Hemingway ist Paris eher ein Arbeitsplatz als ein romantischer Ort. Es ist die Kunststadt schlechthin, ein anregendes Zentrum der französischen und englischen literarischen Avantgarde, voller experimentierfreudiger Zeitschriften und Verlage, und hier kann man

sich nur aufhalten, wenn man gewisse Unbequemlichkeiten in Kauf nimmt. Es ist das Paris, wie es in *Fiesta, Schnee auf dem Kilimandscharo, Die grünen Hügel Afrikas* und natürlich *Paris – ein Fest fürs Leben* beschrieben wird. Es ist jene Zeit, in der der Löwe von Belfort »die Straßenbahnen von Montrouge vorbeifahren sieht«, in der es »angenehm zu arbeiten ist«, nachdem man »einen Kaffee und Brioches in der Rue Soufflot« zu sich genommen hat, während »die Blumenhändler ihre Stände aufbauen«. Man speist »in einem Restaurant du Bois«, zieht dann nach Montmartre, wo man in einem verrauchten Saal, in dem man sich kaum bewegen kann, tanzen geht. An der Contrescarpe »scheinen die Bogenlampen durch das Blätterwerk der Bäume«, und ganz unten in der Rue de l'Odéon in der Buchhandlung seiner Landsmännin Sylvia Beach, jener Passionata der englischsprachigen Literatur, spielt sich Hemingway als selbstbewußter junger Schriftsteller mit Schnurrbart, Pullover, Schlips und Baskenmütze auf.

Auch wenn man ihn viel öfter beim Lesen in der Buchhandlung *Shakespeare & Co.* als in den Cafés findet, trifft sich Hemingway gerne mit seinen Schriftstellerfreunden im *Jimmy's*, im *Sélect*, im *Deux Magots*, im *Dôme* oder in der *Closerie des lilas* in Montparnasse.

Die Freunde lassen sich von seiner Begeisterung für sportliche Ereignisse anstecken und gehen mit ihm zu Radrennen – John Dos Passos, mit dem Hemingway eine leidenschaftliche Freundschaft verbindet, erinnert sich, daß Ernest seine Frau an Ort und Stelle schlafen ließ, um ja nicht das Sechs-Tage-Rennen im Velodrôme d'hiver zu verpassen –, zu Pferderennen in Longchamp, Auteuil, Enghien oder zu Boxkämpfen in der Salle Wagram.

Doch wenn er ins Museum, vor allem ins Musée du Luxembourg, geht, um Cézanne oder Degas wiederzusehen, tut er dies allein. Gerne verbringt er auch lange Stunden bei Ezra Pound, dessen Wohnung in der Rue Notre-Dame-des-Champs ein Treffpunkt für »kosmopolitische« Künstler ist, und bei seiner verrückten Freundin Gertrude Stein in der Rue de Fleurus.

Die Plätze und Leute, welche Hemingway in Paris aufsucht, stehen in unmittelbarer Verbindung zur Literatur. Für ihn wichtige Freundschaften sind, unabhängig von Alter und Bekanntheitsgrad, jene mit Schriftstellern. Man tauscht Ansichten, Ratschläge und Tips aus, hilft sich gegenseitig. Es werden öffentliche Lesungen veranstaltet, bei denen es oft hoch hergeht und der Pastis den Champagner vergessen läßt. In diesen Zeiten vor seiner Berühmtheit wird Hemingway als schöner, sympathischer Mann, ja sogar als schwierig und nachdenklich angesehen, jedenfalls scheint er weit entfernt zu sein von dem prahlerischen Gehabe seiner berühmten Jahre. Unter all diesen Ausländern gilt er als einer der aufmerksamsten und herzlichsten. Doch die Bindungen aus den frühen zwanziger Jahren werden sehr schnell zerreißen, Hemingway wird seine kostbarsten Freundschaften abbrechen, und nur selten werden sie sich in ihrer früheren Pariser Unbefangenheit erneuern.

1923 veröffentlicht der Amerikaner Robert McAlmon in *Paris Three Stories and Ten Poems*, Hemingways erstes Buch, das aber zum Ladenhüter wird. Ende des Jahres wird er Vater: Das Paar fährt zur Geburt des Babys in die Vereinigten Staaten und kehrt vier Monate später wieder ins wahre Leben zurück, mitten unter die Bohemiens und die vielversprechenden Genies von Montparnasse. Im Januar mieten die Hemingways eine Wohnung in der Nähe von Ezra Pound in der Rue Notre-Dames-des-Champs über einem Gartenhaus im Hinterhof, in dem sich eine Sägerei befindet. Ernest hat bei seiner Zeitung gekündigt, er will für sich selbst schreiben. Und auch sein zweites Buch *In unserer Zeit*, eine Novellensammlung, veröffentlicht er in Paris.

Ende 1927, nach seiner Trennung von Hadley, überlassen ihm Freunde eine Einzimmerwohnung in der Rue Froidevaux. Viele seiner Freunde sind fort, Paris ist nun Ort der Erinnerung an seine erste Ehe. Seine zweite Frau ist schwanger und will Hemingway unbedingt ihrer Familie vorstellen. Anfang April 1928 fahren sie nach Florida. Nach Paris wird Hemingway nie wieder in einer Großstadt wohnen.

«Die Rückeroberung von Frankreich und vor allem von Paris hat bewirkt, daß ich mich so wohl fühle wie noch nie.» Für Hemingway steht Paris für Liebe und Literatur. Ob es nun darum geht, eine Frau zu erobern oder sein neuestes Buch an den Mann zu bringen, als Mann wie als Schriftsteller gewinnt er Vertrauen in Paris. Scott Fitzgerald sagte einmal, daß jedes neue Buch von Ernest einer neuen Frau entspreche. Die Idylle spielt sich stets in Paris ab, ganz als ob es darum ginge, mit der Liebe die Jahre seiner anspruchsvollen Jugend zurückzuholen.

Hadley Richardson, die erste der vier Frauen Hemingways, hat er in Amerika kennengelernt und geheiratet, doch erst in Paris ist die Ehe aufgeblüht. Hadley verkörpert Hemingways Ideal, und auch als der Schriftsteller sie wegen Pauline Pfeiffer verläßt, einer Amerikanerin, die er in Paris kennengelernt hat, bleibt Hadley die sanfte Gefährtin jener schönen Zeit in der

Bei seiner Ankunft in Paris wird Hemingway Gertrude Stein empfohlen, mit der ihn bald eine leidenschaftliche Freundschaft verbindet. Er begibt sich regelmäßig zu ihr in die Rue de Fleurus Nummer 27.

Unten:
Das letzte Foto von der *Maison des Amis des Livres* von Adrienne Monnier, in der Rue de l'Odéon, wo sich heute ein Frisiersalon befindet.

Hauptstadt. Sie ist die Heldin in *Paris – ein Fest fürs Leben*, ihr Bild bleibt von der spitzen Feder des Schriftstellers verschont. Und in Paris hat Hemingway dann auch alle seine späteren Frauen geliebt. Vor der Heirat. So auch 1938 in der Beziehung zu Martha. Im Januar 1945, nachdem er sich von seiner dritten Frau getrennt hat, kehrt Hemingway nach Paris ins *Ritz* zurück, wo Mary, seine letzte Frau, auf ihn wartet.

Das Europa Hemingways ist Südeuropa, doch weder die Corrida in Pamplona noch eine Safari in Afrika sind ohne einen Aufenthalt in Paris denkbar. Paris, die Hauptstadt seiner romantischen Phantasie, wird sein ganzes Leben lang ein fester Bezugspunkt bleiben. Ab April 1929 wohnen Hemingway und seine zweite Frau wieder in der Rue Férou.

Wenn das Werk Hemingways eine ununterbrochene Autobiographie darstellt, an der die besten Literaturwissenschaftler bis heute arbeiten, so beschreiben die großen Romane in verklärter Weise sein Leben in Paris während der zwanziger Jahre, seine glücklichste und

La Maison des Amis des Livres

1944 »befreit« Hemingway zusammen mit der amerikanischen Journalistin Janet Flanner die Bar des *Ritz*.

Rechte Seite:
Den Abend auf einer Brücke verbringen, die Seine glitzern sehen: einer der Lieblingsspazierwege von Hemingway.

fruchtbarste Zeit. Hemingway, ein nahezu weltweit anerkannter Romancier, der von der Vitalität der europäischen Kultur beeindruckt ist, ist Teil dieses Schmelztiegels der Kunst.

Als er mit dem festen Entschluß aus Europa zurückkehrt, die amerikanischen Leser zu gewinnen, hat sich die Wirkung von Fiesta schon weit über Paris hinaus verbreitet. Wohl hatte die Hauptstadt der Literatur den Wert dieses Textes anerkannt, doch Hemingway gehörte nicht zu denen, die sich mit einem Literaturzirkel begnügten, selbst wenn ein Joyce und ein Pound dazugehörten, in seinen Augen die Größten, Autoren, mit denen er nie zerstritten war. Dann, in den dreißiger, vierziger Jahren reicht ihm der amerikanische Ruhm nicht mehr, und auf der Suche nach Anerkennung kann der Romanschreiber Paris kaum übergehen.

Ende Herbst 1933 kommt Hemingway dann nach Paris, um die schlechten Kritiken über *Der Sieger geht leer aus* einzustecken. Im Februar 1934 zerschlägt er in Anwesenheit von Sylvia Beach die Tulpenvase im Buchladen. Er hat gerade *The Dumb Ox* (Der dumme Ochse) von Wyndham Lewis gelesen, der ihn als ein dummes und lethargisches Rind darstellt. Im Mai 1937 liest er in der gleichen Buchhandlung mit lauter Stimme *Väter und Söhne* vor. Der Anspruch des Vorlesenden ist der Zuhörerschaft angemessen: Joyce ist da.

Jähzornig, sehr von sich eingenommen, hat Hemingway mit den meisten seiner amerikanischen Freunde gebrochen, und auch das Treffen mit Jean-Paul Sartre 1944 wird die leidenschaftliche intellektuelle Rivalität der zwanziger Jahre nicht wiederaufnehmen. So also empfängt Sylvia Beach in ihrer Buchhandlung *Shakespeare & Co.* den Helden mit viel Aufmerksamkeit, versorgt ihn mit Informationen, die für ihn wichtig sein könnten, geht vorsichtig und schonend mit seinen schöpferischen Launen um und hat wie niemand sonst

Verständnis für seine kränkenden und gekränkten Wutausbrüche.

Hemingway braucht Paris als Schriftsteller, als Liebhaber und als Freiheitsheld. Seit Juli schreibt er Reportagen über den Krieg in Frankreich. Von Rambouillet an spielt der Literaturstar den Militärführer, nimmt einen anderen Weg als die Division Leclerc, um als einer der ersten in Paris zu sein und sich dort im Hotel Ritz als Sieger aufspielen zu können. Seine Eigenmächtigkeit vom 25. August 1944 bringt ihm eine strenge Rüge ein. Hemingway wird zu Recht beschuldigt, jene Vorschriften verletzt zu haben, welche das Verhalten von Kriegskorrespondenten regeln, wonach ihnen jede Kriegshandlung untersagt ist. Den Helden schert das wenig, die durch ihn erfolgte Befreiung der Bar des Hotels *Crillon*, des *Travellers Club* und anderer berühmter Bars wird später etliche ruhmreiche Legenden hervorbringen. Sogar jene, daß er vorgibt, als erster in Paris eingezogen zu sein…

Ein im *New Yorker* vom 13. Mai 1950 veröffentlichtes Portrait versetzt der Legende vom großen Schriftsteller-Gladiator, dem alles gelingt, der aber in Wahrheit keine der Fallen einer Kunst zu umgehen vermocht hat, die sich als Marktplatz der Konkurrenz begreift, einen herben Schlag. Die Verfasserin dieses fatalen Artikels zeigt auf, daß Hemingway der für erfolgreiche amerikanische Autoren so typischen Neigung gefolgt ist, die ihn von dem Charme und der Schlichtheit der kleinen Pariser Wohnungen der zwanziger Jahre zum Snobismus der großen Hotels Ende der vierziger Jahre geführt hat. Der Schlag wirkt um so heftiger, als der Schriftsteller gerade verzweifelt versucht, die Inspiration und die Schlichtheit jener Zeit wiederzufinden, in der das Geld knapp war, bevor er jener Schwäche und Korruption erlag, die er in *Die grünen Hügel Afrikas* und *Schnee am Kilimandscharo* selbst vorausgesagt hatte. Die Antwort auf den Artikel läßt nicht auf sich warten: *Der alte Mann und das Meer*, 1952 von der Kritik einhellig gelobt, mit dem Pulitzerpreis geehrt, zeigt, zu welcher Vitalität das träge gewordene Raubtier fähig sein kann, wenn man es an der richtigen Stelle trifft.

Doch für etliche aus Ernests Freundeskreis schlägt die Stunde, und der ewige Held seiner eigenen Romane ist müde. Ein Jagdunfall kostet ihn beinahe das Augenlicht, er überlebt einen Flugzeugabsturz, die Zeitungen erklären ihn für tot, er liest den Nachruf und lacht darüber. Sein Gesundheitszustand erlaubt ihm nicht, 1954 nach Stockholm zu reisen, um als höchste Anerkennung den Nobelpreis in Empfang zu nehmen.

Die Bar *La Coupole*,
Hochburg der
literarischen Avant-
garde der dreißiger
Jahre, von der aus
Hemingway sich zu
sportlichen Wett-
kämpfen, Radrennen
oder Boxkämpfen
begab.

Die Bar *La Coupole*, Hochburg der literarischen Avantgarde der dreißiger Jahre, von der aus Hemingway sich zu sportlichen Wettkämpfen, Radrennen oder Boxkämpfen begab.

Einige Werke sind verfilmt worden. Das etwas zu dick aufgetragene Pariser Flair wird dort oft zum Klischee. 1949 wird die Novelle *My Old Man* in einer Verfilmung von Jean Negulesco zu *La Belle de Paris*. 1957 produziert die Fox eine Kinoversion von Fiesta mit einer unvergeßlichen Ava Gardner auf der Terrasse eines Cafés am Odéon, das Panthéon im Hintergrund. Beide Filme versuchen, das authentische Paris Hemingways nachzustellen, die Stadt, in der er immer wieder den gleichen Lebenshunger erlebt hat, unverfälscht und ohne Beigeschmack. Wie von dem Schriftsteller geführt, bewegt sich die Kamera verzückt an jene Orte, die er gekannt hat. Das ist durchaus die glänzende, schicke und luxuriöse Hauptstadt, wie sie Hemingway schätzte, ein tadelloses, am hellichten Tag gefilmtes Paris, doch bei der Suche nach der Erzählung selbst hilft nur das Lesen der Romane.

In den letzten zehn Jahren seines Lebens wird Hemingway von jedem Parisaufenthalt zum nächsten immer verzweifelter versuchen, zu den Verhaltensweisen seiner Anfänge zurückzufinden. Es ist nicht nur dieses leidenschaftliche Klima der *roaring twenties*, das er nun wiederfinden will, es ist vor allem die Zeit, in der er seine besten Texte schrieb – bis er dann im November 1956 überraschend auf Schriften stößt, die er vor dreißig Jahren in zwei kleinen Koffern im Keller des *Ritz*

zurückgelassen hatte, als er im März 1928 nach Florida übergesiedelt war: mit der Maschine geschriebene Texte, Notizbücher und Entwürfe voller Anregungen. Zeitungsausschnitte, Bücher und alte Kleidungsstücke ergänzen diesen Schatz.

Paris – ein Fest fürs Leben, die Chronik seines Lebens in Paris zwischen 1921 und 1926, geht auf durch Phantasie ausgestaltete Tatsachen zurück. Als romanhafte Biographie ist das Werk teilweise von dem Inhalt der Koffer im Ritz inspiriert, deren Originalmaterialien es verwendet. Doch der Text von *Paris – ein Fest fürs Leben* speist sich auch aus den Besuchen Hemingways an einigen seiner Lieblingsplätze zu Beginn der fünfziger Jahre. Nachdem er das Buch in Kuba und in Idaho zwischen Herbst 1957 und Frühling 1960 überarbeitet hat, kehrt Hemingway zu den Spuren seiner Jugend zurück, überprüft die topographische Genauigkeit. In Paris wird seine Stimmung besser. Das alte verwöhnte Kind, das unter einer bösartigen Depression litt, fängt wieder an zu leben.

Hemingway veröffentlicht während der letzten neun Jahre seines Lebens nichts mehr, aber das Erscheinen von *Paris – ein Fest fürs Leben* im Jahre 1964 ist eine posthume Ehrung für ihn. Einer seiner Dichterfreunde erklärt die Kraft dieses Buches durch die Tatsache, daß sich Hemingway während der zwanziger Jahren bewußt ist, in der glücklichsten Periode seines Lebens zu leben. Dieses letzte Buch, welches der kranke und sehr depressive Hemingway nur noch schwer vollenden konnte, macht Schluß mit der Unterscheidung zwischen »dem Meister des Beginns und dem alten Hochstapler« (Edmund Wilson).

Nach dem Selbstmord des Schriftstellers – er starb durch einen Kopfschuß am Morgen des 2. Juli 1961 im Alter von zweiundsechzig Jahren – sagte ein anderer Kritiker: »Daß Hemingway weniger als ein Jahr vor seinem Tod sein Bedauern und seine Sehnsucht nach den zwanziger Jahren in diesem Buch hatte ausdrücken können, das gänzlich dem Ruf widerspricht, den er so sorgfältig gepflegt hat, offenbart die Energie, die noch in ihm steckte.« Kurz zuvor hatte Hemingway, der seine Freundschaften zu den Orten und den gemeinsamen Erfahrungen in Beziehung setzte, an einen entfernten Freund geschrieben: »Hast Du gedacht, ich hätte die Rue du Bac, die Rue Froidevaux und eine Million Dinge vergessen?«

Die Beschreibungen seines Paris, nostalgisch und genau, sind heute immer noch gültig. So die des Quartier Latin, wie für die Ewigkeit skizziert: »Die Rue de l'Odéon, ohne jegliche kulinarische Versuchung« hindert nicht daran, sich an den Tisch zu setzen und »das beste auf der Welt (zu essen): ein mit einem guten Châteauneuf-du-Pape begossenes Tournedos béarnaise«.

Doch vor allem, wie das letzte Kapitel in *Paris – ein Fest fürs Leben* heißt: »Paris hat kein Ende«. »Wir kehrten immer wieder dorthin zurück, ganz gleich, wer wir waren, oder wie es sich verändert hatte, oder unter welchen Schwierigkeiten oder mit welcher Mühelosigkeit man hingelangen konnte. Paris war es immer wert, und man bekam den Gegenwert für alles, was man hinbrachte.«   M. T.

Hemingway war in diesem Café zu Hause. Es wurde von einem ehemaligen Boxer geführt, einem Freund von Marcel Cerdan, dessen Portraits an den Wänden hängen.

Victor **Hugo**

(1802 – 1885)

Er braucht gar nicht zu sagen, daß er Paris liebt;
Paris ist die Geburtsstadt seines Geistes.

DIE ELENDEN

Geht es darum, Paris zu malen, so geht Hugo vom Panoramablick bis ins kleinste Detail, sein Auge umfaßt die ganze Stadt und wühlt in ihrem Untergrund. Er überschaut »die Ozeanstadt« aus der Vogelperspektive, sieht sie bis zu den äußersten Rändern ihrer Vorstädte. Hugo will von Paris, über Paris alles sagen, nichts darf unentdeckt bleiben, er muß es ganz und gar besitzen. Man arbeitet, man liebt, man leidet, man singt, man läuft und man errichtet Barrikaden in diesem Paris des Victor Hugo. Es ist nicht die Stadt der wohlhabenden Viertel. Im Werk wird uns keines jener großen Monumente gezeigt, die zum Ruhm der Hauptstadt beitragen: Diese begnügen sich damit, die Stadt von weitem einzugrenzen. Notre-Dame selbst, die düstere, inmitten enger Gäßchen kauernde Sphinx, hat im Mittelalter Hugos nichts von dem herrlichen, klaren Gebäude mit den freigeräumten Seiten, wie wir es heute kennen.

Für Victor Hugo ist Paris historisch wie zeitgenössisch die Stadt schlechthin, die Stadt der Schichten, mit einem sehr engen horizontalen Ausschnitt und einer tiefgehenden Vertikalität. An der Oberfläche ein Labyrinth und unter der Erde Krypten und mythische Abwasserkanäle. Das Paris Hugos wird zum vorherrschenden Ort des Werkes und dessen unerschöpflicher Quelle, zum roten Faden, der den Text bestimmt und ihn auf die gewundenen Wege des Hugoschen Denkens führt. In der Ausarbeitung seines Romanstoffes vermischt sich

Neben Balzac ist Victor Hugo einer der Gründerväter des literarischen Mythos von Paris, dessen mittelalterliches, bedrohliches Antlitz er meisterhaft in *Der Glöckner von Notre-Dame* erforscht.

die überschäumende Phantasie des Dichters mit dem, was unverändert bleibt, was für immer verschwunden ist und was nie existiert hat. Realität und Fiktion gehen ineinander über, um Wege nachzuzeichnen in einem Paris, das plausibler erscheint als das echte. Die reale Stadt deckt sich letzten Endes vollkommen mit der gegensätzlichen Sichtweise im Roman, wenn es notwendig ist. Weder Phantasie noch Wunder fehlen in dieser Hauptstadt der urbanen Romantik, doch vor allem offenbart uns Hugo, der sich mit den wesentlichen Problemen beschäftigt, ein Paris in völlig neuer Darstellung: Das Volk spielt darin die Hauptrolle.

Von Anfang an und im gesamten vor dem Exil verfaßten Werk nimmt Paris einen breiten Raum ein. Victor Hugo, geboren in Besançon, kommt mit sieben Jahren, dem Alter der Dichter, in die Hauptstadt. Im Garten der Rue des Feuillantines, unmittelbar an den Hängen der Montagne Sainte-Geneviève gelegen, erlebt er das reine Glück. Das »grüne Paradies«, »durch eine hohe Mauer neugierigen Blicken verschlossen«, öffnet sich zur Stadt der Kindheit, zu Spaziergängen an den Quais, zur Entdeckung jener Monumente, die wirklich wichtig werden: das Val-de-Grâce ganz in der Nähe, und auch schon Notre-Dame. *Ce qui se passait aux Feuillantines* ist der erste Ausdruck der verrückten Zuneigung Hugos zu den verzauberten und wilden Pariser Gärten. Aus den vielfach beschwo-

Der Saint-Jacques-Turm, ein Anhaltspunkt im Paris von Hugo.

Rechts:
Die Place des Vosges, hier steht das Haus des Schriftstellers, seit 1903 das Hugo-Museum.

renen Erinnerungen an diese kleinen städtischen Landidyllen schöpft der Schriftsteller jenes verlorene Glück, das seine Kunst ständig neu aufblühen läßt.

Der Schulweg zum Lycée Louis-le-Grand führt bald von den Aquarellen »meiner blonden Kindheit« in die Stadt seiner ersten Kämpfe und Triumphe, der Hernani-Schlachten, Liebschaften und Treuebrüche. Der erwachsene Hugo durchquert Paris in allen Richtungen. Sein Leben spielt sich zwischen Schreiben und Laufen ab, und wenn er schreibt, dann stehend. Wäre er nicht ins Exil geschickt worden, hätte dieser großartige Pariser Fußgänger die Ufer der Seine vermutlich niemals verlassen. Sein ganzes Leben, mit Ausnahme der fast zwei Jahrzehnte in der Verbannung, spielt sich dort ab.

Der Dichter wohnte nicht immer an der Place des Vosges in dem 1903 zum Museum umgestalteten Haus. Er hat auch in der Rue Notre-Dame-des-Champs gelebt, dort, wo heute der Boulevard Raspail vorbeiführt. Nur ein einziges Jahr verbringt er in der Rue de Rochefoucault; dann zieht er in die Rue de Clichy, wo er gut besuchte Abendgesellschaften gibt, und schließlich in das Haus seiner letzten Jahre in der Avenue d'Eylau, die schon zu seinen Lebzeiten zur Avenue Victor Hugo wird.

Paris ist in Vers und Prosa seit 1823 mit *L'Ode à l'Arc de Triomphe de l'Étoile* verewigt. *À la colonne de la place Vendôme* begleitet ein wenig später die ersten Überlegungen des Künstlers zum kriegerischen Ruf und der Geschichte Frankreichs. 1831 ist Paris das Leitmotiv der Gedichtsammlung *Herbstblätter*. Dort sieht man »die Stadt der tausend Dächer«, welche vom »großen verwirrten Fluß, der gegen zwanzig Brücken kämpft«, durchzogen wird. Man entdeckt hier schon die große Perspektive, die Gesamtsicht und das Panorama, die

am Anfang entscheidender Kapitel von *Der Glöckner von Notre-Dame* oder *Die Elenden* stehen.

Hugo ordnet den Gebäuden der Hauptstadt menschliche Charakterzüge zu. In *Der letzte Tag eines Verurteilten* »blickt das Rathaus den Verurteilten aus allen seinen Fenstern an«. Da das Gebäude sich an jenem Platz befindet, auf dem die Hinrichtungen stattfinden, steht es dort mit mörderischer Präsenz. »Das Rathaus ist ein düsteres Gebäude… es steht da, mit beiden Füßen auf dem Grève-Platz, finster, schauerlich, das Gesicht ganz vom Alter zerfressen, und so schwarz, daß es selbst in der Sonne schwarz ist!« Die Kathedrale hingegen erscheint dem Unglücklichen sanftmütig: »Ich erinnere mich, daß ich eines Tages als Kind die große Glocke angeschaut habe.« Die starke Zuneigung Hugos für den zum Tode Verurteilten führt über die Pariser Landschaft. Der Autor schenkt seine Lieblingsorte, darunter auch seinen kostbarsten Schatz, den heiligen Jardin des Feuillantines, jenem Verbrecher seines Romans, mit dem gleichgestellt zu werden er sich nicht scheut: »Ich sehe mich wieder als lachender, munterer Schuljunge, beim Spielen, Laufen, Schreien mit meinen Brüdern in der breiten grünen Allee dieses überwucherten Gartens, in dem ich meine ersten Lebensjahre verbrachte, jenem alten Klosteranwesen, das mit seinem bleiernen Kopf die düstere Kuppel des Val-de-Grâce beherrscht.«

Der Glöckner von Notre-Dame, 1836 veröffentlicht, spielt im XV. Jahrhundert. Ein eigenbrötlerisches, mittelloses Volk mit viel Kraft zum Träumen bildet das heimliche Herz der Stadt. Die Kathedrale als Hauptperson thront über der Hauptstadt. Hugo gefällt sich darin, »das Paris, welches die Raben, die 1482 lebten, von den Türmen von Notre-Dame aus sahen« zu entdecken. Hübsche Dörfer, die sich um die »nährende Seine« scharen, die mit Inseln, Brücken und Schiffen verstopft ist. Hier und da ein Turm, einige Spitzen. »Es war damals nicht nur eine schöne Stadt; es war eine homogene Stadt, ein architektonisches und historisches Produkt des Mittelalters, eine steinerne Chronik.«

Hugos Leidenschaft für das gotische Paris schafft mit Quasimodo einen lebenden Wasserspeier, einen grotesken Menschen inmitten grotesker Skulpturen, der gleichzeitig Hüter von Notre-Dame, der Steingöttin, und Esmeralda, der ganz menschlichen Fee, ist. Notre-Dame wacht über die Stadtviertel der Verstoßenen und ist die Behüterin der Stadt. Wenn Esmeralda nicht gerade in der Sonne tanzt, steigt sie hinab in die Schlupfwinkel jenes unheimlichen Paris der Ausgestoßenen. Das Verbrechen haust im unbekannten Untergrund der

Stadt, ein unterirdisches Leben droht ans Tageslicht zu kommen. Hugo hat seine »breite Symphonie aus Stein« in eine Atmosphäre »gebaut«, die vom Saint-Jacques-Turm und von in Lumpen gekleideten, leprösen Pilgern aus Compostela bestimmt wird. Einige Straßen weiter nimmt der Alchimist Nicolas Flamel an der mittelalterlichen Magie einer gequälten, fremden, ihren Dämonen ausgesetzten Stadt teil. Seit dem *Glöckner von Notre-Dame,* zweifellos der weltweit bekannteste Roman von Victor Hugo, nimmt »dieses mächtige Paris, das gärt und brodelt« einen größeren Platz in der literarischen Welt des Dichters wie auch in dessen politischem, gesellschaftlichen und privaten Leben ein.

Mit dem Triumph des Volkes in *Dreiundneunzig* wird Paris zur Hauptstadt der Revolution. Es dreht sich durchaus um die »große zentrale Revolution, deren Krater Paris ist«, 1831 beschworen im Vorwort zu den *Herbstblättern.* In ihrer Dynamik zeigt sich die Stadt reich an einer Botschaft, die der Dichter vermitteln kann, die er mittragen muß, koste es was es wolle. Außerhalb dieses revolutionären Paris, in dem sich das Wesentliche ereignet, bewahrt das Land die elegische Sanftmut jener Gebiete, in denen nichts geschieht. Für Hugo liegt die Notwendigkeit in der Tat, der Dichter muß sich unter das Volk mischen und auf die Straße gehen.

Vor den *Elenden* ist Paris eine Kulisse, ein Rahmen. Dieses Mal ist Paris die Hauptperson des Buches, ein echter Weltenschöpfer, um den herum sich alles ordnet. Hugo entwickelt sein Parisepos inmitten einer zeitgenössischen Strömung. In dieser ersten Hälfte des XIX. euro-

In einer kleinen Straße im Marais, verbirgt Cosette ihre Liebe zu Marius; hier stirbt auch Jean Valjean.

päischen Jahrhunderts gibt es keinen großen Schriftsteller, der mit seiner romantischen Ader nicht der Stadt huldigt. Paris inspiriert Hugo mit einer vorher nicht gekannten Macht. Das aufrührerische Volk der Restauration und der Julimonarchie verwandelt die Hauptstadt. Es ist eine homerische Vision, Paris wird zum Mythos.

Das Loblied auf die Demokratie wird von einem Verbannten gesungen. In Guernsey. Hugo vergeistigt seine Stadt im doppelten Sinne: durch seine Kunst natürlich, doch auch durch die Tatsache seiner erzwungenen Abwesenheit.

Rechts:
Die Essai-Sackgasse auf dem Pferdemarkt, hier fotografiert von Charles Marville, könnte die Kindheit von Cosette in *Die Elenden* nicht besser wachrufen.

Rechte Seite:
***Die Elenden* bleibt einer der am häufigsten auf die Bühne gebrachten und verfilmten Romane. Hier die Figur der Cosette in dem Film von Henri Fescourt aus dem Jahre 1925.**

Die Elenden, 1845 geschrieben, beschwört die französische Hauptstadt von 1832, jene Metropole der Zeit vor Haussmann, die historische Stadt, welche in ihren Mauern die Spuren vergangener Ereignisse aufbewahrt. Man kann *Die Elenden* wie eine große, meisterlich ausgearbeitete Reportage einer untergegangenen Hauptstadt lesen. Genaue Beschreibungen, tiefgründige Bilder – im zweiten Teil des Buches warnt uns Hugo: »Es ist möglich, daß es dort, wohin der Autor die Leser führt und dabei sagt: ›In dieser Straße steht dieses Haus‹, heute weder Straße noch Haus gibt. Mögen die Leser dies selbst nachprüfen, wenn sie sich die Mühe machen wollen.«

»Paris aus der Vogelperspektive« ist der Titel des ersten Kapitels von *Der Glöckner von Notre-Dame*. Und in den *Elenden*: »Paris aus der Eulenperspektive«. Auf humoristische Weise wird der Leser zu einer »außergewöhnlichen Reise« durch Paris eingeladen, doch den Stadtplan dafür wird man entschlüsseln müssen. Der Kontext der *Elendens* mag zwar streng historisch sein, doch die Fiktion läßt das Nachvollziehen der Wege von vornherein vergeblich erscheinen. Der aus der Verbannung geflohene Jean Valjean kehrt in seine Wohnung, das zerfallene Haus Gorbeau, zurück, welches man dem Boulevard de l'Hôpital zuordnen kann. Doch als dem gleichen Valjean der unbarmherzige Polizist Javert quer durch das Labyrinth der Straßen auf den Fersen ist, ringt der beklemmende Eindruck des Realen mit der reinen Erfindung, die Welt Hugos ist stärker als die Stadt-Landschaft an den Ufern der Seine. Der Schriftsteller legt den Schauplätzen seiner wichtigen Szenen und den lyrischen Bewegungen seiner Figuren einen alten Plan von Paris zugrunde. Diesen Plan aus dem Jahre 1727 hat er verändert, Punkte und Bezeichnungen verschoben, als ob er gleichzeitig den von seinem Ehrgeiz erträumten universellen Leser wie auch den Pariser seiner Zeit, an den er sich wendet, in die Irre laufen lassen wollte.

Das Paris der *Elenden* ist ein Paris im Halbschatten, mit zwielichtigen, kaputten Vierteln, mit eng gebauten Behausungen. In den krummen Gassen bekommen die Fußgänger nasse Füße, zwischen den dicken, schlammigen Pflastersteinen wächst Gras, und um in diesem Irrgarten seinen Weg zu finden, muß man schon Häftling, Polizist oder Gavroche sein. Doch *Die Elenden* regen die Phantasie vor allem durch die gefährliche Erforschung des Untergrunds der Hauptstadt an, eines Reichs des Wassers und der Schatten, Verdauungsapparat der Stadt: »Paris hat unter sich ein anderes Paris, ein Paris der Abwässer; es gibt dort Straßen, Kreuzungen, Plätze, Sackgassen, Arterien…« Jean Valjean wird durch die Apokalypse laufen: durch ekelerregende Schlammweiher, giftgeschwängerte Felder. Er begegnet Unmengen von Ratten und anderem Ungeziefer; modriges Wasser und glitschige Steine empfangen ihn in den alten, kranken Gedärmen. Der Keller von Paris ist eine Hölle, wie sie Dante sich nicht auszudenken gewagt hätte. Und dennoch kann der Held dank der Abwasserkanäle seinem Verfolger entkommen und findet mit den Lichtern der Stadt die Freiheit wieder.

Das Paris der *Elenden* ist eine Stadt aus »Schranken«. Die alte Mauer der Generalpächter (1784) war von siebenundfünfzig Toren oder Schranken unterbrochen, bestückt mit den Wachhäuschen des Claude-Nicolas Ledoux. Heute noch zeugen die Place Denfert-Rochereau wie auch die Rotunde des Canal de l'Ourcq in Jaurès von dieser unbestimmten Stadtgrenze. »Derjenige, der diese Zeilen schreibt, war ein ausgefuchster Kenner der Pariser Stadttore gewesen, und sie sind für ihn eine Quelle alter Erinnerungen.« Im Inneren dieser großen Umfassung konzentriert sich die Handlung des Romans auf einige spezielle Viertel und bestimmt sie.

Zunächst la Salpêtrière, die erste Behausung des Jean Valjean, bei den Thénardiers »um die Ecke«. »Der einzelne Spaziergänger, der sich in dieses verlorene Land der Salpêtrière traut und der den Boulevard in Richtung der Barrière d'Italie hochläuft, kommt an Orten vorbei, wo man sagen könnte, daß Paris nicht mehr da sei…«

Jean Valjean sich von Javert verfolgt weiß, ist es der Anblick der glänzenden Kuppel des Val-de-Grâce zur Mittagszeit, der ihm noch einmal die Kraft gibt zu entkommen.

»Frankreich schaute auf Paris; Paris schaute auf den Faubourg Saint-Antoine.« Seit der Revolution hat die Hauptstadt der Vorstädte ihren Platz in der Geschichte der französischen Literatur. Hugo macht daraus zum ersten Mal einen Ort, an dem die Erinnerung und die Arbeiterbewegung zusammentreffen. In seinem *Tableau de Paris* von 1882 begrüßt Jules Vallès »Saint-Antoine, der die soziale Fahne auf den Gipfel der höchsten Juni-Barrikade hißt, jener Barrikade, von der Hugo in den *Elenden* spricht«. Und wenn er diese explosive Straßenkreuzung erwähnt, vermischt der Dichter kühn städtische Spannungsmomente und romantische Visionen: »Diese alte Vorstadt, belebt wie ein Ameisenhaufen, fleißig, mutig und wütend wie ein Bienenschwarm, zitterte in ihrer Erwartung und in ihrem Wunsch nach einem Erdbeben. Alle bewegten sich aufgeregt, ohne daß deshalb die Arbeit unterbrochen worden wäre. Nichts könnte den Ausdruck dieser lebendigen und unheimlichen Erscheinung wiedergeben.«

In der symbolischen Pariser Topographie Hugos drückt sich eine Vorliebe aus für die engen, abgeschlossenen Viertel wie das Marais, welches von der Rue Saint-Antoine und der Rue des Filles-du-Calvaire begrenzt wird. Nach langen Verfolgungsjagden im rettenden, aber unheimlichen Labyrinth der engen Straßen wird das Marais zum bloßen Übergang in Richtung Les Halles oder zu einer Wohnung. Nachdem aber erst einmal Frieden eingekehrt ist, findet Cosette in diesen alten, blühenden Straßen ihr Glück, und dort, gerade mal zwei Schritte vom heutigen Victor-Hugo-Museum entfernt, verliert ein alt gewordener Jean Valjean die Lust am Leben und stirbt.

Nicht weniger volkstümlich als die nahe Vorstadt bekommt das alte berüchtigte Hallenviertel mit seinen Fisch- und Gemüsehändlern und seiner Rue de la Verrerie ein revolutionäres Format. Es fehlt nicht an engen Straßen zwischen dem Marais und den Halles, um den Wachen aufzulauern und die Barrikaden zu errichten. Es hätte wenig Sinn, dieses unentwirrbare Durcheinander zwischen Erdachtem und Realem entschlüsseln zu wollen, das sich da in diesen Straßen an der Kirche Saint-Eustache abspielt. An der Ecke Rue Mondétour/Rue Rambuteau fällt Gavroche mit elf Jahren mit der Nase in den Bach, durch »die Schuld Rousseaus«.

Wie oft in den *Elenden* sind Viertel voller Kontraste;

Als erfahrener Pariser hat Victor Hugo die ungleichen, ja gegensätzlichen Aspekte des XII. Arrondissements zu unterscheiden gewußt. Beruhigend grüne Bereiche geraten dort mit den staubigen und bedrohlichen Randgebieten aneinander. Als Jean Valjean Cosette in Sicherheit bringen und ihr eine gute Erziehung zukommen lassen will, fällt seine Wahl auf Picpus. Das ganze sechste Buch des zweiten Teils der *Elenden* ist einer eingehenden Beschreibung des Klosters der Bernhardinerinnen in der Rue de Picpus Nummer 62 gewidmet. Das Paris der *Elenden* ist auch voller persönlicher Erinnerungen. In seinem fiktiven Rahmen spiegelt Petit Picpus die sehr realen Orte von Hugos Kindheit wider. So gibt der Schriftsteller in dem Bedürfnis, seiner Heldin die beste aller möglichen Welten zukommen zu lassen, einen Lebensraum wieder, der sich sehr an den seiner ersten glücklichen Pariser Jahre anlehnt. Und als

Bei seiner Rückkehr aus dem Exil engagiert sich Hugo heftig auf der Seite der Kommunarden. Die letzten werden an dieser »Mur des Fédérés« an die Wand gestellt (oben) und auf dem Friedhof Père-Lachaise (rechte Seite) begraben.

Rechts:
Die alten Tore der Mauer der Generalpächter wie die Rotunde von Ledoux in Jaurès sind das architektonische Leitmotiv im Paris der *Elenden*.

in den Straßen trifft man das Glück ebenso wie das Unheil, und auch Saint-Germain ist zunächst dieses leichtlebige, glänzende Quartier Latin, wo man sich amüsieren will. Doch Hugo läßt sein Studentenvölkchen nicht lange ungeschoren. Das Viertel entflammt, ebenso gewalttätig wie intellektuell, in einer Aufwallung des sozialen und revolutionären Bewußtseins.

Die Salpêtrière, die Bastille, das Marais und die Halles, das Quartier Latin, jene von den Hauptfiguren immer wieder aufgesuchten Hochburgen, bilden ein engmaschiges Spinnennetz. Die Geschehnisse sind mit diesen Stätten geradezu organisch verbunden. Sozialer Aufruhr, die Güte des Volkes und Menschen, die einander verfolgen: Es ist eine Stadt, die durch das ewig junge Gesicht eines Gavroche, des Kindes der Freiheit, symbolisiert wird. Claudette Combes konnte sagen, daß »Paris so lebendig aus den *Elenden* auftaucht, weil Hugo daraus ›die Stadt‹ gemacht hat, eine Stadt, die eine Mission zu erfüllen hat.«

Hugo hat nicht bis zum Exil gewartet, um sich über die »durch die Architekten begangenen Massaker« zu entrüsten. 1832 schon hatte er den Abrißfanatikern den Krieg erklärt. Der Dichter, keinesfalls altmodisch, wünscht mit ganzem Herzen den Fortschritt herbei. Der Umbau, welchen er mißbilligt oder befürchtet, meint nicht die langsame Umgestaltung in Jahrhunderten, sondern den »Vandalismus der Architektur« seiner Zeit. Er nimmt das »strategische Schachbrett« vorweg, zu dem Paris werden wird. Er fürchtet zu Recht, daß das Anlegen neuer Schneisen »diesen Reichtum an Linien, diese Fülle an Einzelheiten, diese Erscheinungsvielfalt, diese

Ich-weiß-nicht-welche-Größe im Einfachen und das Unerwartete im Schönen« hinweggefegt. Es ist Paris, welches man da verstümmelt, und der Dichter muß auch hier eingreifen: »Man will Saint-Germain-l'Auxerrois abreißen, um Fluchten für Raum und Sicht zu schaffen; eines Tages wird man Notre-Dame abreißen, um den Vorplatz zu vergrößern; eines Tages wird man Paris einebnen, um die Sablons-Ebene zu vergrößern.«

Hugo, der Verbannte, hat mit dem urbanistischen Baron eine Rechnung zu begleichen: Durch *Die Elenden* läßt er das Paris vor Haussmann wieder auferstehen. Im zweiten Teil dieser Trilogie wird Hugo, der Pariser, deutlicher: »Es ist nun schon viele Jahre her, daß der Autor dieses Buches (...) fort von Paris ist. Seit er es verlassen hat, hat sich Paris verwandelt. Eine neue Stadt ist aufgetaucht, die ihm in gewissem Sinne unbekannt ist. Durch Abriß und Wiederaufbau ist das Paris seiner Jugend, das Paris, das er so tief in seinem Gedächtnis bewahrt hat, heute ein vergangenes Paris. Man erlaube ihm also, von diesem Paris so zu sprechen, als ob es noch existierte.«

Am 5. September 1870 kehrt Hugo um Mitternacht in wiedererlangter Freiheit nach Paris zurück. Er ist achtundsechzig Jahre alt und hat neunzehn Jahre auf Guernsey verbracht. Es herrscht Krieg, und die legendäre Belagerung, die alle Pariser zu Gefangenen macht, findet statt. Der Dichter ist alsbald voll und ganz auf der Seite des »kämpfenden Paris« der Barrikaden und der Straße, aber seine Stadt findet er nicht wieder. Die während seines Exils in Guernsey unternommenen Sanierungen des Barons Haussmann haben die Hauptstadt endgültig erneuert. Hugo beklagt den Verlust der »gewachsenen Stadt, des architektonischen Produkts«, das die Zeit und die Menschen zusammen durch aufeinander folgende Beiträge vollbracht haben. In seinen *Carnets intimes* schreibt er am 18. Oktober 1870: »Wir haben den Feuillantes einen Besuch abgestattet. Das Haus und der Garten meiner Kindheit sind verschwunden. Eine Straße führt da jetzt durch.« Das Paris des XIX. Jahrhunderts ist eine für immer zerstörte Landschaft. Ganze Viertel sind entstellt oder ausgelöscht. Haussmann hat, als er die alte Innenstadt zerstörte, den ursprünglichen Geist des eigentlichen Zentrums der Stadt vernichtet. Es ist das Pariser Gedächtnis, das da verschwindet. Wenn es heute noch hier und da anzutreffen ist, mit seinen Straßen und seinen Häusern, dann hat es das Werk eines Hugo gut und gern unsterblich gemacht.

Hugo verteidigt das Abbild von Paris, Hugo schreibt durch Bilder, immer in Kontakt mit dem Realen. Aber vor allem bewohnt Hugo seine Stadt Seite an Seite mit seinen Figuren. Er kennt diese Hofeinfahrt, er ist so viele Male diese Straße entlanggegangen. Sein Herz hat für dieses Viertel geschlagen, und für diesen schnell abgeschafften Platz wird er bis zum Schluß kämpfen. Sein Paris ist ein Album mit Radierungen der schönsten Art: Bilder, die der städtischen Perspektive wie auch der bukolischen Welt entnommen sind, dem sentimentalen Bereich oder der Kriminalität. Indem Hugo mit seiner Feder ein unvergängliches Bild von Paris zeichnet, liefert er das Portrait einer unvergeßlichen, einmaligen Stadt. Die Leidenschaften entfalten sich in einer Umgebung, die niemals neutral ist, und deren krasse Schönheit ihren ganzen Wert ausmacht.

Es erstaunt nicht, daß die volkstümliche Bildkunst mit Gustave Doré, dann das Kino mit Jean Delannoy und das Theater mit Robert Hossein sich wie so viele andere auch dieses Paris' freudig bemächtigt haben. Dessen schöpferischer und populärer Wert ist unbestreitbar. Das Paris des Victor Hugo inspiriert die darstellende Kunst bis heute.

Als »riesige Heimstatt der Ideen« ist Paris auch die erträumte Hauptstadt der Weltdemokratie. In den *Elenden* hat Hugo eindrucksvoller als sonst jemand die Gleichheit der Menschen gepriesen: Paris ist der Geist und der Geist ist das Volk. Das gesamte Werk von Hugo ist durchdrungen von Bemerkungen über geistige Erneuerung, welche die »Geburtsstadt seines Geistes« gewährt: »Paris in sich aufnehmen heißt die Seele bewahren.« In allen Gedichten über die Belagerung von Paris, die im Kalender von *L'Année terrible* von 1872 versammelt sind, läßt ihn die Leidenschaft für seine wiedergefundene Stadt und für die Idee, die sie darstellt, Paris in den Rang eines Archetypus erheben: »Dieser heilige Ort, diese Waldstadt«, die »gründet, erfindet, entwirft, versucht und erschafft«. Paris, »dieser Sonnenaufgang inmitten der Lebenden, Paris, sein Wille, sein Glaube, sein Phänomen, sein der menschlichen Avantgarde gegebenes Unterpfand!«

Hugo als Bewohner seines Werks, als Pariser Romancier: ein weites, ergiebiges und umfassendes Thema. Ein Mann der Feder und ein Tribun, der die Stimme der Revolte ins Parlament wie auch auf die Barrikaden trägt, eine bekannte, vom Volk geliebte Persönlichkeit, aber auch ein glücklicher Großvater, ein alter, mit Ehrungen überhäufter Literat. So muß man sich zufriedengeben, hier gleichsam im Vorbeigehen das irdische Paris eines Schriftstellers zu überfliegen, von dem Pierre Citron schreibt: »Es gibt kaum ein Pariser Thema, dem Hugo nicht einige Zeilen oder Verse gewidmet hätte… Hugo ist damit der einzige Schriftsteller, dessen Werk an sich schon einen Überblick zu allen Aspekten des Pariser Mythos geben könnte.«

M. T.

Die Abwasserkanäle von Paris sind nicht nur Kloake, Hölle, stinkendes Labyrinth, sondern auch ein geheimer, wunderlicher Weg, über den es Jean Valjean und Marius gelingen wird, dem Polizisten Javert zu entkommen.

James

(1843–1916)

War es zum Beispiel wirklich möglich, Paris genug zu lieben, ohne es zu sehr zu lieben?
Die Gesandten

1845, als Henry James zwei Jahre alt ist, reist er durch Frankreich, und von diesem Aufenthalt stammt seine erste Kindheitserinnerung, die Place Vendôme in Paris: »Der Blick, eingerahmt im klaren Fenster des Wagens, in dem wir vorbeifuhren, ging auf einen eindrucksvollen, von hohen Häusern umstandenen Platz und wies in seiner Mitte eine große und glorreiche Säule auf.« Der Erinnerung des frühreifen Kindes fügt der erwachsene Mann die Präzision eines genauen Blicks hinzu. Henry James liebte nichts so sehr wie den Blick auf Paris von seinem Fenster aus. Wenn auch der Film *Zimmer mit Aussicht* von James Ivory auf eine englisch-venezianische Novelle zurückgeht, so wird doch in den Pariser Werken die Landschaft ebensogerne durch das Fenster betrachtet. In *Der Amerikaner*, dem ersten großen, von James in der Nähe des Jardin du Luxembourg geschriebenen Roman, beobachtet Christopher Newman, daß Bellegarde eine kleine Wohnung »wie man sie überraschenderweise in Paris aus einem rückwärtigen Fenster entdeckt«, bewohnt. In *Die Gesandten* gehen Strether und Madame de Vionnet am linken Seine-Ufer essen und »setzen sich dann beiderseits an einen kleinen Tisch am Fenster, von wo man das Treiben auf dem Quai fast berühren konnte.«

Im Sommer 1855, noch als Kind, reist James mit seiner Familie nach Europa. London, Paris und Genf werden besucht. Während des Aufenthalts in Paris werden die besten Hauslehrer ausgewählt. Der Louvre wird ent-

Die Cafés des Palais-Royal, ein bevorzugter Aufenthaltsort der Amerikaner, die sich im XIX. Jahrhundert in Paris aufhalten wie James, der dort regelmäßig verkehrt.

deckt, *der* Dioskurenpalast schlechthin. Henry ist nicht nur vom Ruhm Napoleons beeindruckt, sondern mehr noch von der antiken Statue. Er hat ein starkes Gespür für »Stil«. In einer denkwürdigen Nacht träumt James »den schrecklichsten, wenngleich den herrlichsten Alptraum seines Lebens«. Im Louvre, in der Apollon-Galerie, steht ein Mann, ein unbestimmter, angsteinflößender Schatten. Das Kind, welches durch die gespenstischen Galerien des Museums verfolgt wird, kann das Gespenst hinter eine Tür zurückstoßen. James wird nie jenes Gesicht vergessen, das ihn verfolgt hat. Dieses Erlebnis kommt in der Einleitung von »le salon carré« in *Der Amerikaner* 1877 wieder ans Tageslicht, doch dieser Traum begleitet den Schriftsteller durch sein ganzes Leben, und James gibt ihm eine Schlüsselrolle in seinem Werk.

So hätte also jener, der die moderne Literaturtradition in Amerika verkörpert, seine Bücher auf einem düsteren Traum aufgebaut, dessen Rahmen das älteste der Pariser Museen bildet? Man rufe sich die »Renaissance der Klassiker« in Erinnerung, an der Henry James 1870 teilhat, in jenem Jahr, als Troja von Heinrich Schliemann entdeckt wurde. Nicht weniger Entdecker einer erahnten, versteckten, doch sehr realen Traumstadt hat der Schriftsteller in dieser Nacht wohl die kraftvolle Erscheinung eines Paris »gesehen«, das die immer begehrte Hauptstadt eines unsichtbaren und souveränen europäischen Wesens bleibt.

In Paris verbringt
Henry James seine Zeit
im Theater und in der
Oper (rechte Seite).
Ganz besonders mag er
die italienischen
Seitenlogen wie die
des Eden-Theaters, das
in Théâtre de l'Athénée
umbenannt worden
ist (oben).

James ist ein Vielschreiber: zahlreiche Erzählungen und Novellen, intensive Kurzprosa und vor allem einige große Romane, *Der Amerikaner*, *Portrait einer jungen Dame*, *Die goldene Schale*, *Die Flügel der Taube* und *Die Gesandten*. Sein erster umfassender Roman, *Der Amerikaner*, wurde in Paris geschrieben. Das letzte Meisterwerk der Reife, *Die Gesandten*, spielt hauptsächlich in Paris.

T. S. Eliot schreibt 1924: »Henry James ist für englische Leser ein schwieriger Schriftsteller. Hingegen könnte der Leser, der ein außergewöhnliches Gespür besäße und der weder Engländer noch Amerikaner wäre, eine gleichgültige Haltung einnehmen, was von Vorteil wäre.« Hier wird natürlich auch der französische Leser bezeichnet. Und dennoch ist der Autor von *Die Drehung der Schraube* in Frankreich über viele Jahre hinweg nur in Hochschulkreisen und gebildeten Zirkeln bekannt.

Die Elite, die zu seinen Werken Zugang findet, ist lange Zeit anglophon. Erst in den fünfziger Jahren fällt die Entscheidung, den »Unübersetzbaren« zu überset-

zen, und dann auch nur schüchtern, in homöopathischen Dosen, die kürzesten seiner Novellen.

Ein Jahrhundert zuvor hat sich der junge Henry James im Laufe der europäischen Einwanderungen in den Jahren um 1850 bereits eine gute Kenntnis des Französischen, eine sehr vornehme Sprechweise angeeignet. Die »Barbaren« aus der Neuen Welt, welche die Schönheiten eines dekadenten Europa plündern, sind vor allem gebannt von dem gewitzten Charme der eleganten Gesellschaft. »Paris verhärtet das Herz«, lautet die Warnung in *Der Amerikaner*. »Doch es schärft den Geist und schult auf längere Sicht die Beobachtungsgabe.« In noch höherem Grade als sein älterer Bruder William, der Philosoph wird, schätzt er die Kunst der Konversation, die in Paris alles bedeutet.

April 1861, Virginia, USA: Der Bürgerkrieg ist ausgebrochen, die jungen Leute melden sich freiwillig, nur nicht Henry James, der im väterlichen Haus in Newport bleibt. Er muß Balzac und Mérimée lesen. James ist verzaubert von diesem künstlerischen Europa, von dessen Gedankenwelt, von diesem Frankreich der Aufklärung und findet im alten Kontinent all das, wonach sein anspruchsvoller Geist ruft. Er brennt darauf, auf die andere Seite des Atlantiks zurückzukehren; ein echtes, tieferes Kennenlernen von Europa kann nicht mehr aufgeschoben werden. Es ist nicht mehr damit getan, sich wie in seiner Jugend nur kurz dort aufzuhalten, der junge Mann will auf jenem Kontinent Wurzeln schlagen, wo jeder große Künstler aus sich selbst heraus entsteht. »Ich ergreife Besitz von der Alten Welt – ich nehme sie in mich auf – ich mache sie mir zu eigen.« Für James ist Paris Europa, er beschließt, sich dort niederzulassen. Der erste »echte Pariser«, auf den er trifft, ist Iwan Turgenjew, der russische Schriftsteller.

In Paris bewohnt James, zunächst mit seiner Familie, dann allein, verschiedene Wohnungen, stets in den besseren Vierteln. Ein letzter Wechsel seines Vaters gestattet es ihm, sich in der Rue du Luxembourg Nummer 29, in der Nähe eines französischen Gartens, eine Wohnung einzurichten, die zwar nicht sehr stilvoll ist, aber aus deren Fenstern man auf Bäume blickt.

James wird zu literarischen Zirkeln eingeladen und speist mit Edmond de Goncourt und Alphonse Daudet. Er besucht Émile Zola und Guy de Maupassant. Er schließt Freundschaft mit Iwan Turgenjew, der ihn in den Kreis um Flaubert einführt. Diesem wird er im Juli 1875 auf Grund seiner ersten literarischen Studie über Balzac, *La Leçon de Balzac*, vorgestellt. James ist seit seiner Jugend besessen von dem Autor der *Menschlichen*

Komödie, die für ihn das ehrwürdige Beispiel jeder Romanschöpfung ist.

Als Junggeselle, der sich mit mehr oder weniger leidenschaftlichen Liebeleien und Freundschaften zufrieden gibt, hat sich Henry James dafür entschieden, sein Leben der Kunst zu weihen. Eine Verweigerung, die sich, ob nun Geheimnis oder Mythos, durch die Bekanntschaft mit von ihm anerkannten oder bewunderten Pariser Schriftstellern bestätigt. Kaum einer seiner Literatenfreunde, der es nicht wie er ablehnt, die Freiheit der Ehe zu opfern.

Die literarischen Essays von James über Balzac und Flaubert in den Jahren um 1870, dann über die Brüder Goncourt und wiederum über Flaubert Ende 1880 zeigen, in welchem Maße der »französische Junggeselle«, der Pariser Literat, für den amerikanischen Romanschreiber ein Vorbild an literarischer Wirksamkeit darstellt.

James will vom Schreiben leben, und solange er noch auf die Autorenrechte für seine Dichtungen wartet, ist er regelmäßiger Korrespondent für die Tageszeitung *New York Tribune*. Die glänzenden, so herrlich subjektiven Artikel, welche er an die amerikanische Zeitung schickt, enthalten eine erste Aussage über seinen Aufenthalt in Paris. James kümmert sich nicht selbst darum, diese in einem Band zusammenzufassen. Léon Edel, der Fachmann für James' Werk, wird diese Pariser Skizzen 1957 unter dem Titel *Parisian Sketches* herausgeben. Kurz umschrieben weisen die »Scènes de la vie parisienne« einige Grundzüge des Werkes auf: den

1855 ist James zwölf Jahre alt. Eines Nachts wird er in der Galerie d'Apollon im Louvre von einem Gespenst verfolgt, das er schließlich abschütteln kann: Er wird »den schrecklichsten, wenngleich den herrlichsten Alptraum seines Lebens« haben; er greift ihn in *Der Amerikaner* 1877 wieder auf.

Sinn für Details, die indirekte Beleuchtung, mannigfaltige komplizierte Spiegelungen von Licht und Schatten. In den »vues« von Henry James gibt es weder Schnitte noch eindeutige Zeichnungen, keine Kontraste, und in allem ein raffiniertes Funkeln, die leichten Nebel und Luftschwingungen: All dies ist Ausdruck eines einfühlsamen Blicks wie auch einer Phantasie, die fähig ist, das Reale liebevoll zu beschreiben.

James schätzt die Eleganz »der Pariserin« außerordentlich. Als Edith Wharton zu einem Abendessen eingeladen wird, bei dem auch Henry James anwesend ist, sieht sie nur eine Möglichkeit, das Privileg einer solchen Gesellschaft entsprechend zu würdigen: »Das neueste Kleid von Doucet anziehen und versuchen, so hübsch wie möglich zu erscheinen!« Verlorene Mühe, ihr berühmter Landsmann bemerkt sie nicht einmal. Eleganz hat in den Augen von James nur die »Pariserin«. Die »poetische Aufmachung« wirkt nur durch den unnachahmlichen Chic einer »hübschen Frau«, die »in dem bezaubernden Dorf Auteuil« wohnt oder die ihre weibliche List zwischen der Rue de l'Université und in der Umgebung des Arc de Triomphe entfaltet.

Das Spazieren durch Paris ist nicht nur günstig für Begegnungen wie für die Entdeckung von Lektüre in den »Buchhändlerbuden«, es ist zugleich ein unvergleichlicher Zeitvertreib, wenn man den Zeitgeist und die städtischen Düfte einatmen will. In Paris sind Spaziergänge die große Leidenschaft von James. Als Flaneur auf der Lauer nach Überraschungen, nach »den Geheimnissen der Märkte«, nach Zeichen kann er »die von Baron Haussmann geschaffenen breiten Avenuen« nur verabscheuen. Im Urteil des Journalisten James zählt die Verunstaltung von Paris wenig neben einer beschädigten Identität und einer durch »die pompöse Vereinheitlichung« bedrohten Geschichte.

Im Dienst der »typischen Pariser Machenschaften« behandelt James die Oper, die bildende Kunst, die Mode mit dem ausgefeilten Stil seiner langen, umfangreichen Sätze. Doch leider sind solch tiefgehende, genaue, ausführliche Artikel nicht nach dem Geschmack der *New York Tribune*. Die Zeitung will Aktuelles, und damit will James sich nicht herumquälen. Es ist Schluß mit den »lettres« an die Zeitung, jetzt ist die Bearbeitung von *Der Amerikaner* dringender, der zuerst in *The Atlantic monthly* erscheint.

In Paris entspricht das gesellschaftliche Leben den Erwartungen von James kaum. Obwohl er von Turgenjew großzügig in die »Scène parisienne« eingeführt wird und trotz seiner Bemühungen, »ein alter Pariser zu

werden«, bleibt James offenbar gegenüber seinen französischen Kollegen ziemlich unbeholfen. Ein Jahr reicht ihm aus, um sich diese Niederlage einzugestehen. »Ich habe begriffen, daß ich ewig ein Fremder sein werde«, hält er 1876 in seinem Notizbuch fest. Während er noch einige Monate zuvor an einen Freund geschrieben hatte: »Du siehst, ich bin nun im Rat der Götter, ich bin mitten auf dem Olymp gelandet«, beschließt er nun, von Paris nach London zu gehen. Aber wissen wir denn so sicher, was ihn bewogen hat, Frankreich so abrupt zu verlassen?

Auf den ersten Seiten von *Der Amerikaner* empfindet der Neuankömmling Christopher Newman eine gewisse »leichte und ungenierte Fröhlichkeit« als »typisch pariserisch«. Einige Zeilen weiter erklärt er, daß die französische Hauptstadt »ein köstlicher Ort für Leute ist, deren Familien dort seit langem mit zahlreichen Freunden und Verbindungen leben«. Noch vierhundert Seiten weiter, und Newman hat »große Lust, Paris zu verlassen«. Im Laufe seines Abschiedsbesuches bei einer Dame klagt er: »Sie werden zynisch; Sie verletzen mich und Sie tun mir weh.« Schließlich schreibt James über seine nach London »geflüchtete« Hauptperson, daß »die Trübsinnigkeit der Tage ihm gefällt«.

Es wurde behauptet, daß *Der Amerikaner*, veröffentlicht von Juni 1876 bis Mai 1877, die Verarbeitung eines sentimentalen und literarischen Mißgeschicks sei, das dem Autor widerfahren ist. Im Roman beschleunigt die unglückliche Beziehung eines wohlhabenden Mannes zu einer französischen Aristokratin dessen Abreise aus Paris. Auch im Roman ist der Mann ein Ausländer, ein Bürgerlicher, Gefühle werden dem gesellschaftlichen Anspruch geopfert.

Eine Pariserin mit aristokratischer Attitüde hat unter dem Namen Thérèse Bentzon Henry James in die Hochburg europäischen Ruhmes eingeführt. Sie widmet ihm sogar einen ersten großen Artikel von mehr als vierzig Seiten in der *Revue des Deux Mondes* vom 1. Mai 1883. Für den Romanschreiber etwas Nie-Dagewesenes, doch es kommt zu spät. James befindet sich in England, als dieser so lange ersehnte Pariser Erfolg eintritt. Die Spielregeln auf dem Boulevard Saint-Germain sind andere als die in den Salons von New York oder Boston, das mußte James am eigenen Leibe erfahren. Was die Beziehung zwischen Madame Bentzon und ihrem amerikanischen

Freund angeht, so würden wir mehr darüber wissen, wenn deren umfangreicher Briefwechsel nicht 1910 von beiden, jedem für sich, vernichtet worden wäre.

Sein ganzes Leben ist James mit der Geschichte dieses Amerikaners und seiner konfliktreichen Beziehung zu Europa beschäftigt. Ein internationales Thema: das Aufeinanderprallen der Kulturen der Alten und Neuen Welt, wobei sich der Zynismus des alten Europa der amerikanischen Unbefangenheit entgegenstellt. Ein vertrautes Thema im Werk, das ständig weiterentwickelt wird.

James' Suche nach einer Bleibe endet in London: Als anglophoner Schriftsteller wird er seine literarische Karriere zwar in Europa betreiben, aber in dem Land seiner Sprache. Im Dezember heißt es Abschied nehmen von der Umgebung des Jardin du Luxembourg: »Immerhin, wer jemals in Paris gelebt hat, wird ihm in seinem Herzen immer eine Ecke voller Zuneigung bewahren und oft dorthin zurückkehren.«

Ab dem darauffolgenden Herbst ist James wieder in Paris. So macht er es fast jeden Oktober, bis 1913, als die Müdigkeit über seine »tief verwurzelte Pariser Gewohnheit« siegt. Allein im Jahre 1882 überquert er siebenmal den Ärmelkanal: Er schreibt an einer Auftragsarbeit, A little Tour in France. Zwei Jahre später im Februar versammelt Daudet für ihn »die Spitzenklasse« des neuen Naturalismus. Er trifft Barbey d'Aurevilly und Montesquiou, er übersetzt Daudet, beglückwünscht Zola wegen seiner Haltung in der Dreyfus-Affäre.

Nach England, aufs Land, wo er die notwendige Ruhe für die Weiterentwicklung seines Werkes fand, hat James all die erlesenen Wortschöpfungen mitgenommen, die er während der langen Pariser Abende gesammelt hat. Da er mehr zuhört als spricht, hat er präzise oder einzigartige Ausdrücke gesammelt. Er hat die zerstörerischen Fehler einer faszinierenden Gesellschaft erkannt und wird daraus diese vergiftete Stimmung wiederzugeben wissen. Henry James hat Tiefe und Intuition. Der Humanismus, welcher ihn den Menschen nahebringt, läßt ihn dem untrüglichen Zeichen nachgehen, das in Zweifel zieht und offenbart, was die vorsichtigeren Worte eher verschweigen. In Verbindung mit seinen eigenen Erinnerungen wird der glänzende Blütenstaub der Pariser Gartenparties eine Anregung für Die Gesandten sein, den Roman, in dem die höchste Perfektion der Erzählkunst eines Henry James erreicht wird. Im Herbst 1899, mehr als zwanzig Jahre nach dem Mißgeschick des jungen Newman, seines ersten Amerikaners in Paris, beginnt James die Geschichte von Strether, einem anderen »großen Barbaren aus dem Westen«. Der Botschafter befindet sich in den reifen Jahren, wie auch James selbst. Mit der Schönheit entdeckt er in Paris »das Gespür für Vergangenheit« und die bitteren Kämpfe, welche jene unmögliche Annäherung zwischen Alter und Neuer Welt mit sich bringt.

Sechs Jahre lang macht er auf seinen Pariser Reisen in der Rue de Varenne Station, wo Edith Wharton lebt. Die amerikanische Romanautorin hat lange die Freundschaft dieses amerikanischen Proust gesucht, den sie nun endlich zu ihrem engen Freundeskreis zählen kann. Der Schriftsteller seinerseits wird in einem gewissen Frühling von dem »wunderbaren neuen Automobil der Whartons« bezaubert sein, und er wird an der Seite von Edith und dem Chauffeur »herrliche Ausflüge« machen.

Jeden Morgen geht James durch den Jardin des Tuileries, um sich in die Rue Scribe zu begeben, wo er die telegraphischen Geldüberweisungen aus Amerika abholt.

James stirbt am 28. Februar 1916 in London.

Trotz der Mängel, die er bei seiner Vortragskunst an den Tag legte, liebte Henry James es, mit lauter Stimme vorzutragen. Lassen wir uns von ihm, dem Meister des Zweideutigen, dem großen Beschwörer abgründiger Gefühle, durch die Person Strethers in das Pariser Milieu einführen: »Es war zwar schon Abend, da jedoch die Tage immer länger wurden, war es noch recht hell, und Paris war verführerischer denn je. Blumenduft hing in den Straßen, und Strether fühlte sich ständig von Veil-chenhauch umgeben; er sah sich vereint mit Lauten und Erinnerungen und Schwingungen in der Luft, die in seiner Vorstellung so menschlich und dramatisch waren wie nirgends sonst und für ihn immer deutlicher wurden, während der linde Nachmittag zu Ende ging: ein entferntes Dröhnen, ein nahes, helles Klappern auf dem Asphalt, eine rufende Stimme, dann irgendwo eine Antwort, so voll im Klang wie die eines Schauspielers auf der Bühne.« M. T.

Ganze Stunden kramt James in den Kartons der Buchhändler an der Seine, eine seiner Lieblingsbeschäftigungen in Paris.

James
Joyce

(1882–1941)

*Und ich will versuchen mich auszudrücken unter welcher Form der Existenz oder Kunst,
ebenso frei und ebenso vollständig wie möglich, wobei ich zu meiner Verteidigung nur gestatte,
die folgenden Waffen einzusetzen: Stille, List und Exil.*

EIN PORTRAIT DES KÜNSTLERS ALS JUNGER MANN

Es mag recht vermessen erscheinen, sich auf das Paris von Joyce zu beziehen, wenn man weiß, welch gewichtigen Platz Dublin in dessen Werk einnimmt. »Es ist vielleicht noch nie dagewesen«, sagt Jean Paris in *Joyce über sich selbst*, »daß ein Schriftsteller eine Stadt zum Thema und einzigen Handlungsrahmen genommen hat, und sie derart beschrieben hat und sich sogar rühmt, daß selbst wenn sie durch einige Erdstöße zerstört würde, man sie nach seinen Schriften wieder aufbauen könnte.« Neben Dublin sieht Paris sicher recht blaß aus. Und doch verbringt Joyce vor einem letzten Exil in der Schweiz die letzten zwanzig Jahre seines Lebens hier, wo 1922 sein *Ulysses* zum ersten Mal als Buch veröffentlicht wird, wo er Ruhm und Elend erfährt. Paris, diese »Lampe, die man für die Liebenden im Weltenwald angezündet hat«, kann einen Joyce nicht gleichgültig lassen.

Will man die ganze Bedeutung der Pariser Szenen verstehen, die in seinem Werk verstreut sind, kommt man um einen biographischen Abstecher nicht herum. Beim Lesen scheint es tatsächlich so, als ob der erste von Joyce in Paris verbrachte Tag in seinen Schriften mehr Widerhall fände als die zwanzig Jahre, die er dann dort verlebte.

Am Ende des Jahres 1902 entschließt sich der junge James Joyce, nach Paris zu gehen, wo er sein Medizin-

Joyce 1934 in Paris. Während seines ersten Aufenthalts in der französischen Hauptstadt 1902 begab er sich jeden Abend in die Bibliothek Sainte-Geneviève, von der auf der linken Seite ein Ausschnitt zu sehen ist.

studium fortzusetzen gedenkt. Gleich nach seiner Ankunft im Dezember wird ihm klar, daß sein Bachelor-of-Art-Diplom in Frankreich nicht anerkannt wird. Um zu überleben, gibt er Nachhilfestunden, schickt Berichte an Dubliner Zeitungen und schlägt die Zeit mit Lesen in Bibliotheken tot. Des Abends kehrt er zurück ins Hotel Corneille, nimmt zuvor, wenn er es sich erlauben kann, eine schnelle Mahlzeit bei Polidor in der Rue Monsieur-le-Prince zu sich und verfaßt einige Briefe an seine Mutter, bei der er sich über sein elendes Leben beklagt: »Ich arbeite tagsüber immer in der Bibliothèque Nationale und am Abend immer in der Bibliothèque Sainte-Geneviève. Ich nehme oft am Gottesdienst in Notre-Dame oder in Saint-Germain-l'Auxerrois teil. Ins Theater gehe ich nie – kein Geld«, schreibt er ihr am 20. März 1903.

In dieser Zeit entdeckt er den 1887 erschienenen Roman *Geschnittener Lorbeer* von Edouard Dujardin, mit dem er das Modell des »inneren Monologs« gefunden haben soll. Kannte er auch frühere Versuche in diese Richtung, insbesondere *Sewastopol* von Tolstoi? Sehr wahrscheinlich. Hat er es infolgedessen vorgezogen, sich lieber auf einen wenig bekannten Autor zu berufen als einzugestehen, einem berühmten Schriftsteller etwas schuldig zu sein? Möglich. Jedenfalls wird Joyce in weniger als vier Monaten dauerhaft durch Paris geprägt. Schuld daran ist ein Ereignis, das diese Perio-

Die Straßenkreuzung am Odéon ist auch eine der Literatur: Es ist Sylvia Beach und Adrienne Monnier zu verdanken, daß *Ulysses* erscheinen konnte.

de brutal beendet: Am 12. April ruft ihn ein Telegramm seines Vaters ans Bett seiner kranken Mutter zurück. Er begibt sich umgehend nach Dublin, weigert sich aber trotz des Drängens seiner sterbenden Mutter, in die Kirche zu gehen und zu beten. Sie stirbt am 13. August, ohne von ihrem Sohn ein Zeichen von Reue erhalten zu haben.

Die teilweise in *Ulysses* übernommene Szene läßt erahnen, daß Paris in der Welt des Schriftstellers zum bevorzugten Ort seiner Schuld wird. Zwei Abschnitte, gleich am Anfang des Romans, sind dafür außerordentlich bezeichnend. Die erste Passage weist darauf hin, daß Stephen durch ein »blaues französisches Telegramm, Rarität zum Vorzeigen: – mutter im sterben sofort nach hause vater – Die Tante ist der Meinung, du hast deine Mutter umgebracht.« nach Dublin gerufen wird. Die zweite ist ebenfalls sehr beredt: »Sag doch mal schnell in ganz natürlichem Ton: als ich in Paris war, Boul' Mich', pflegte ich. Ja, da pflegtest du gelochte Fahrkarten bei dir zu tragen, um ein Alibi vorweisen zu können, falls man dich irgendwo unter Mordverdacht verhaftete. Justitia. Am Abend des siebzehnten Februar 1904 wurde der Häftling von zwei Zeugen gesehen. Ein anderer tat's: ein ander Ich. Hut, Schlips, Überzieher, Nase. Lui, c'est moi. Du scheinst dich ja amüsiert zu haben.«

In einer 1984 erschienenen Untersuchung hat Yves-Michel Ergal andere metaphorische Merkmale für jenes Schuldgefühl und diese Mutterbeziehung aufgezeigt, vor allem im wiederholten Auftreten zweier in Tee löslicher Substanzen: Die »Sandycove-Milch«, welche Buck Mulligan fluchend verlangt, als Anspielung auf die Pflegemutter, und die Zitrone, die bei Joyce sehr oft einen Bezug zu Paris hat. Das beweist jener Abschnitt, in dem

die ganze Stadt und ihre Einwohner eine säuerlich grüne Farbe annehmen: »Paris, derb erwachend, krudes Sonnenlicht auf seinen zitronengelben Straßen. Feuchtes Mark von Haferbrotfladen und der froschgrüne Absinth, sein Frühmetten-Weiheruch, buhlen um die Luft. Belluomo entsteigt dem Bett von seines Weibes Liebhabers Weib, die behalstuchte Hausfrau ist schon auf den Beinen, eine Untertasse mit Essigsäure in den Händen. Bei Rodot renovieren Yvonne und Madeleine ihre ramponierte Schönheit, chaussons aus Backwerk mit Goldzähnen malmend, die Münder begelbt vom pus des flan breton. Gesichter von Pariser Männern gehen vorbei…«

Am Ende des Romans findet sich eine ähnliche Anspielung auf die abwesende Mutter und den unwürdigen Sohn, die noch einmal den Finger in die Wunde legt: »Er [Bloom] empfand eine gewisse Unruhe wegen dieses jungen Mannes [Stephen], der neben ihm saß und dessen Gesicht er mit einer gewissen Bestürzung beobachtete, wobei er sich erinnerte, daß er geradewegs aus Paris kam; besonders seine Augen erinnerten in frappierender Weise an den Vater und die Schwester, und da er es nicht schaffte, die Schwierigkeiten aufzuklären, begann er an junge, sehr kultivierte Leute zu denken, die zu den schönsten Hoffnungen Anlaß gaben und die auf einmal verschmachteten und die sich nur selbst etwas vorzuwerfen hatten.«

Mit dem Sinnbild der Zitrone meint Joyce auch das Laster, klassischer Begriff für eine Stadt der Schande und des Luxus, wenn er in seinem *Polaer Notizbuch* schreibt: »Ah Paris? Was ist das schon, Paris? Die Theater, die Cafés, die Frauen auf den Boulevards.« *Ulysses*, 1915 in Zürich begonnen, in Triest fortgesetzt und 1921 in Paris beendet, spult im Rhythmus der Odyssee dieses zerhackte Pariser Erinnerungsband ab, immer verbunden mit Sex und Zerstörung, wenn z. B. die ehrenwerte Mrs. Mervyn Talboys »eine obszöne Fotografie im doppelten Umschlag, wie man sie bei Einbruch der Dunkelheit auf den großen Boulevards von Paris verkauft und die jede Frau wahrhaft kränkt« erwähnt.

Doch der vielleicht spektakulärste Abschnitt über Paris setzt unvermutet in dem Augenblick an, als Zoé Stephen, der gerade aus der französischen Hauptstadt zurückgekehrt ist, bittet, ihr »eine Auswahl von parleyvoo«, also einen Bericht über das freizügige Pariser Leben zu geben. Die Szene, eine Entsprechung der »Circe«-Episode seiner modernen Odyssee, spielt im Bordell von Bella Cohen – welcher Ort wäre besser geeignet, um über Paris zu sprechen? Dort also, »Stephen *(plappert mit marionettenhaftem Zucken)*: Tausend Vergnügungsstätten, wo man des Abends sein Geld mit lieblichen Damen vertun kann die Handschuhe verkaufen oder andere Sachen vielleicht ihr Herz Bierlokale durchaus modernes Haus sehr exzentrisch wo eine Menge schön gekleideter Kokotten die fast aussehen wie Prinzessinnen Cancan tanzen und rangehen Pariser Clownereien extra toll für fremdländische Junggesellen und wenn sie auch jämmerlich Englisch sprechen wie gut die sich auf Liebessachen und sinnliche Sensationen verstehen. Für ganz feine Herren noch ein besonderes Vergnügen: der Besuch der Himmel- und Höllenschau mit Totenkerzen und den Silbertränen jede Nacht. Besonders gemein der Spott mit religiösen Dingen, so was gibt's nicht zum zweitenmal auf der ganzen Welt. Alle chike Mädel kommen ganz bescheiden rein, ziehen sich aus kreischen laut und wollen den Vampirmenschen sehen, der eine frische junge Nonne mit dessous troublants vergewaltigt.«

Und Stephen fährt fort, steigert sich zum größten Vergnügen seines beifallklatschenden Publikums in eine schwindelerregende Sensationslust hinein: »Engel genau wie Huren und die Apostel verdammt große Halunken. Niedliche Demi-mondaines mit funkelnden Diamanten, sehr einladend angezogen. Oder ziehen sie die modernen gemeinen Vergnügungen der alten Männer vor? (…) Verstellbares Gummiweib oder tomäugeltomsche lebensgroße nackte Jungfrauen, Nuditäten sehr lesbisch küssen fünf zehnmal hintereinander. Herein meine Herren in Spiegeln jede Stellung zu sehen Trapez alles da und außerdem auf Wunsch die größte Schweinerei wie der Metzgerbursche in warme Kalbs-

leber oder Omelette auf dem Bauch pollutioniert, pièce de Shakespeare.«

Einige Abschnitte weiter sieht Stephen den Geist seiner Mutter »abgezehrt und steif«, »ein zerstörtes Gesicht (…) bedeckt mit grünem Moder vom Grabe«, der ihn alsbald zur Reue mahnt. Was er wiederum ablehnt. Der Tag von Leopold Bloom, jener 16. Juni 1904, um den das Buch aufgebaut ist, geht zu Ende. Doch als Joyce dies notiert, schreibt man das Jahr 1920, also siebzehn Jahre nach dem Tod seiner Mutter.

Zu jener Zeit ist Joyce, von Ezra Pound ermutigt, schon nach Paris gezogen, zusammen mit seiner Begleiterin Nora Barnacle, die er 1931 heiratet, seinem Sohn Georges und seiner Tochter Lucia. Die Veröffentlichung von *Ulysses* in Fortsetzungen in der *Little Review* in New York ist wegen einer öffentlichen Anklage gerade gestoppt worden. Ein Prozeß wegen Obszönität verbietet das Erscheinen in den Vereinigten Staaten endgültig. In diesem Zusammenhang wird Paris für Joyce der Ort eines in der Literaturgeschichte beispiellosen verlegerischen Abenteuers, das dem komplizierten Werk entspricht.

In Paris will Joyce eigentlich nur die »Circe«-Episode beenden, die er mehrere Male umarbeitet. Darauf fixiert er sich dann zwanzig Jahre lang, wenngleich, wie Louis Gillet feststellt, »fixieren nicht das richtige Wort ist, denn er irrt weiter umher zwischen Passy und Gros-Caillou, von Montparnasse nach Grenelle, ohne all die kleinen Fluchten, die zeitweiligen Abwesenheiten, die Briefe mitzuzählen, die ihn plötzlich ohne Vorwarnung in London, in Folkestone, in Basel, in Kopenhagen sein lassen.«

Bei seiner Ankunft in Paris zieht Joyce in ein kleines Hotel in der Rue Corneille und geht im *Polidor* essen, einem volkstümlichen Restaurant in der benachbarten Rue Monsieur-le-Prince.

Von links nach rechts:
Adrienne Monnier und Sylvia Beach, Buchhändlerinnen, Verlegerinnen und Dreh- und Angelpunkt der Zwischenkriegsliteratur, hatten allein den Mut, das Risiko einer Veröffentlichung von *Ulysses* **zu tragen, 1922 auf englisch, 1929 auf französisch.**

Rechte Seite:
Saint-Germainl'Auxerrois, wo Joyce bei seinem ersten Aufenthalt 1902 die Messe hört, wie er seiner Mutter schreibt.

Trotz der angelsächsischen Zensur und des anrüchigen Rufs, der ihm überall vorauseilt, wird Joyce in der französischen Hauptstadt literarische Anerkennung finden. Zwei Frauen spielen hierbei eine wichtige Rolle: Sylvia Beach, die Leiterin der Buchhandlung *Shakespeare & Co.*, die es auf sich nimmt, *Ulysses* in Buchform herauszugeben – die ersten Exemplare verlassen die Druckerei Darantière 1922 –; und Adrienne Monnier von der *Maison des Amis des Livres*, die unbeirrbar dafür kämpft, es auf französisch übersetzen zu lassen – die Ausgabe erscheint 1929. Zu den Weitblickenden muß man noch Auguste Morel, Valéry Larbaud, »in Ulysses vernarrt«, wie er selber sagt, und Stuart Gilbert, der die Übersetzung zusammen mit dem Autor durchgesehen hat, Léon-Paul Fargue, Samuel Beckett, T. S. Eliot und Jacques Benoist-Méchin zählen sowie die unzähligen Unbekannten, welche die für die Veröffentlichung angesetzte Subskription gezeichnet haben. In Paris ist Joyce eine Berühmtheit.

Selbst in dieser ersten aufregenden Zeit, als er Pressekonferenzen gibt und sich regelmäßig mit Verlegern, Buchhändlern und Schriftstellern trifft – darunter flüchtig Marcel Proust kurz vor dessen Tod –, läßt Joyce die Arbeit nicht ruhen. Ab 1923 stürzt er sich in ein neues Abenteuer, eine schauerliche vielsprachige Utopie, in der sich seine Leidenschaft für Gesang und der Zwiespalt zwischen Schriftlichkeit und Mündlichkeit Ausdruck verschaffen und das unter dem Decknamen *Work in progress* (In Arbeit) vollständig in Paris verfaßt wird. Es ist *Finnegans Wake*, die »unlesbare« Geschichte der Welt, die mit allen literarischen Konventionen bricht und die 1939 gleichzeitig in England und den Vereinigten Staaten herauskommt. Der Krieg erstickt das zu erwartende Echo. Am 14. Dezember 1940 verläßt Joyce Frankreich in Richtung Schweiz, wo er nicht einmal einen Monat später stirbt.

Der Rahmen für seine Schuld, der Ort seiner Eheschließung, der Platz, an dem er sein großes Werk erarbeitet hat, all das ist Paris, ohne daß jemals seine Leidenschaft für Dublin in seinem Herzen erloschen wäre. Eine Stadt, die sich letztendlich vielleicht nicht anders zusammenfassen läßt als mit diesen wenigen Worten aus *Ulysses*: Paris – the wellpleased pleaser (Paris – Der zauberhafte Zauberer). L. M.

Henry
Miller

(1891–1980)

Aus sich allein bewirkt Paris keine Dramen. Sie haben anderswo begonnen.
Paris ist einfach die Geburtszange, die den lebenden Embryo aus dem Mutterleib
hervorholt und ihn in den Brutkasten steckt.

WENDEKREIS DES KREBSES

Miller in seiner »großen Zeit«, während der dreißiger Jahre in Paris, wo der größte Teil seines Werkes erstmals veröffentlicht werden wird.

Welche Stadt ist so lebendig wie das Paris von Henry Miller? Für diesen Schriftsteller der Selbstbefreiung ist Paris Hauptstadt aller woanders unmöglichen Freuden und Vergnügungen. Die Prostituierten sind dort großzügig, sie haben einen jenseits des Atlantiks unbekannten Charme. Die Terrassen der Cafés laden zum Gespräch ein, während man gleichzeitig den endlos ablaufenden Straßenfilm betrachtet; die Stadt spiegelt die Welt.

Hatte man vor dem verzweifelten und verbissenen Umherirren des Henry Miller durch die Hauptstadt denn schon bemerkt, daß Literatur und Sex »Hand in Hand liefen«? Hatte man denn schon einen Mann gesehen, der das Leben genießt und der dabei in der Stadt, die ihn so bezaubert, so überaus fremd ist? Ein Mann, dem zu seinem Glück alles fehlt und der ebenso pleite ist wie die Erzählerfigur in seinen *Wendekreisen*?

1913 ist Henry Miller zweiundzwanzig Jahre alt. Da er die puritanische Moral seines Landes schlecht erträgt und als hilfloser Rebell auf der Suche nach »menschlicheren Bezügen« als jenen ist, die durch die Herrschaft des Dollars hergestellt werden, verläßt er New York, um auf Farmen nahe San Diego in Kalifornien zu arbeiten. Eines Abends, als er ziellos durch die Straßen der Stadt schlendert, stößt er auf ein Plakat, das eine Veranstaltung über Nietzsche und andere europäische Schriftsteller ankündigt. Er wird die Anarchistin Emma Goldmann lange über Werke reden hören, die für das Denken des jungen Mannes völliges Neuland bedeuten. Miller ist hingerissen, vor allem von den Textzitaten. Diese kulturelle Dimension zu begreifen, die Welt kennenzulernen, in der diese Worte entstanden sind, diese Bilder, diese Art von Geist, das will er nun! Europa möchte er kennenlernen. 1923 macht Miller in einem Tanzlokal die Bekanntschaft von June. Sie wird seine große Liebe, seine giftige Blume werden, schicksalhaft und entschlossen wird sie ihn unterwerfen. Sie sieht in ihm mit Gewißheit den Autor, der er werden wird. »Du wolltest immer nach Paris gehen und Schriftsteller werden.« 1928, June hat »von einem Verehrer« das Geld für die Reise bekommen, ist das Paar in Paris. Miller kennt den Stadtplan und die Straßennamen auswendig. Was ihn am meisten beeindruckt, sind die zahlreichen Plätze, welche zu Treffen und Diskussionen einladen, vor allem die Terrassen der Cafés, deren Ruf über den Atlantik gedrungen ist. »Paris! Das bedeutete das *Café Sélect*, das *Dôme*!«

Zurück in New York heiraten June und Henry. Er widmet sich dem Schreiben, während sie sich darum kümmert, das Haushaltsgeld zu verdienen, wobei sie ihre ganze Verführungskunst einsetzt. Nur das große Werk von Miller zählt. June hat wieder Geld für die Reise nach Frankreich, Henry reist allein, sie wird später nachkommen.

Hinter diesem Glasfenster in der Avenue Frochot verbirgt sich ein von Miller besuchtes Bordell.

Rechte Seite:
Villa Seurat Nummer 18, wo Miller 1934 genau an dem Tag einzog, als mit *Wendekreis des Krebses* sein erstes Buch erschien.

Ihr gemeinsames Leben hört hier auf. Sicher, June schickt Geld, »fieberhaft aus Amerika telegraphiert«. Und American Express in der Rue Scribe wird im Leben Henrys »der schauerliche Spaziergang« seiner vielen Pariser Vormittage. Henry seinerseits konstruiert aus ihrer unmöglichen Leidenschaft den verqueren Antrieb für seine Trilogie *Rosy crucifixion (Sexus, Plexus, Nexus)*. Die Besessenheit wird bleiben, und das Gestirn June-Mara-Mona wird nahezu über dem gesamten Werk leuchten.

Schon in Amerika war das Geld knapp, in Frankreich wird es noch schlimmer sein. Bis zu seinem vierzigsten Geburtstag wird der kleine Junge aus Brooklyn, der Schneidersohn, zwanzig Berufe ausgeübt haben, allesamt schlecht bezahlt. In Paris wie in New York lebt Miller von Gelegenheitsarbeiten und feiert, um seinen Spaß zu haben, zu leben und zu vergessen. In seinen Gesprächen mit Georges Belmont 1969 sagt er dazu: »Das Elend war nicht zu Ende. Es erreichte seinen Höhepunkt in Paris. Nur war es nicht mehr das gleiche Elend. Es war sozusagen schmackhafter. Ich litt zwar, doch da war die Stimmung, die Menschen. Alles war anders. Ja, selbst das Leid wurde nahezu angenehm.«

Als Henry Miller am 4. März 1930 in Paris mit zehn Dollar in der Tasche ankommt, war das kulturelle und intellektuelle Leben, das die Stadt in den zwanziger Jahren geboten hatte, durch unumkehrbare politische und soziale Veränderungen schon vernichtet. Was macht's, wenn so viele seiner Landsleute schon ihre Koffer gepackt haben, um nach Hause zurückzukehren – Miller weiß, er muß hier leben, er ist nicht als Tourist gekommen und er hat keine andere Wahl.

»Es war nötig, daß ich ein zweites Mal kam und daß ich vollkommen abgebrannt, verzweifelt war, daß ich wie ein Clochard auf der Straße lebte, damit ich Paris allmählich zu sehen und zu lieben begann und es zu eben der Zeit wahrnahm, als ich mich selbst wahrnahm.« In dem gleichen Sammelband *Frühling in Paris* spricht Miller von den positiven Auswirkungen der »Pariser Stimmung« auf sein Schreiben: »Und vor allem hat es durch Paris so etwas wie eine Vereinfachung gegeben, die sich mir auferlegt hat, und ich habe zu einer Sparsamkeit gefunden, die mir fehlte.« Er hört auf, große Worte zu benutzen, die den Schriftsteller »ausmachen«. Er hat immer davon geträumt zu schreiben, er hat sich darin versucht, June hat ihn darauf gebracht, doch erst in Paris schreibt er sein erstes Buch. In Paris wird er zum Schriftsteller.

Die Pariserinnen faszinieren ihn derart, daß ihm im Vergleich dazu die amerikanischen Frauen plötzlich asexuell erscheinen, »während eine arme, magere und abgehalfterte Französin mit einem Atom von Persönlichkeit die Show hochgehen ließe.« Er lernt, alleine zu leben, mehr denn je in den Tag hinein, an nichts und niemanden gebunden, mal hier, mal da zu Hause, vom Billighotel bis zum finsteren Loch, ganz und gar versunken in die Untergründe der Stadt und sehr oft auf der Straße. Sein bevorzugter Beobachtungsposten: die Cafés, in denen er sich mit den Prostituierten trifft. Die finsteren kleinen Tresen in der Rue Vavin oder der Rue Fontaine ebenso wie die Terrassen der großen Cafés, darunter das Wepler an der Place Clichy. Dort kann er außerdem noch den ganzen Tag lang schreiben.

Das *Dôme* ist heute zu einer literarischen Pilgerstätte geworden: Welcher Schriftsteller der Zwischenkriegszeit hat dort nicht haltgemacht?

Ein Amerikaner ohne Geld, ein Schriftsteller ohne jegliche Unterstützung, der nicht einmal auf einen Empfang in der Buchhandlung *Shakespeare & Co.* in der Rue de l'Odéon, dem Hauptquartier aller englischsprachigen Staatenlosen, hoffen kann – Miller wird niemals seinen Fuß dort hineinsetzen. Er ist ein perfekter Autodidakt, für den Schriftsteller zu sein bedeutet, »ein Heiliger, ein Märtyrer, ein Gott zu sein«. Da ist es nicht überraschend, wenn man ihn seitdem oft als amerikanischen Jean Genet wahrgenommen hat. Die beiden Männer haben die gleichen heißen Viertel von Paris zur selben Zeit aufgesucht. Beide Schriftsteller werden in Maurice Girodias den einzigen Verleger finden, der damals imstande ist, das Risiko solch heikler Veröffentlichungen in Kauf zu nehmen.

Im Oktober 1931 lernt Miller Anaïs Nin in deren Haus in Louveciennes bei Paris kennen. Sie schließen Freundschaft, werden dann ein Liebespaar, und bleiben lebenslänglich Komplizen in Sachen Literatur, unterstützen einander, manchmal auch aus der Ferne, in schwierigen Zeiten. Miller ist Korrektor der Pariser Ausgabe der *Chicago Tribune*. Er teilt sich mit einem Freund eine Wohnung in Clichy. Er schreibt endlich das, was er immer schon schreiben wollte und »was nicht in den Büchern steht«. Das Manuskript trägt den Titel *Wendekreis des Krebses*.

Fruchtbare Jahre, Lebensfreude: Diese Zeit in Paris von 1930 bis 1935 war die schöpferischste, was Schreiben, wichtige Begegnungen und die wesentliche Literatur betrifft. Miller macht sich ans Französischlernen, um Breton und Giono kennenzulernen, er »stößt« auf Céline und »verschlingt« Cendrars. Seine engsten Freunde sind die Künstlergenossen, von denen die meisten in den *Wendekreisen* portraitiert sind, und fast alle sind Ausländer wie er, alle fühlen sich als Pariser und wollen es sein. Einige, wie der Fotograf Brassaï, werden dort bleiben. Der Protagonist aus *Wendekreis des Krebses* ist für Norman Mailer »eine Art Pariser Bogart oder amerikanischer Belmondo«, jedenfalls ein »Halbfranzose«, der aber in bester Hollywood-Manier den Hut ins Gesicht gezogen hat.

1934 wird *Wendekreis des Krebses* von The Obelisk Press herausgebracht, bei Jack Kahane, dem Vater von Maurice Girodias. An dem Tag, als das Buch erscheint, zieht Miller in die Villa Seurat. Er wohnt dort länger als vier Jahre, während derer er vor allem an *Wendekreis des Steinbocks* schreibt, den Maurice Girodias dann bei den *Éditions du Chêne* herausgibt. Die Villa Seurat liegt in Montparnasse, dem Mittelpunkt des französischen Künstlerlebens in der Zwischenkriegszeit. Am Tage ist Miller ganz nahe bei seinen geliebten Caféterrassen. Nachts geht er auf seine Entdeckungsreisen in Montmartre, ist ständiger Gast an der Place Clichy. Mit dreiundvierzig muß Henry Miller zum ersten Mal in seinem Leben mit dem Erfolg zurechtkommen: einem Erfolg, der sowohl literarische Anerkennung als auch einen Skandal wegen Verletzung moralischer Werte oder guter Sitten hervorruft. *Wendekreis des Krebses*, Raymond Queneau und Blaise Cendrars zufolge Millers bester Roman, erzählt mit flammender, ungeschminkter Vulgarität vom Leben eines jungen, abgebrannten Staatenlosen in einem triebhaften Paris. Im Laufe seines endlosen nächtlichen Herumstreunens versucht der Erzähler, seinen Hunger zu überspielen, wenn er sich nicht *ad nauseam* in »Völlereien« und Wollust suhlt: Orgien, Grausamkeit, das Eindringen in die tiefsten Tiefen, Menschen jeglicher Art, die vollkommene Aufgabe seiner selbst; weder Kommentar noch Philosophie, nicht die Andeutung eines Urteils, keine moralische Skizze. Ein Paris »das ich nicht kenne«, wird Anaïs Nin sagen, wobei sie Henry Mut macht, über diese Welt so zu schreiben, wie er sie erlebt und sieht. Ob käuflich oder nicht, diese körperlichen Begegnungen lassen keinen Platz für Gefühle, Sexualität pur, Geräusche und Gerüche explodieren, ohne umschrieben zu werden.

Tatsächlich genießt er die Freiheit, welche in Paris herrscht, in vollen Zügen, um in dem, was er schreibt, das zu verwirklichen, was in Büchern nie vorkommt. Viele Jahre lang sind seine Bücher in den Vereinigten Staaten verboten. Auch in Paris geht es nicht ohne Prozeß ab. Alkohol, schmutzige Nächte, sexuelle Ausschweifungen, die ohne scheinheilige Maske abgehandelt werden, ein ekliges Buch, bei welchem sich einem auf jeder Seite zumindest »der Magen umdreht«: Vergeblich will Amerika diesen schlimmen Sohn vergessen machen, den man in Paris zu veröffentlichen wagt, doch der Hauch von Obszönität, der die Bücher von Henry Miller umgibt, ruft eine wilde Lust hervor, all seine

Schriften zu lesen. Bei der Befreiung von Paris 1945 stürzen sich die gerade gelandeten amerikanischen Soldaten auf die beiden *Wendekreise*, die jenseits des Atlantiks nach wie vor verboten, inzwischen aber eher noch bekannter geworden sind. Der Skandal wird in Paris fast zehn Jahre schwelen, bis er schließlich im juristischen Sand verläuft.

Man vergißt dabei fast, daß dieser erste *Wendekreis* Paris selbst als literarisches Werk an sich zeigt. Paris ist ein Buch, das Henry Miller uns zu öffnen wußte, um es uns in seiner puren Lust unvergeßlich, endgültig nahezubringen. Eine Stadt, reich an Beschreibungen, mit »prächtigen« oder »zerlumpten« Initialen. Eine Stadt, in der alles Text ist, denn jede Mauer ist schon eine Seite.

»Eine erhabene und ganz europäische Stille. Fensterläden geschlossen, Geschäfte

Das *Dôme* um 1925. Miller verbrachte hier viele Stunden mit seinem Verleger Jack Kahane und mit Anaïs Nin.

Die Terrasse des
Wepler, ein Brenn-
punkt, der in
Stille Tage in Clichy
erwähnt wird.

Unten:
Der Speisesaal von
Chartier, einem der
typischen Billig-
restaurants, in denen
Miller tafelte.

verriegelt. Ein rotes Glühen hier und dort, Zeichen für ein Stelldichein. Die Häuserfronten schroff, fast abweisend; makellos nur die von den Bäumen geworfenen Schattenflekken. Als ich an der Orangerie vorüberkomme, werde ich an ein anderes Paris erinnert, das Paris von Maugham, von Gauguin, das Paris von George Moore«. Auf dem Montmartre-Friedhof, »nachts vom Pont de Caulaincourt erobert«, bleibt Miller gerne an den Gräbern von Stendhal und Heine stehen. »Oder nachts die Seine entlang wandern, wandern und immerzu wandern und außer sich geraten über die Schönheit, die überhängenden Bäume, die gebrochenen Spiegelbilder im Wasser, das Rauschen der Strömung unter den blutroten Lichtern der Brücken…«

Blaise Cendrars liegt nicht falsch, wenn er diesen

Text sehr hoch bewertet, der das Paris besingt, welches er selbst mag. Cendrars geht oft zur Villa Seurat, und zusammen ziehen die beiden Abenteurer, deren Geschmack sich so ähnelt, los, um auf eine ihrer denkwürdigen Touren zu gehen, von denen man heute im Briefwechsel lesen kann.

An einem Tag, an dem sein »Parisbewußtsein« besonders wach ist, legt der Erzähler von *Wendekreis des Krebses* in einem bewegenden Loblied dar, was die Stadt für den schöpferischen Künstler bedeutet: »Es ist kein Zufall, daß es Menschen wie uns nach Paris treibt. (…) Aus sich allein bewirkt Paris keine Dramen. Sie haben anderswo begonnen. Paris ist einfach die Geburtszange, die den lebenden Embryo aus dem Mutterleib hervorholt und ihn in den Brutkasten steckt. (…) Wien ist nie mehr Wien als in Paris. Alles wird zu einer Apotheose verklärt. Die Wiege gibt ihre Kinder frei, und neue nehmen ihren Platz ein. Man kann hier an den Mauern lesen, wo Zola und Balzac, Dante und Strindberg und jeder, der jemals etwas war, gewohnt haben. Jeder hat hier irgendwann einmal gelebt. Niemand *stirbt* hier…«

Ob Miller nun Franzose werden wollte oder nicht, er geht fort aus Paris und kehrt über das Griechenland von Lawrence Durrell in die Vereinigten Staaten zurück. In den vierziger Jahren läßt er sich dort nieder, in Big Sur in Kalifornien. Der Erzähler von *Wendekreis des Steinbocks* findet seine Pariser Eindrücke in denen von New York wieder, gefiltert durch eine Erinnerung an ein

Rechts:
**Der Montmartre-
Friedhof.**

Rechte Seite:
**In den fünfziger Jahren
kehrt Miller, nun reich
und berühmt, nach
Paris zurück. Der erste
Ort, den er wieder-
sehen möchte: die Rue
Mouffetard.**

Kino: »Die Nacht brach herein; der Himmel war orient-blau, blau wie das Gold des Deckengewölbes in der Pagode, Rue de Babylone.« Doch im Januar 1953 ist die Zeit der Erneuerung gekommen, Miller »muß« wieder nach Paris und Eva, seiner neuen Begleiterin, »die Wiege« seiner »Geburt« zeigen.

In seinem Erinnerungsbuch räumt Maurice Nadeau dem unmöglichen Henry viel Platz ein: »Er ist jetzt über sechzig. Die Jahre haben ihn kaum gezeichnet. Wenn ich den Boulevard Saint-Michel heruntergehe, sehe ich ihn vor mir, die Kappe über die Ohren gezogen, den wiegenden Gang eines Seemanns, der, obwohl er vom Pariser Pflaster Besitz ergreift, leicht und luftig über die Oberfläche zu gleiten scheint.«

Miller begibt sich an Plätze, die ihm in seiner Erinnerung lieb und teuer sind: die Contrescarpe und die Mouffe, die Villa Seurat, Clichy, all die Orte, die nun in den Rang einer mythologischen Rückbesinnung gehoben werden, auch die vertrautesten. Aber vor allem findet Miller als Kenner diese »andere menschliche Materie« wieder, die er schon als junger Amerikaner, der nach herzlicheren, lebendigeren Beziehungen lechzte, gesucht hatte; diesen Geist, den es nur in Paris gibt:

»Die Pariser, die interessieren ihn«, schreibt Nadeau, »die Freunde, die er getroffen hat, die Passanten, mit denen er Seite an Seite auf der Straße ging, die Taxifahrer, mit denen er ein Gespräch anfing, die Plakatkleber.«

Als Henry Miller 1967 nach Frankreich zurückkehrt, um den Vorsitz der Jury des Filmfestivals in Cannes zu übernehmen, macht er wiederum Schlagzeilen. Der Schriftsteller, der charismatische Mann, schlüpft in die Rolle des alten Weisen, ein tapsiger Buddha mit ironischem Lächeln. Miller, kritisiert, bewundert, läßt niemanden gleichgültig, wird immer von den Frauen bewundert und jetzt auch von den Medien umworben, die er gerne schockiert.

Für Henry Miller ist Paris immer noch sein »Land«, und Paris bleibt die Milchstraße dieses himmlischen Clochards, der er geblieben ist. Doch er stirbt in Pacific Palisades im Juni 1980 im Alter von neunundachtzig Jahren. Auf den ersten Seiten von *Wendekreis des Krebses*, im Herbst seines zweiten Jahres in Paris, sagt der Erzähler Henry Miller: »Ich habe kein Geld, keine Zuflucht, keine Hoffnungen. Ich bin der glücklichste Mensch der Welt.«

M. T.

Modiano

Und ich mit meiner Angewohnheit, alles irgendwo zu lokalisieren…
Villa triste

In die Ahnenreihe der Mythologen des modernen Paris, von Gérard de Nerval bis Louis Aragon, mit Balzac als Patenfigur und Walter Benjamin als brillantem Theoretiker, fügt sich Patrick Modiano ein. Die zwei magischen Silben »Paris«, sehr gefühlvoll ausgesprochen oder aber ganz unachtsam dahergesagt, tauchen schon auf den ersten Seiten auf. Sie skizzieren den Rahmen der Handlung und richten eine Warnung an den Leser: Ich bin die Hauptperson. Selbst mitten in der Nacht, wenn die Müdigkeit die verliebten Körper entspannen läßt, ist das komplizenhafte, das voyeuristische Paris zu vernehmen. »Durch eine der Fenstertüren trug mir ein Lufthauch die Geräusche von Paris zu. Draußen, hinter dem Gartenzaun, liegt die Place de l'Alma und die Terrasse des Cafés, wo ich den Zufall erwartete, nachdem ich den ganzen Nachmittag gelaufen war. Ich verschmolz mit dieser Stadt, ich war das Blätterwerk der Bäume, die Spiegelungen des Regens auf den Trottoirs, das Summen der Stimmen, ich war Staub vom millionenfachen Straßenstaub.« Mehr als nur Kulisse, aus der sich die Figuren herausschälen, spielt Paris eine aktive, wesentliche, eine fatale Rolle. Als Mitwisserin von Geheimnissen und Erinnerungen trägt die Stadt schwer an den Taten der Menschen. Seine Straßen, seine Boulevards sind nicht nur simple Verkehrsadern, sondern mit Leben, mit einem diffusen Willen erfüllt. Ihre Lage, ihre Vergangenheit prägen die Figuren, ohne daß diese sich dessen bewußt sind, und bringen sie auf Wege, die ihre Verstrickungen begründen.

Die Porte Dorée mit dem alten Kolonialmuseum und dem Anfang des Boulevard Soult: ein *Quartier perdu* oder Exil im Inneren von Paris?

Das Paris von Modiano ist nicht das der Touristenführer. Es ist ein Paris, das der Geschichte (noch) entkommt, vor allem aber dem Pittoresken, ein Paris, das in der Schwebe bleibt, anonym, dessen Neutralität die Doppeldeutigkeit der Erinnerung begünstigt. Den allzu geschichtsbeladenen Mauern des Marais oder des Faubourg Saint-Germain zieht der Autor die Standardfassaden von La Muette, Passy oder der Plaine Monceau vor. Identitätslose Viertel, die bessere Zeiten gesehen haben. Richtung Osten und Norden sind dies Picpus, Charonne, Clignancourt, die Gare du Nord. Wenn sich der Autor wirklich einmal ins Zentrum verirrt, dann höchstens, um sich in einigen Enklaven wie dem Palais-Royal oder der Place du Caire aufzuhalten. Statt der allzu abgeteilten Viertel bevorzugt er Orte mit Zwischenräumen, Abständen von beruhigender Zweideutigkeit. Wie z.B. die Cité universitaire, die großen Hotels, die Passagen, die Bahnlinie der Petite Ceinture, die Lagerhallen, die privaten Plätze und Avenuen, die Billigwohnungen an den alten Befestigungen. Vorüberziehende Orte, die während eines Spaziergangs, bei dem man zwischen zwei Wassern schwimmt, zwischen zwei Welten gleitet, kleine Fluchten erlauben. Freiräume des Imaginären, die sich der Stadt, ihren Hierarchien, ihren Ordnungskräften entziehen. »Die von Bäumen gesäumte Rue du Garage öffnete sich vor Louis wie eine Allee, die auf

Die Cité universitaire mit ihren Häusern für Wissenschaftler aus aller Welt gehört zu jener freien Zone, in der sich die Mitglieder einer Gattung treffen, die nicht einzuordnen ist, wie es Modiano so gut gefällt. Hier das Haus Deutsch de la Meurthe.

ein Schloß oder auf einen Waldrand zuführt. Bejardy zufolge war es nicht bekannt, ob diese Straße zum siebzehnten Arrondissement, zu Neuilly oder zu Levallois gehörte, und er, Bejardy, liebte solche Ungenauigkeiten« *(Eine Jugend).*

Um dieses Puzzle noch zu vereinfachen, reduziert sich Paris in der Zeit, schichtet sich übereinander. Zu den verschiedenen Paris-Bildern des Erzählers, die sich schon untereinander vermischen (jenes der Erzählung und jenes der Jugendjahre, sogar der Kindheit), gesellen sich noch jene der früheren Generationen. Diese verschiedenen Schichten lesen sich dann wie ein Palimpsest. In den jüngeren Beschreibungen verbirgt sich das düstere Paris unter der Besatzung, was um so verstörender ist, als unser schreibender Feldforscher es gar nicht gekannt hat. Er gibt einigen nur scheinbar banalen Beschreibungen wie der jener Staubwolke, welche unter der Hochbahn an jener Stelle hochwirbelt, wo früher das berüchtigte Vél'd'Hiv war, große Bedeutungsschwere. Mit einem Paukenschlag wird das Werk eingeleitet, *La Place de l'Étoile* ist im Paris von Modiano der Dreh- und Angelpunkt, »das exakte Zentrum der leidenden Hauptstadt«, wie es die Inschrift am Anfang dieses ersten Buches bezeugt: »Im Juni 1942 geht ein deutscher Offizier auf einen jungen Mann zu und sagt: Pardon, Monsieur, où se trouve la Place de l'Étoile? Der junge Mann weist auf die linke Seite seiner Brust.«

Modiano mißtraut den Trugbildern der Erinnerung, die aus einer formlosen Vergangenheit karikaturhafte Silhouetten erschaffen. In seinem nur schemenhaft umrissenen Paris leben Pariser, die der Stadt gleichen.

Industriekapitäne, »Berittene« oder »Nachtschwärmer«, Doppelagenten oder Schwarzhändler, falsche Adelige und echte Vorbestrafte. Als Übriggebliebene vergangener Zeiten oder nostalgisch gesinnte Phantasten gehen sie mit ihrer doppelten Identität sorglos um. Sie tauchen eines Tages in einer kleinen Gruppe, in einem Viertel auf und verschwinden wieder, wie sie gekommen sind. Es ist dennoch selten, daß sich die Handlung auflöst, sich das Geheimnis aufklärt. »Ich werde es Ihnen erklären«, sagen sie des öfteren, doch die Stadt verschluckt sie aufs neue und hinterläßt nur winzige Spuren von ihnen.

Paris zu vergessen oder wiederzufinden, dies ist die Hauptmotivation in den Texten Modianos. Eine schmerzvolle oder demütigende Zeit zu vergessen, hingegen Bruchstücke des verlorenen Lebens wiederzufinden. Ebenso wie es Romane gibt, in denen es um Abschied und Exil weit weg von Paris geht *(Vorraum der Kindheit, Eine Jugend, Sonntage im August),* sind da auch jene der Rückkehr, der Umkehr *(Quartier perdu…).* Manchmal beschränkt sich dieses Kommen und Gehen auf eine Annäherung oder auf ein schicksalhaftes Überwinden der äußeren Boulevards *(Les Boulevards de la ceinture, La Ronde de nuit).* In *Vorraum der Kindheit* »verläßt« Jimmy Serrano (ein falscher Name) Paris »endgültig«, in Richtung auf eine »spanisch-englisch-arabische« Stadt irgendwo zwischen Tanger und Gibraltar. Sein Leben hat die Eintönigkeit eines Metronoms, einer perfekt organisierten Leere. Er trachtet nach nichts anderem, als vergessen zu werden. Doch da rechnet er nicht mit jener abgedrifteten Pariserin, die in sein Leben eindringt, eine Art moderner Pandora, die den Fehler macht, die Büchse der Vergangenheit zu öffnen. Anfangs wird er nicht mißtrauisch bei jenen Namen, die daraus entweichen: Paris erscheint ihm ganz unwirklich. »Rive gauche, Saint Germain-des-Prés, Rue Fontaine. Hier oben von der Mercedes Terrace, wo ich jetzt bin, kommen mir diese Namen exotisch vor, und ich muß sie mir mit leiser Stimme vorsagen, um mich davon zu überzeugen, daß sie nicht zu einer imaginären Stadt gehören.« Litaneien, die den Erzähler aus seiner Ruhe reißen werden, um ihn auf die Spuren des Erinnerns zu bringen. »Ich komme an den Anfang der Avenue Frochot. Es ist merkwürdig, wie unsere Schritte uns immer wieder zum gleichen Ort führen.« Und dieser schlafwandlerische Zufall läßt etliche Episoden seines Lebens wiederaufleben, viele Gesichter, die sich dann auf dem Hintergrund jenes blauen Samtvorhangs der Erinnerung überlagern. In *Sonntage im August,* das in Nizza spielt, schwebt der Schatten von Paris oder vielmehr seiner

Vorstädte über dem vorläufigen Paar. Die trägen Wasser der Marne, die Dumpfheit der Pariser »Flußstrände«, die Zweideutigkeit seiner Unterwelt, eine ganze durch einen Unglücksdiamanten symbolisierte Pechsträhne hängt sich an sie, woran sie schließlich zugrunde gehen. Die Falle ist schon auf den ersten Seiten aufgestellt, doch der Erzähler weiß es nicht. Zu spät wird er sich dessen bewußt, als er die Fotos betrachtet, die er an einem jener »Flußstrände« aufgenommen hat, über die er eine Reportage machen wollte.

Doch Paris spielt nicht immer diese Rolle des unwiderstehlichen Magneten. In *Eine Jugend* hat Paris Louis und Odile verstoßen, daraufhin flüchten die beiden in ein kleines Chalet in den Alpen, wobei sie nebenbei einen Koffer voller Banknoten mitnehmen, auf den sie eigentlich aufpassen sollten. Wie alle Leute vom Lande tun sie so, als ob die Stadt ihnen gleichgültig sei. Doch sie können nicht umhin, das Thema anzuschneiden: »– Ich glaube, ich hätte in Paris nicht leben können, sagt Louis… – Haben Sie denn schon mal in Paris gewohnt?, fragt Viterdo. – Ja. Es ist sehr lange her.« Es war das Paris ihrer Jugend, eine Stadt, in der sie auf die schiefe Bahn geraten sind, wobei sie bemüht waren, sich die Hände nicht allzu schmutzig zu machen. Ein Paris, das

sie eines schönen Tages verließen, da sie ihre Chance nicht zu ergreifen oder zu erzwingen wußten. Als sie sich in die Ruhe und die Anonymität der Provinz fallen lassen, »wissen sie nicht, daß dies ihr letzter Spaziergang durch Paris ist. Sie haben noch kein eigenes Leben und verschmelzen mit den Häuserfassaden und Trottoirs. (…) Später, wenn sie sich an diesen Lebensabschnitt erinnern, werden sie auch die Straßenkreuzungen und die Hauseingänge wiedersehen. Sie haben alle Bilder davon eingefangen. Sie waren nichts als schillernde Blasen in den Farben dieser Stadt: grau und schwarz.«

Unter den Romanen, die die Rückkehr thematisieren, steht an erster Stelle *Quartier perdu*. Paris wird den Verbannten nicht verunsichern, doch dieser kehrt an den Ort des Verbrechens zurück. Der Erzähler Jean Decker, aus dem in England der Erfolgsschreiber Ambrose Guise geworden ist, begeht die Unachtsamkeit, ein Treffen mit einem japanischen Literaturagenten im sommerlichen Paris nicht auszuschlagen. Gleich auf der ersten Seite schnappt die Falle über Guise zu: Er wird seine kleine Familie in deren Chalet in Klosters nie wiedersehen.

Die Lagerhäuser von Bercy, eingezwängt zwischen den Seineufern und der Eisenbahn, sind mit Erinnerungen an die Besatzungszeit verbunden.

Folgende Doppelseite: **Die Avenue de New York.**

»Wir sind durch die Porte Champerret nach Paris gekommen. Eines Sonntags um zwei Uhr nachmittags. Die Straßen lagen leer in der Julisonne. Ich habe mich gefragt, ob ich nicht eine Geisterstadt nach einem Luftangriff durchfahre. Vielleicht verbergen die Häuserfassaden nur Trümmer? Das Taxi glitt immer schneller dahin, als ob der Motor aus wäre und wir im Leerlauf den Boulevard Malesherbes hinunterrollten.« Ein fataler Abhang, den der Erzähler niemals wieder hochsteigen wird. Das Buch endet mit einer anderen »Rutschpartie« am Boulevard Sérurier, der in vollkommenem Kontrast zu diesem achten Arrondissement steht, diesem verlorenen Viertel, das dem Buch seinen Titel liefert: »Und jetzt sehe ich eine Silhouette, die den Boulevard Sérurier mit einem Koffer in der Hand hintergeht, einem Koffer aus Weißblech, dessen Blitzen die Augen blendet. Eine Fata Morgana? Sie kommt immer näher. Sie ist es.«

Einige Personen schaffen es nicht fortzugehen; sie ziehen sich lieber in die innerstädtische Emigration zurück, in die äußeren Randgebiete. Jean, der sein Leben als Impresario für die »Salle Pleyel« satt hat, täuscht eine Reise nach Brasilien vor und beschließt, in Paris selbst unterzutauchen, in einem kleinen Hotel an der Porte Dorée, überzeugt, daß ihn dort niemals jemand aufspüren wird. Der Anfang eines ebenso vorsichtigen wie vergeblichen Ausbruchs. »Mir schwebt eine andere Lösung vor: Jeden Tag eine Reise in ein anderes Viertel der Peripherie unternehmen. Dann hierher zurück. Wenn nötig, woanders schlafen, und als einziges Gepäck meine Aufzeichnungen über das Leben von Ingrid. Eine Nacht im Fieve, in der Avenue Simon-Bolivar. Eine Nacht im Hotel Gouin in der Nähe der Place Clichy…« Der Erzähler strandet schließlich am Boulevard Soult in einer Wohnung, die von einer Person verlassen wurde, welche ihm nicht aus dem Kopf geht. »Wieviele Männer und Frauen, die man tot oder

vermißt glaubt, wohnen in diesen Wohnblöcken, die den Rand von Paris bilden?«

Von einem Roman zum anderen bildet sich eine Verbindung zwischen Orten und Figuren heraus, wodurch ein zärtlicher Plan der Weltstadt skizziert wird. In *La Ronde de nuit*, Modianos zweitem Roman, enthüllt die Pariser Topographie ein Schicksal. Ein braver Junge von der Plaine Monceau, von einem anrüchigen »Privatmann« an der Place Pereire angeworben, wird im besetzten Paris zum Doppelagenten: »Swing Troubadour« heißt er für die Kollaborateure am Square Cimarosa im Sechzehnten, »Princesse de Lamballe« für die Widerstandsgruppen der Rue de Vaugirard. Mit dem allmählichen Verschwinden der Poesie aus dem Werk verstärkt sich das Prinzip der symbolischen Wegstrecke. »Alles beginnt am Bois de Boulogne. Erinnerst du dich? Du spielst mit dem Reifen auf dem Rasen des Pré Catelan. Die Jahre vergehen, du gehst die Avenue Henri-Martin entlang und findest dich am Trocadéro wieder. Dann an der Place de l'Étoile. Vor dir eine Avenue, gesäumt von funkelnden Straßenlampen. Sie kommt dir wie ein Abbild der Zukunft vor: beladen mit schönen Versprechungen, wie man sagt… Du setzt deinen Weg und das, was der Arzt die MO-RA-LI-SCHE ZER-SET-ZUNG nennt, unter den Arkaden der Rue de Rivoli fort, Continental, Meurice, Saint James and d'Albany, wo ich den Beruf der Hotelratte ausübe.« Ein Weg, der in der Schande endet, im stinkenden Bauch von Paris, auf dem Plateau Beaubourg. Einige Grenzsteine markieren diese Odyssee Richtung Osten: die Rue du Louvre und auch die Place de la Concorde, jener Ort des Schwärmens für Gérard de Nerval: »…in einer Nacht, als ich mit verschränkten Armen über die Place de la Concorde ging. Mein Schatten fiel bis zum Anfang der Rue Royale, meine linke Hand reichte bis zum Garten der Champs-Elysées, meine rechte bis zur Rue Saint-Florentin. Ich hätte dabei an Jesus denken können, doch ich dachte an Judas Ischariot. Man hatte ihn verkannt.«

Nirgends ist die gegenseitige Befruchtung zwischen Paris und dem Helden so offensichtlich wie in *Die Gasse der dunklen Läden*. Erinnerungslos, findet Guy Roland seine Identität erst nach ruhelosen Wanderungen wieder, die nach und nach vertreiben, was von der Vergangenheit übrigblieb. Die Stadt bekommt den Anschein eines Labyrinths, in dem sich die Erinnerungen verkrochen haben. Der Held dringt dort ein wie in eine zweite Gebärmutter. Von einem Foto in einem alten Album, in dem er auf vage Zeugen stößt, nimmt der Erzähler ohne große Überzeugung erste Erinnerungsfäden auf. Und hier kommt Paris ins Spiel. »Wir hatten die

In Modianos Romanen garantieren die kleinen Hotels mit den austauschbaren Namen die Anonymität des Flüchtenden aus den Randgebieten.

Als Straße ohne Häuser mit blinden Mauern ist die Rue Froidevaux wie geschaffen für das Verschwinden des Spaziergängers zwischen den Schatten, wo seine Umrisse sich verlieren.

Gärten hinter uns gelassen und waren in die Avenue de New York gekommen. Dort, unter den Bäumen des Quais hatte ich den unangenehmen Eindruck zu träumen. Ich hatte mein Leben schon gelebt und war nur noch ein Gespenst, das in der lauen Luft eines Samstagabend trieb. Warum sollte man die Verbindungen wiederaufnehmen, die gekappt worden waren, und warum sollte man Passagen suchen, die seit langem zugemauert waren?«

Die erste Passage befindet sich in der Rue Cambacérès, vor der dunklen Fassade eines zum Innenministerium gehörenden Gebäudes. Wie ein Forscher beißt sich der Erzähler an winzigen Details fest, die ihn erschaudern lassen, wie der weiße Fleck auf dem Anzug von Alec Scouffi, der sich auf dem Boulevard des Batignolles nach Pigalle und in dessen spezielle Bars begibt. Im sechzehnten Arrondissement wird dann vieles deutlicher: »Ich war wie der Wünschelrutengänger, der auf die geringste Schwingung seines Pendels lauert. Ich stellte mich am Anfang jeder Straße auf, hoffte dabei, daß die Bäume, die Gebäude meinem Herzen einen Schlag versetzen würden. Ecke Rue Molitor/Rue Mirabeau glaubte ich ihn zu verspüren, und ganz plötzlich hatte ich die Gewißheit, daß ich jeden Abend vor dem Ausgang des Gesandtschaftsgebäudes in der bewußten Gegend gewesen war.« Wir stehen am Beginn eines nächtlichen Rundgangs, ebenjenem, den Pedro Mac Evoy, dieser Angestellte einer südamerikanischen Gesandtschaft, unternahm und mit dem

Guy Roland sich identifizieren zu können glaubt. »Und ich bin sicher, daß ich die Rue Mirabeau hinuntergehe […] Ich erinnere mich an die Gebäude des Boulevard Emile-Augier […] Quai de Passy. Die Brücke von Bir Hakeim. Dann die Avenue de New York…« Etwas jedoch stört unseren Rutengänger. Er fühlt eine Blockade, das Paris des Pedro Mac Evoy scheint mit dem seinen nicht übereinzustimmen. »Gestern abend, als ich durch die Straßen ging, wußte ich wohl, daß es dieselben waren wie zuvor, und doch kannte ich sie nicht wieder. Weder die Gebäude noch die Breite der Trottoirs hatten sich verändert, doch damals war das Licht nicht so gewesen, und in der Luft wehte etwas anderes…« Der Gedächtnislose fürchtet die Wahrheit, und der Wunsch nach Wiedersehen wird von einem um so stärkeren Widerstand begleitet, je näher er dem Ziel kommt. Dieses Paris im wechselnden Licht ist das des Blackouts, das Paris der Besatzungszeit. Ein gefährliches Paris, in dem Pedro Mac Avoy jeden Abend Tricks anwenden muß, um zu Fuß in sein Hotel in der Rue Cambon zurückkehren zu können. Hinter dem falschen Namen des Gesandtschaftsangestellten verbirgt sich eigentlich Jimmy Pedro Stern, ein Edelsteinhändler, mit einem Namen, der in diesen Zeiten der Razzien sehr unangenehm sein kann.

Diese Wege finden sich in allen Romanen von Modiano wieder. Auch wenn sie nicht immer eine so wesentliche Rolle spielen, geben sie eine Laune wieder, suggerieren sie Ängste und ersparen dem Autor auf diese Weise psychologische Beschreibungen. In *Familienstammbuch* muß der Autor, wenn er Fragen über das Leben von André Bourlagoff stellt, unbedingt dies hinzufügen: »Welchen Weg hatte er denn genommen von seinem Zimmer in der Rue de la Convention bis zur Rue de Courcelles Nummer 45? War er zu Fuß gegangen? Dann war er sicherlich über die Brücke von Bir Hakeim gegangen, über seinem Kopf dies Donnern der Metrozüge, die darüber fahren.« In *De si braves garçons* macht Philippe Yotlande jeden Abend den gleichen Rundgang. »An der Porte de la Muette ging er nach links und bog in den Boulevard Suchet ein. Er ging dort jeden Tag bis zur Porte d'Auteuil, dann erneut über den Boulevard Suchet wieder zurück zur Porte de la Muette, nahm den Boulevard Lannes, erreichte die Porte Maillot, kehrte dann um in Richtung Porte d'Auteuil und hoffte, er hätte sich am Ende dieses ziellosen Spazierganges für den Ort entschieden, an dem er zu Abend essen würde.« Schablonenhafte Rundgänge, die der Zufall kaum erklärt und die im nachhinein ihren warnenden Charakter enthüllen.

Diese Wege nehmen oft eine Kreisform an. Es geht weniger darum, einen Bestimmungsort zu erreichen, sondern ein Gebiet zu markieren. In *Quartier perdu* folgt Tintin Carpentieri jede Nacht einem weißen Lancia Flaminia, in dem er durch die trüben Scheiben einen ehemaligen Freund zu erkennen glaubt. Diesen hat er niemals wieder gesprochen, doch er verfolgt ihn jede Nacht auf einem ewig gleichen Weg, auf dem er Ambrose Guise-Jean Decker mitnimmt. Ein schicksalhafter Spaziergang, der Erinnerungen an eine alte Liebschaft weckt. Diese Wanderungen finden oft nachts statt, am liebsten im Sommer, wenn die Stille und die Dunkelheit die Erinnerung überlisten. In den *Boulevards de ceinture* ziehen der Erzähler und sein Vater jede Nacht in einer großen Limousine auf stille Kreuzfahrten. »Vor der Abfahrt gab es stets das Ritual des Loseziehens. Etwa zwanzig kleine Zettel lagen auf dem Tisch des Wohnzimmers. Wir wählten dann nach dem Zufallsprinzip einen, auf dem unser Weg aufgeschrieben war. Batignolles-Grenelle. Auteuil-Picpus. Passy-La Vilette. Oder wir machten uns auf in eines jener Viertel mit geheimen Namen: Les Épinettes, La Maison-Blanche, Bel-Air, L'Amérique... Es reicht schon, wenn ich mit meinen Absätzen über einige heikle Punkte von Paris laufe, um die Erinnerungen wie ein Feuerwerk hochschießen zu lassen.«

Von *La Ronde de nuit* bis *Du plus loin de l'oubli* schleicht sich der Zweifel ins Werk, als ob Paris sich der Schrift entziehen wollte. An Stelle der epischen, geschlossenen, noch Balzacschen Metropole tritt nach und nach eine Stadt, die in kleine Inseln aufgeteilt ist, welche nichts mehr verbindet. Die Intrige selbst löst sich in Bruchstücke auf, die bisweilen aufeinandertreffen. Als ob Modiano, abgestoßen von dem typischen Chic des postmodernen Paris, sich von einer Stadt absetzte, die mit seinen Kreppsohlen zu erlaufen er müde geworden ist. In seinem vorletzten Roman *Chien de Printemps* gesteht die Hauptperson, der Fotograf Jansen, seine Vorliebe für die Stille, das Leere. »Eine Fotografie kann Stille ausdrücken. Doch Worte? Hier ist etwas, das meiner Meinung nach wirklich interessant gewesen wäre: daß es gelänge, mit Worten Stille zu schaffen.« Jansen wird bald »Paris endgültig verlassen«, und der Erzähler geht vor der Abreise daran, eine Liste seiner Schnappschüsse aufzustellen. Unter diesen finden sich zwei, die von diesem Schwindelgefühl vor der Leere zeugen: »la pente de la Rue Westerman«, einer Straße ohne Nummern, und eine Passage, die noch keinen Namen hat, »l'escalier de la Rue des Cascades«. Das war in den sechziger Jahren. Diese Treppe hat man kürzlich »Rue Fernand-Reynaud« getauft.

J.-L. G.

Zwischen der Monceau-Ebene und Pigalle ist der Knotenpunkt Rome-Batignolles die unsichtbare Grenze zwischen zwei Welten.

Rechte Seite:
Die Rue Fernand-Reynaud in Ménilmontant.

Gérard de **Nerval**

(1 8 0 8 – 1 8 5 5)

Außerhalb von Paris denkt man nicht, – man erholt sich vom Denken.
LA PRESSE, 14. NOVEMBER 1850

Nerval, einige Tage vor seinem Tod, fotografiert von Nadar. Als er 1841 unter einem manisch-depressiven Anfall leidet, bleibt er vor dem Marienaltar in Saint-Eustache stehen; hier beginnt eine Wahnvorstellung.

Dichter, Erzähler, Romancier, Dramaturg, Feuilletonschreiber, »Drukkerlehrling«: all das hat Gérard de Nerval in der Literatur verkörpert. Die Nachwelt hat es ihm wenig vergolten: Zwischen dem »sanften Gérard«, dem feinfühligen Mann mit seiner legendären Bescheidenheit, und dem »verrückten Dichter«, in seiner Zwangsjacke gefangen wie ein Schriftsteller in einer Karikatur, scheint es nur einen allzu kurzen und zu schnell erfolgten Sprung zu geben. Die neuere Forschung – die Veröffentlichung der *Gesammelten Werke* in der *Bibliothèque de la Pléiade* und seine 1995 erschienene Biographie – bereitet glücklicherweise diesem angestaubten Mythos ein Ende, um uns den subtilen Prosaisten und den untadeligen Dichter in einem anderen Licht zu zeigen. Das Verwirrende seiner Palimpsest-Texte und ihre ungewisse, nunmehr geordnete Chronologie erlauben es auch, einen wesentlichen Gesichtspunkt in Leben und Werk von Nerval zu erhellen: Paris »stellt zweifellos« – nach Meinung seiner Exegeten Claude Pichois und Michel Brix – »die einzige Geliebte dar, die man Gérard mit Sicherheit zuordnen kann.« Eine kühne Ansicht, wenn man um die hartnäckige Faszination weiß, die von den mutmaßlichen Verbindungen des Dichters mit der Schauspielerin Jenny Colon oder mit der Zeynab in der *Reise in den Orient* immer noch ausgeht. Sie allein wäre eine umfassende Ausführung wert.

Die Hauptstadt taucht in den Gedichten Nervals selten auf: Zwei kleine Oden über *Une allée du Luxembourg* und *Der Glöckner von Notre-Dame* und einige Erwähnungen in den *Poésies diverses* und in *L'Enterrement de »La Quotidienne«* können die völlige Abwesenheit von Paris in *Les Chimères* nicht verdekken. Das Prosawerk bietet dagegen eine unerschöpfliche Quelle von Hinweisen, sowohl, was die Wege des Dichters durch die Stadt betrifft, als auch, was seine ästhetischen Urteile oder seine Einschätzung der Geschichte angeht.

Aus diesem Informationsfluß schöpft Nerval in seiner Reisesucht, und dies sowohl außerhalb der Stadt wie auch in ihren Straßen und Boulevards. Sein endloses Umherirren war schon seinerzeit wohlbekannt, denn es erlaubte einem unbekannten Redakteur des *Corsaire-Satan* am 19. Oktober 1846 dies zu schreiben: »Er wohnt überall und nirgends: Er spaziert durch Kairo, wenn man ihn sich als Bürger denkt, der im Divan Lepelletier lebt [das *Café Divan* in der Rue Peletier, der Treffpunkt der literarischen Boheme], und wenn man ihm in Ägypten auf den Fersen ist, so ist er bereits im Londoner Nebel verschwunden.«

In der Hauptstadt wird weder Pferdedroschke noch Omnibus erwähnt: Nerval betreibt seine Flucht nach vorne zu Fuß, als unermüdlicher Läufer, der sich als Vorwand einige kulinarische Pausen gestattet. Charles Monselet, Mitarbeiter von *L'Artiste* und Freund des Dich-

In *Oktobernächte* beschäftigt sich Nerval lange mit der Kirche Saint-Eustache, »wo der blumige Stil des Mittelalters so gut zu den strengen Zeichnungen der Renaissance paßt (...) mit ihren gotischen Glasfenstern, ihren zahlreichen Bögen gleich den Rippen eines gewaltigen Walfisches...«

ters, hat uns dazu einige kostbare Erinnerungen in seinen 1866 erschienenen *Portraits après décès* hinterlassen: »Nach dem Abendessen – es war ein sehr gewöhnliches gewesen – nahm mich Gérard am Arm, und ich begann mit ihm einen dieser Spaziergänge durch Paris, die er so gerne mochte. Er ließ mich meilenweit laufen, um dann unter einem Gewölbe an der Barrière du Trône ein Bier zu trinken und mir dabei zu erklären, daß es nur hier gut sei. (...) Bei unserer Rückkehr wollte er, daß wir den Weg über die Porte-Saint-Martin abkürzen, wo man in Zucker und Alkohol eingelegte Malagatrauben zu sich nehmen konnte. Er legte bei der Suche nach solchen Pariser Spezialitäten einen sehr kindlichen Eigensinn und großen Eifer an den Tag; er wußte, wo man das beste Danziger Goldwasser bekam, wo man die Blanquette de Limoux auch glasweise verkauft. Und dieser Kolonialwarenhändler neben der Comédie Française an der Ecke Rue Montpensier hält immer einen ausgezeichneten heißen Kaffeepunsch bereit. Nur im Hallenviertel, in jenem Café, wo die Bauern und Gemüsehändler mit übergezogenen Kapuzen schlafen, kann man um zwei Uhr morgens köstliche Schokolade genießen – so sagte mir das Gérard de Nerval.«

Die Billard-Cafés, die Kneipen des Palais-Royal, die Garküchen des Cloître Saint-Honoré, die Schenken in den Halles, wo er mit Lumpensammlerinnen und Gelegenheitsphilosophen verkehrt, finden sich in *Oktobernächte* wieder, der Urfassung eines Buches, das eigentlich *Nuits de Paris* heißen sollte und unvollendet bleiben wird. Die nächtlichen Spaziergänge von Nerval von

der Rue d'Hauteville bis zur Butte Montmartre über den Boulevard des Italiens enden sehr häufig in diesem Bauch von Paris, auf den nicht nur Zola einen Anspruch hat. Und der Leser entdeckt in Nerval einen genauen Beobachter des Pariser Lebens, der mit sinnlichem Blick über den Buttermarkt, den Kohlmarkt, den Austernmarkt streift. Man erfährt da, daß »die Möhre und die weiße Rübe zum gleichen Departement gehören«, daß es, wenn man über die Place des Innocents geht, angebracht ist, in den Auslagen die »ungeheuren Riesenkürbisse« zu bestaunen, und daß im Restaurant *Baratte*, in der heutigen Rue de Grenier, jedermann die Spezialität des Hallenviertels, die Zwiebelsuppe, »in die Kenner geriebenen Parmesan streuen«, probieren kann – »man sollte sich nicht vormachen, daß dies ein Nobelrestaurant sei«, räumt Nerval ein. Seine Wanderungen enden vor »der gräulichen Silhouette« von Saint-Eustache, »gewaltiger Walfisch«, »wunderschönes Gebäude«, in dem seine Eltern 1807 geheiratet haben. Dieses biographische Detail erwähnt er in seinem Text nicht. Es hat dennoch seine Bedeutung. Sind denn die Kirchen, die so zahlreich in seinen Erzählungen vorkommen, in denen Fiktion und Realität stets im Streit liegen, nicht der bevorzugte Ort zweier Fixpunkte im Nervalschen Bezugssystem: Gott und seiner Mutter? Was bei Nerval noch ein besonderes Profil bekommt, wenn man die ständige Gegenwart Gottes in seinen Wahnsinnsanfällen berücksichtigt sowie die unablässig betrauerte Abwesenheit seiner Mutter, die in Schlesien, wohin sie ihrem Mann, einem Arzt der Grande Armée, gefolgt war, starb und einen ewig untröstlichen Sohn von zwei Jahren hinterließ.

Aurélia oder der Traum und das Leben bleibt in dieser Hinsicht die erschütterndste Beichte von Nerval. Nachdem er am Fuße des Altars von Notre-Dame-de-Lorette geweint hat, erleidet der Erzähler am Ende seines Ganges durch die Stadt einen schlimmen Wahnanfall. Paris wird nun, und dies ist seine vorrangige Rolle, zum Garanten der Realität: Die Sterne am Firmament verlöschen in seinen Augen wie die Kerzen, die er in der Kirche gesehen hat, doch er weiß, daß er sich auf der Place de la Concorde befindet. Er glaubt »eine schwarze Sonne in einem leeren Himmel und einen blutroten Globus« zu sehen, aber dies alles kann er über den Tuilerien erkennen; etliche Monde ziehen schnell vorüber, doch der Louvre bildet einen Anhaltspunkt, ein greifbares Zeichen für Realität. Allein diese Monumente entkommen den Gedankensprüngen seiner Visionen, der Verklärung der Formen. Der Geist von Nerval kann flüchten: Der Erzähler errichtet eine steinerne Szenerie und einen logischen Ausweg. Ebenso verhält es sich in der darauffolgenden Krise: Von Saint-Eustache, wo er in Gedanken an seine Mutter – einer ihrer Vornamen war Marie – vor dem Altar niederkniet, bis zu den Galeries du Palais-Royal ist der schreckliche Initiationsweg, der ihn schließlich ins Krankenhaus führt, durch solche Anhaltspunkte gesäumt.

Aurélia oder der Traum und das Leben bleibt auch ein kostbares Zeugnis über den Aufenthalt Nervals bei Doktor Esprit Blanche, dessen Krankenhaus sich damals in Montmartre unter der Bezeichnung Folie-Sandrin in der Rue de Norvins befand. Diese tragische Episode, sein erster Anfall 1841, ermöglicht es ihm, in seinen *Promenades et souvenirs* verschämt zu sagen: »Ich habe lange in Montmartre gewohnt; man genießt dort eine sehr reine Luft, unterschiedliche Aussichten, und man entdeckt dort herrliche Horizonte…« Edouard Ourliac, ein Freund und Journalist, besucht ihn zu jener Zeit. Dessen Bericht, niedergeschrieben in einem Brief an Victor Loubens, ein anderes Mitglied der zeitgenössischen literarischen Boheme, läßt schaudern: »Das war eine Plappermühle von Worten ohne jeglichen Zusammenhang. Ich habe ihm wohl zugehört, ihn abendelang beobachtet, kein klarer Gedanke. Ich erinnerte ihn an die Literatur, um ihn abzulenken – er sagt mir: ›Die Literatur! Ich halte sie fest, ich habe sie definiert‹ (das ist sein Allerweltswort, wenn man mit ihm spricht), ›da ist sie‹ – und zieht ein Stück Papier ganz mit Zickzacklinien bekritzelt hervor.«

Krankenhäuser sind leider in Paris die beinahe ständigen Wohnsitze von Nerval, diesem ewigen Nomaden der Stadt, dessen zahlreiche Wohnungen heute schwer ausfindig zu machen sind, wenn sie nicht ohnehin verschwunden sind. Es gibt jedoch einen Ort, von dem Nerval immer sehr gerührt spricht, vor allem in *La Bohème galante* (hier beschreibt er die Jahre 1834–1835, in denen er mit Théophile Gautier, Arsène Houssaye, Edouard Ourliac und vielen anderen zusammen war): die Impasse du Doyenné Nummer 3 in dem von Baudelaire heraufbeschworenen Carousselviertel. Gautier, der in der gleichnamigen Straße eine Wohnung gemietet hatte, trug in dem großen Salon unter den lasziven Blicken einiger in Hängematten schaukelnder Frauen Verse vor. Der Zigarrenrauch hüllte eine stets fröhliche, sorglose Atmosphäre in Nebel ein, wenn nicht gerade Soupers oder Bälle gegeben wurden.

Nerval kennt die kleinsten Details des Marché des Innocents an den Halles, der 1858 abgerissen werden wird, um einer Grünanlage Platz zu machen.

Folgende Doppelseite: **Die Place de la Concorde.**

»Irgend jemand von uns stand manchmal auf, träumte von neuen Versen, betrachtete die Fenster, die in Stein gehauenen Fassaden der Galerie du Musée, die auf dieser Seite durch die Bäume der Reitbahn belebt waren. (...) Was für eine glückliche Zeit! (...) Wir waren jung, immer lustig, oft reich...« Es soll nostalgisch klingen, denn von seinem »Palast«, der einige Jahre später abgerissen werden wird, bleiben ihm nur Erinnerungen, sein geschnitztes Renaissancebett »mit seinem roten Brokat mit Rankenmuster«, welches er für die Königin von Saba reserviert, und zwei von Trödlern gekaufte Holzreliefs. Die Rückkehr an diese geliebten Stätte kann sich als gefährlich erweisen: Nerval wohnt ab 1848, zweifellos von Melancholie getrieben, wieder in diesem Viertel, in der Rue Saint-Thomas-du-Louvre Nummer 4. Der Durchbruch für die Rue de Rivoli vertreibt ihn 1850 von dort. Zwei Jahre später bezeugen Briefe seine Anwesenheit in der Rue du Mail Nummer 9, wo er, was in Paris selten ist, einen »Blick auf zwei oder drei Bäume genießt, die einen gewissen Raum einnehmen und die ein Durchatmen erlauben, auch eine geistige Entspannung, indem man auf etwas anderes schaut als auf das Schachbrettmuster der schwarzen Fensterhöhlen...«

Sein ganzes Leben lang wird Nerval tatsächlich gestehen, daß er die friedliche Natur und besonders die »so grüne und fruchtbare Landschaft« des Valois braucht, wo er von seinen Großeltern aufgezogen worden war: »Ich sammle Kräfte auf diesem heimatlichen Boden«, gesteht er wiederum in *La Bohème galante*, während er jene Landstriche – Senlis, Compiègne, Chaalis... – in *Les Faux Saulniers* besingt. Obschon in Paris, in der Rue Saint-Martin, geboren, bewahrt das früh verlassene Kind – bei der Rückkehr seines Vaters war es schon sieben Jahre alt – eine glückliche Erinnerung an diese schlichte

»Was wird man in diese Häuser tun? Wohin werden sich die Türen öffnen? Was wird die Bullaugen erleuchten?« fragt sich Nerval beunruhigt hinsichtlich der Sockel, die die Allegorien der Städte tragen – hier Straßburg.

Wiege. Hat der junge Gérard Labrunie nicht sein Pseudonym durch die Übernahme des Namens eines Familiengrundstücks, »le Clos de Nerval« in Mortefontaine gefunden? Der Name hatte allerdings den Vorteil, früher Nerva ausgesprochen zu werden, eine Anspielung auf den römischen Kaiser. Nerval, der sich sehr für Abstammungsprobleme interessiert, wird diese berühmte lateinische Verwandtschaft nicht ablehnen.

»Außerhalb von Paris denkt man nicht, – man erholt sich vom Denken«, schreibt Nerval in einem Artikel für *La Presse*, der am 14. November 1850 erscheint. Einige Monate später bestätigt er diese Behauptung in einem Brief an Franz Liszt, dem er vom Valois aus schreibt: »Von Zeit zu Zeit kehre ich nach Paris zurück, und ich blühe im intellektuellen Leben wieder auf.« Da er durch sein literarisches Werk in Anspruch genommen ist, wird sein Leben oft von den Artikeln aufgezehrt, die er sehr oft aus Geldnöten an die Zeitungen liefern muß. Das »immer glücklich, oft reich...« der *Bohème galante*, vermutlich eine Anspielung an das Erbe, welches Nerval von seinen Großeltern erhalten hatte und das er alsbald mit der Gründung einer kurzlebigen literarischen Revue verlor, ist ganz und gar vorbei. Nerval hinterläßt uns auch aus diesen Gründen eine Ausbeute an Texten, in denen sich sein seltenes Talent zu kritischem Urteilsvermögen, manchmal zur Ironie, immer jedoch zur Hellsichtigkeit darlegt. Gewiß, dieser Broterwerb zwingt ihn oft dazu, in allen Einzelheiten über kleinliche Machenschaften zu berichten. Doch auf diesem Felsen glitzern Diamanten. Seine mit »Nerval«, »Gérard« oder einfach »G.« gezeichneten Artikel über Paris sind vor allem eine Fundgrube für Historiker, die sich mit der Hauptstadt im XIX. Jahrhundert beschäftigen. Die genaue Beschreibung neuer Spielorte – die Salle Favart, die der Variétés, – der Bericht über die Eröffnung des Hippodroms, wo die seltenen Vorstellungen stattfinden – Pferderennen, Flugversuche, Hirschjagden »zum Vergnügen« –, die Beschreibung des Pont des Arts oder des Cirque olympique, all das sind Einzelheiten, aus denen sich das Bild eines Nervalschen Paris zusammenfügt, das noch nahezu unbekannt ist. Diese Welt ist teilweise versunken. Nerval hatte dies mit der ihm eigenen Scharfsicht schon 1844 in einem Artikel für *L'Artiste* vorausgesehen, als Haussmann noch nicht einmal Präfekt des Departement Var war: »Das Bedürfnis nach Verschönerung und Erweiterung, welches die modernen Städte bedrängt, wird unser altes Europa bald ebenso geschmacklos werden lassen wie Amerika, das keine Vergangenheit gehabt hat. Ich bedauere die Men-

schen, die nach uns kommen werden, und ich kann nur hoffen – da die äußere Form der Dinge natürlich Einfluß auf die Entwicklung der Intelligenz hat –, daß sie dumm sein werden.« Etwas weiter sieht er mit begründeter Skepsis der gerade in Angriff genommenen Begradigung des Boulevard du Temple (das ist der berühmte Boulevard du Crime, die Hochburg der Volkstheater, wo auf den Bühnenbrettern jeden Abend Dutzende von Morden stattfinden) und der Zerstörung seiner Fassaden aus dem XVIII. Jahrhundert entgegen. In der gleichen Zeitung kommt er wenig später noch einmal auf das Thema zurück, um das Verschwinden der Bühnen zu beklagen: »In Wahrheit verschwindet ein Volksvergnügen: Die Polizeivorschriften haben es abgetötet.« Doch Nerval verteidigt nicht nur den enttäuschten Anwohner. Seit Voltaire gab es viele, die über die ungesunden Pariser Gebäude klagten. Auch Nerval mischt sich hier ein, wobei er sich über die erforderlichen Arbeiten im klaren ist und gleichzeitig prophetisch über die Barbarei der Haussmannschen Bauvorhaben schreibt: »Man hat sich manchmal gefragt, was aus diesen Pariser Ruinen werden soll: Die Pariser Ruinen werden ein Haufen aus Gips, Latten und Trümmersteinen sein... Und die Nachwelt wird nicht etwa sagen: Das waren die Behausungen eines großen Volkes, sondern höchstens: Darin lebte eine Horde Wilder, die sich Hütten aus Schlamm und gestampfter Kreide bauten. – Immer noch Lutetia! Davon kommen wir nicht

los.« Es ist schwer, sich heute das Paris der Julimonarchie vorzustellen. Gewisse *Embellissements de Paris*, wie die Überschrift eines Artikels von Nerval in *Le Messager* vom 30.–31. Juli 1838 lautet, sind uns dennoch erhalten geblieben. So die Place de la Concorde, welche Nerval mit der Strenge und dem Scharfsinn eines echten Kritikers unter die Lupe nimmt. Mit scharfer Feder klagt Nerval »den Eklektizismus« seiner Zeit an, der unterschiedslos die Stile, ob *Louis-Quinze* oder

Linke Seite:
**Der Pont des Arts.
Oben: Lina Jaunez:
Die Ruinen der
Kirche Saint-Louis
du Louvre und das
Hôtel de Longue-
ville im Quartier
du Doyenné, wo
Nerval zu Zeiten der
Bohème galante
wohnt.**

Links:
**Die Folie Sandrin,
das Krankenhaus
des Doktor Esprit
Blanche in der Rue
de Norvins in Mont-
martre, vormals
Rue Traînée, wo sich
Nerval zum letzten
Mal 1841 aufhält:
Er wird dort acht
Monate bleiben.**

Die Place Dauphine und das Château des Brouillards, von wo man »den schönsten Ausblick auf die Pariser Umgebung« hat, wie es in *Promenades et Souvenirs* beschrieben wird.

Louis-Philippe, übereinandertürmt: »Die steifen Statuen ruhen auf manierierten Sockeln, Häuser im Stil von Mansart und Vignole wundern sich, wie sie die strengen Matronen der Herren Petitot und Cortot aushalten, anstatt einiger schöner und schelmischer Gottheiten, putzig, mit Bändern geschmückt, mit irren Girlanden behängt, die mit aufreizendem Lächeln Brust und Beine zeigen.« Die Siegessäulen finden ebenfalls keine Gnade vor seinem strengen Blick: »Auch wenn dieser vergoldete Schokoladenschund viele Kinder und Soldaten entzücken mag, können wir diesem zwitterhaften Zierwerk nicht unsere Zustimmung geben«, urteilt er. Doch das Glanzstück dieses Artikels kommt erst mit der Beschreibung der Stadtallegorien: »Bordeaux die königliche, Bordeaux die Herzogin«, Nantes »die gute Haushälterin, eine tätige und geordnete Stadt«. Das Urteil Nervals über den konventionellen Aspekt dieser Gruppe von Standbildern ist unwiderruflich: »Es ist immer die gleiche Eleganz in Pose und Gewand, der gleiche nachdenkliche Kopf, eine Hand, die etwas hält, ein Füllhorn, ein Schwert, einen Palmzweig oder einen Merkurstab; die andere sorgfältig modellierte Hand liegt auf dem Knie, Hals und Schultern ganz konventionell, der Siegerkranz und die Girlanden aus Eichenlaub und Lorbeeren.« Alle haben »unmöglich dicke« Köpfe, die Pradier, der Schöpfer der Allegorien von Strasbourg und Lille, auch noch mit einer lächerlichen Frisur, »einer kleinen Festung, die wie ein Modell der Bastille aussieht«, herausputzt. Man hat verstanden, das Ganze leidet unter einem Mangel an Harmonie.

Andere Plätze verdienen Nerval zufolge mehr Aufmerksamkeit: Die Place des Vosges und die Place Dauphine, deren sanfte Regelmäßigkeit dem romantischen Idealismus des Dichters besser entsprechen, sind Gegenstand traumhafter Beschreibungen in *La Main enchantée*, einer phantastischen Erzählung, deren Held Eustache sich zum Schuß – welch traurige Vorahnung – aufhängt. Es wird Nervals eigenes Schicksal werden. Seine manisch-depressive Neigung, seine Schizophrenie, seine Fieberschübe tragen schließlich den Sieg über die Behandlung von Doktor Esprit Blanche davon, der sich schon bald darauf beschränken muß, seine Diagnose mit dem Zusatz »unheilbar« zu versehen. Nerval wird von ihm, später von seinem Sohn Dr. Émile Blanche bis zuletzt in dessen neuem Krankenhaus in Passy behandelt, im Hotel de Lamballe, wo sich heute die türkische Botschaft befindet.

In ihren *Mémoires des autres* berichtet die Gräfin Dasch, daß Nerval am Ende seines Lebens ein Buch über Paris vorbereitet habe: »Das war eine riesige Arbeit über alle Spelunken von Paris, über die Diebe, die Bohemiens, ein wahrer Wunder-Hofstaat, ein gewaltiges und gewiß sehr interessantes Unterfangen, wenn er es denn hätte vollenden können.« In der Nacht vom 25. zum 26. Januar 1855, als die Temperatur in der Hauptstadt auf 18 °C unter Null fällt, macht sich Nerval zum letzten Mal auf in die Pariser Nacht: Er wird am nächsten Morgen gefunden, erhängt mit seinem Schnürsenkel, an einem Gitter in der Rue de la Vieille-Lanterne, »die nur eine tiefe Gasse ist, die sich unter die Place du Châtelet zu bohren scheint«, wie damals Alexandre Dumas festhält. Als er entdeckt wird, atmet er noch. Doch niemand will den Schnürsenkel durchschneiden, bevor der Polizeikommissar eintrifft, der dann eine Leiche abnimmt, die noch »ihren Hut auf dem Kopf hat«.

Die Rue de la Vielle-Lanterne wird 1858 zerstört werden. Der Ort des Selbstmords entsprach ungefähr, so sagt man, dem Souffleurkasten des Théâtre de la Ville.

L. M.

LA GROSSE HORLOG
ACHÈTE
HORLOGERIE ANCIENNE,
PIÈCES DÉTACHÉES,
OUTILLAGE D'HORLOGER ET
LIVRES D'HORLOGERIE

Jacques
Prévert

(1900–1977)

Man kann Paris zu Fuß von einem Ende zum anderen erlaufen,
das ist gar nichts. Paris, das ist nur viel größer als
es den Anschein hat, weil es kein Viertel gibt, das dem anderen gleicht.

Gespräch mit André Heinrich, *Images et Son*, Dezember 1965

Als Poet des verweigerten Gehorsams, Meister im Erfinden von Worten und Urheber filmischer Dialoge, hat Jacques Prévert sein Paris gemalt, das der »Merkwürdigen Fremden… Kabylen von La Chapelle und den Quais de Javel, Menschen aus fernen Ländern, Versuchskaninchen aus Kolonien, / Zarte kleine Musiker, halbwüchsige Sonnen der Porte d'Italie, / Glücksritter von der Porte de Saint-Ouen, / Staatenlose von Aubervilliers, Müllverbrenner der Stadt Paris, / Tunesier in Grenelle, ausschweifende Angestellte, arbeitslose Arbeiter, / Polakken aus dem Marais.« Der Dichter hat das Schönste, aber auch das Hoffnungsloseste der Hauptstadt seines Herzens gesehen. Wie im Vorbeigehen hat er die facettenreiche Stimme von Paris gehört. Er hat daraus die edelsten Gesichter herausgearbeitet.

Prévert, hier von Doisneau fotografiert, mag an Paris die brüchigen Mauern und den Flohmarkt, jene riesige Ansammlung bunt zusammengewürfelter Dinge, die seine Lust auf Collagen reizt.

Die Weltreise von Jacques Prévert beginnt 1900 in Neuilly-sur-Seine, einem schattigen Vorort, wie er sich erinnert, und kein »langweiliges Rückzugslager«. Es gibt Hirsche im Bois de Boulogne seiner Kindheit und den Luna Park an der Porte Maillot. Alle bewegen sich per Fahrrad fort. Doch da ruft schon Paris. Finanzielle Schwierigkeiten zwingen die Familie dazu umzuziehen. Die Préverts ziehen in die Rue Vaugirard Nummer 7, dann in die Rue Férou Nummer 4. Nach der Schule ein Spaziergang durch den Jardin du Luxembourg, und jede Woche geht die ganze Familie ins Kino. Mit seinen Kumpels unternimmt er »die Weltreise durch Paris: die großen Reisen nach Billancourt, nach La Vache Noire oder nach Issy-les-Moulineaux, vom Quai de Bercy zum Point-du-Jour auf den Puffern der Straßenbahnen oder auf dem Hintern der Lastwagen.« Prévert entdeckt Paris. »Die Straßen der ärmsten Viertel haben die hübschesten Namen. Die Armen haben sie gefunden, diese Namen, um die Dinge zu verschönern.« Dichtung für jene, die nur die Liebe für sich haben; die Opposition zum »Bourgeois« läßt das freie Verb zur Entfaltung kommen, das passende Wort und den richtigen Ton. Als Marcel Duhamel 1944 für seine neue Kriminalroman-Reihe einen Titel sucht, rät ihm Prévert zur »Série noire«, dem genauen Gegenteil der »Collection blanche«.

Vor dem Wehrdienst »beginnt« Prévert sein Leben als Packer in der Versandabteilung des Kaufhauses Bon Marché: Botengänge, Papierbilder, der Dichter wird sich in seinen Collagen an diese Erfahrung erinnern. 1920 trifft Prévert in der Kaserne von Lunéville den Maler Yves Tanguy, dann in Konstantinopel den zukünftigen Verleger und Freund Marcel Duhamel. Zurück in Paris mietet der Wohlhabendste der drei, Duhamel, ein Haus, das groß genug für ihn und seine Freunde ist. Es steht in der Rue du Château Nummer 54 hinter dem

Bahnhof Montparnasse, war früher eine Lederwaren-
handlung, das *Café de la Rotonde* befindet sich im
Nebenhaus.

Prévert kennt bereits die Buchhandlung von Adrien-
ne Monnier, den Lesetempel in der Rue de l'Odéon.
Abgebrannt wie er ist, klaut er dort die Edelausgaben,
um sie weiterzuverkaufen. Mitte jener verrückten zwan-
ziger Jahre verkehren Robert Desnos, Benjamin Péret,
Louis Aragon und Alberto Giacometti in der Rue du
Château. Bald gibt es ein Treffen mit Breton und den
anderen Surrealisten, dann mit Queneau, schließlich mit
Leiris. Und Prévert verwandelt das Spiel der »kleinen
Papiere« in das Spiel »erlesener Leichnam«.

In einem Interview, das er 1965 der Zeitschrift *Images et Son* gab, spricht Prévert von seinem Kinodebut,
als Marcel Duhamel »uns am Leben hielt. Tanguy malte,
ich ging aus und ein. Und so verging die Zeit, bis eines
Tages Marcel Duhamel mir sagte: – Hör mal, wie wäre
es, wenn wir einen Film machen? – Einen Film? Er leite-
te das Hotel Ambassador. Er sagt also: Ich kenne einen
Typ, der will einen Film über Paris machen. Willst du
sein Drehbuch schreiben? Ich habe sehr spät geschrieben; erst um 1930. Das war 1927. Ich habe also ein
Drehbuch geschrieben. Paris, das waren für mich vor
allem die Viertel, die ich vorzog, mit möglichst wenig
Monumenten und möglichst viel Frauen in all diesen
Vierteln.« Die Geschichten, welche Prévert für den Film
schreibt, haben die heftige Suche nach Zärtlichkeit
inmitten all dieser Anlässe, die einen verzweifeln lassen,
zum Thema. Eine Welt, die für alle da ist, eine brüder-
liche Stimmung, in der einem nach Singen zumute ist.

Der Film verwirklicht schwarzweiße Träume,
und für den Dichter, der so alt ist wie das
Jahrhundert, ist die Erfindung der Gebrüder
Lumière das beste Überlebensmittel.

Wenn Prévert an einem Film mitarbeitet,
kann man sicher sein, daß Paris darin vor-

**Die Karussells und
die Place Saint-Sulpice
sind für den
Schriftsteller auch
Erinnerungen an
Kindheit und Jugend,
an eine schöne Zeit
in der Familie.**

kommt. Wenn er »an eine Verfilmung denkt«, dann hat
ihn ein Roman über seine Stadt wie *Der Bauch von Paris*
von Émile Zola begeistert. Und wenn Prévert und seine
Freunde »wirtschaftlich schwach« werden, verschmä-
hen sie es nicht, »den Schauspieler zu spielen«. »Zwölf
Berufe, dreizehn Mal Pech« – der Dichter ist in den Film-
studios ebenso zu Hause wie auf den Bühnen.

Beiträge zur surrealistischen Revolution, Filmdialo-
ge, Gedichte und Chansons: alles, was Jacques Prévert
schreibt, findet zu seiner natürlichen Form, zu seiner
natürlichen Bestimmung. *La Tentative de description
d'un dîner de têtes à Paris-France* erscheint erstmals
1931 in der Zeitschrift *Commerce*. Fruchtbare Jahre
eines jungen Mannes: Prévert durchlebt mit der kommu-
nistischen Gruppe Octobre sein stärkstes Theatertrau-
ma. In *La Bataille de Fontenoy* (1932) spielen Marcel
Duhamel, Raymond Bussières, Yves Allégret und Prévert
selbst. In dieser Satire über den Kriegskult wird der zum
Deserteur gewordene unbekannte Soldat durch einen
Pfarrer getötet, bevor er als Held unter dem Arc de
Triomphe enden kann. Pierre Lazareff begrüßt im dama-
ligen *France-Soir* diese Verspottung der patriotischen
Hochstapelei: »Soldaten, die ihr in Fontenoy gefallen
seid, ihr seid nicht in die Ohren eines Tauben gefallen.«
An anderer Stelle erwähnt man die »Wutausbrüche von
Prévert«. Die Kritik läßt es sich nicht nehmen, seinen Anti-
militarismus zu geißeln und, schlimmer noch, seinen
Antiklerikalismus. Während der Streiks 1933 greift die
Gruppe Octobre die Worte von Prévert auf und macht
daraus ein Schauspiel, welches in der Abteilung »Kom-
munion« der Louvre-Geschäftszeile anders aufgenommen wird als in den besetzten Lagerhallen des Kaufhaus
Samaritaine. Wirft man Prévert vor, Marxist zu sein, so
bekennt er sich zur »Groucho-Linie« und schwärmt für
die Marx Brothers. Die ersten rebellischen Verweigerun-
gen Préverts haben die zukünftige Thematik schon umris-
sen. Das ganze Werk trägt den Stempel dieser anarchi-
stischen, sanften Entschlossenheit, die sich keine Partei
je zu eigen machen würde, der jedoch der Dichter
immer treu blieb.

An was erinnert dieser unermüdliche Chronist der
Boheme der dreißiger Jahre? Von Natur aus subversiv,
zeigt er jedoch ein sanftes Lächeln. Nur wenige Künstler jener Zeit sind so häufig fotografiert worden wie
Jacques Prévert. Zahllose Momentaufnahmen zeigen
uns diesen Fotobegeisterten, wie er Paris durchmißt,
den Rücken leicht gebeugt, die Hände in den Taschen
oder in der Sonne sitzend auf der Terrasse eines Cafés.
Die ewige Zigarette zwischen den Lippen, eine französische Filterlose, weicher Filzhut, ein zu langer

Die »kleinen Kneipen an der Ecke« und die Rue Lepic in Montmartre: wesentliche Elemente des volkstümlichen Paris eines Prévert.

Regenmantel oder einer aus Leder nach Gangsterart – immer ist Prévert der König des scheinbar Lässigen, ein vollendeter Pariser Dandy, der zur Straße, zur Stadt, zu den Cafés gehört.

Prévert ist häufiger bei der Kneipenwirtin als in dem einen oder anderen Hotelzimmer, das er mit seiner ersten Frau und dann mit seiner jeweiligen Freundin teilt, und hört so jenen wahren Roman der Straße, das französische Chanson dieser Zeit. Zwischen den Couplets, die er schreibt und denen seiner Gedichte, die vertont wurden, hätte das Werk von Jacques Prévert nur gesungen werden können. Im allgemeinen werden die von Joseph Kosma vertonten Werke im Cabaret *La Rose Rouge* oder im *Boeuf sur le Toit* aufgeführt. Die schon bald unvergeßlichen Stimmen von Gréco, Mouloudji und Reggiani singen Prévert; Charles Trenet und Yves Montand machen Lieder wie *En sortant de l'école*, *Les Feuilles mortes*, *Sanguine* unsterblich. Sehr bald gehen die Chansons von Prévert um die Welt.

Prévert interessiert sich für die Arbeit anderer Künstler, niemals versagt er jenen seine Bewunderung. Hommagen, Gedichte oder Mitarbeit im Dienst eines Freundes: Seine Texte begleiten die Zeichnungen von Brassaï, Schnappschüsse von Willy Ronis, eine Ausstellung von Vasarely und so vieler anderer Künstler. Möglich ist alles: Das Programm für den Auftritt von Françoise Hardy 1965 im *Olympia* schreiben oder *Hebdromadaires*, das letzte Buch, 1972 zusammen mit Pozner ausarbeiten.

1943 geht Prévert mit der Schauspielerin Janine einen Lebensbund ein. Während er also im Glück schwelgt, verfinstern sich die vierziger Jahre. Drehbücher und neue Vorhaben sind genug da, aber Kosma und Trauner, seine unzertrennlichen Mitarbeiter und Freunde, müssen vor den Naziverfolgungen fliehen und sich verstecken. Prévert organisiert alles: Die Arbeit geht weiter, im Untergrund, denn anders geht es nicht. *Die Nacht mit dem Teufel* kann gedreht werden, die Arbeiten für *Kinder des Olymp* werden dagegen unterbrochen. In *Histoires et d'autres histoires* läßt Prévert das Paris der Kriegszeit, der Einschränkungen und Trennungen nicht unerwähnt. Vor allem bezieht er Stellung, in seinem Werk wie in seinem Leben. Mutter Sonne »spazierte durch ihr Lieblingsviertel, das Vierte, und wie traurig sie war, als der gelbe Stern der Grausamkeit seinen Schatten auf Sarah oder Rachel warf, die schönste Rose der Rue des Rosiers«. Prévert kam nie über die Lippen,

daß es »früher« besser gewesen sei. In dem Gedicht *Rue de Buci* spürt man die Trostlosigkeit des Krieges, die marktfreien Tage, die Lebensmittelknappheit und die verschlossenen Fenster.

Prévert erwirbt in den Monaten nach der Befreiung einen Bekanntheitsgrad, den er nie wieder verliert. Radiosendungen, Auftritte, Lesungen, Zeitungsartikel lassen das Talent eines originellen, freien und anspruchsvollen Autors entdecken und genießen. In den drei folgenden Jahren werden die *Paroles*, dann die *Histoires* veröffentlicht. Prévert ist beliebt, und er hat den Mut, nicht gefällig zu sein. Er ist zwar ein gefeierter und populärer Dichter, aber unbequem, in wissenschaftlicher Literatur bewandert und von einem Charakter, der viel zu abgebrüht ist, um nicht über Konventionen zu spotten. Um Préverts Gedichte zu veröffentlichen, muß der junge Verleger René Bertelé diese mühsam einsammeln, denn sie sind »in ganz Paris verstreut, bei all den Freunden, in allen Zeitungen…«.

Das Jahr 1946 beginnt mit den Dreharbeiten von *Les Portes de la nuit*. In diesem Film von Marcel Carné, Drehbuch und Dialoge stammen von Jacques Prévert, stimmt ein Straßensänger »Les enfants qui s'aiment s'embrassent debout…« an. Während er sein Chanson singt, erwacht zwischen dem jungen Mann und dem Mädchen, das ihn betrachtet, die Liebe. Die Szene spielt sich zu beiden Seiten der Gitter der Metrostation Barbès-Rochechouart ab. Von dem Manuskript, das den Titel *Les Amoureux* trägt, kann man wie von jedem der machtvollen Werke sagen: Darin steckt der ganze Prévert. Lust am Leben, tragisch-komische Begebenheiten, echte Gefühle.

Mitte November kommt ein kleines Mädchen zur Welt, das zweifellos etwas damit zu tun hat, daß das Jahr in einer Plejade von *Märchen für unartige Kinder* endet. Die Gedichte von Prévert eignen sich zum Lernen der französischen Sprache überall auf der Welt. Vielleicht weil die Tiere der Stadt, die Freunde der Kinder, darin einen wesentlichen Platz einnehmen? Im Zoo von Prévert kommen Hausmäuse vor. *Spinnen* und *Kleiner Löwe* erfreuen die Kinder. *Die Giraffenoper, Bim der kleine Esel, Hundegeschichten*: Viele dieser Werke sind mit von seinen Freunden gestalteten Fotos oder Pastellen ausgeschmückt.

Im November 1951 kommt *Le grand Bal du printemps* in die Buchhandlungen. Das Buch ist eine Hommage an die Hauptstadt, aber mehr noch geht es darin um die so unterschätzte Menschlichkeit, von der Paris beschützt wird. Bei dem reifen Prévert gibt es dieses ritterliche Gefühl der Freundschaft voller Anteilnahme, das

jedem gleichermaßen gilt: zuallererst den Verlierertypen mit schwerer Kindheit, den verliebten Jugendlichen und den Einwanderern mit Namen, die Träume wecken, ohne daß der Dichter ihre rechtlose Lage unberücksichtigt ließe. Prévert mag keine dieser steifen Rollen, wie sie die bessere Gesellschaft liebt, sein Theater macht das Militär und die Kirche lächerlich. Jetzt besingt er die Jungs vom Bau, die »entzückenden Mädchen aus den unteren Vierteln, unnachahmliche Typen, colored girls von der Goutte-d'Or oder aus Belleville«. Zauberhafte, zerbrechliche Außenseiter, die durch das Gedicht auf ihren wahren Platz als Lebensdarsteller gehoben werden, zusammen mit dem Frühling, der »sich ankündigt, mit einer Blume am Ohr«.

1954 kommt *Kinder des Olymp* in die Kinos: Dialog und Drehbuch sind von Jacques Prévert. Er wohnt in der Cité Véron Nummer 6a, zwischen den Metrostationen Blanche und Clichy, am Ende einer Sackgasse, nicht weit von einem ehemaligen Schwulenbordell. Die Fenster der Wohnung gehen auf die Terrasse der sogenannten »drei Satrapen«, die sich Prévert mit Boris Vian, dem Nachbarn von unten, und dem Hund Ergé teilt. Dort finden die Zusammenkünfte des sehr phantasievollen »collège de Pataphysique« statt.

In *Histoires et d'autres histoires* informiert uns das Gedicht *Actualités* über neue Filmpläne: »Im Studio, auf ihren Laufstegen, vom Licht geblendet, gehen die Filmschaffenden wie die Schiffsarbeiter auf den Schiffen ihrer Arbeit nach. Und die Stadt, draußen, geht wie sie ihrem Lebensfilm nach, dem Film von Paris.« Es geht hier

Die Atmosphäre des Kanal Saint-Martin mit seinen Pärchen, die am Ufer entlang spazieren, entspricht in idealer Weise dem vergessenen Paris, wie Prévert es mochte.

**Kinder des Olymp,
eine Bearbeitung der
Geheimnisse von
Paris von Eugène Sue
und ein triumphaler
Erfolg bei der Urauf-
führung 1945, treibt
den Mythos von der
Stadt der Verliebten
auf die Spitze.**

tatsächlich um die Bearbeitung von Victor Hugos *Glöckner von Notre-Dame*, eines Textes für *La Seine a rencontré Paris* von Joris Ivens und zwei andere Kurzfilme, um die Stadt zum Maß aller Städte zu machen: *Paris mange son pain* und *Paris la belle*.

Als letztes Glanzlicht veröffentlicht Avant-Scène 1967 einen Ausschnitt aus *Kinder des Olymp*. Die Radierungen des Bildhauers Alexandre Calder schmücken 1971 eine Ausgabe der *Fêtes*. Im Frühling 1977 diktiert Prévert den Text »Ich bin

kaputt…«, und am 11. April macht der Lungenkrebs allem ein Ende. In Abwesenheit des Mannes mit dem Zigarettenstummel geht der Film weiter. 1989 kommen die Videokassetten von *Les Disparus de Saint-Agil, Les Portes de la nuit, Die Nacht mit dem Teufel, Kinder des Olymp* und der Zeichentrickfilm *Le Roi et l'Oiseau* heraus. Was hätte Prévert dazu gesagt?

»Von allen Filmen, an denen ich mitgearbeitet habe, mag ich vor allem *L'Affaire est dans le sac* und *Kinder des Olymp*. Vielleicht wegen Arletty.«

M.T.

Marcel
Proust

(1871–1922)

…die Erinnerung an ein gewisses Bild ist nur das Bedauern über einen gewissen Augenblick, und die Häuser, die Straßen, die Alleen sind leider nur allzu flüchtig, wie die Jahre.

1887 nahm Émile Verhaeren Paris als Beispiel, um Realismus und Symbolismus einander gegenüberzustellen: »Ein Dichter betrachtet Paris, welches von nächtlichen Lichtern flimmert, in unendlich viele Feuer und mächtige Schatten und Flächen zerfällt. Wenn er direkt hinsähe, wie Zola es tat, wenn er es also mit seinen Straßen, seinen Plätzen, seinen Monumenten, seinen Gasleuchten, seinen nächtlichen Tintenmeeren, seinen fieberhaften Bewegungen unter unzähligen Sternen beschriebe, würde er sicherlich eine sehr kunstvolle Stimmung darstellen (…). Wenn er es dagegen im Geist des Indirekten, der Andeutung wiedergibt, wenn er ›ein riesiges Rätsel, dessen Schlüssel verloren ging‹ ausspricht, wird dieser bloße Satz, jenseits aller beschriebenen Tatsachen, das leuchtende, finstere, gewaltige Paris Wirklichkeit werden lassen.« Die Proustsche Rhapsodie, welche sich über einen flimmernden Halbschatten erhebt, erweckt nach und nach die Bilder der Stadt, »so wie die Sonne durch die Spalten der geschlossenen Fensterläden das Zimmer des Schläfers erhellt«. Sie scheint auf den ersten Blick diese zweite Richtung zu bevorzugen, doch sie läßt sich aufgrund ihrer Vielfalt und ihrer Zusammensetzung kaum einordnen.

Als Émile Verhaeren diese Erklärung in *L'Art moderne* abgibt, ist Marcel Proust, damals ein sechzehnjähriger Gymnasiast, Sekretär von *La Revue Verte*. Im sich dem Ende zuneigenden neunzehnten Jahrhundert sind

Der Proustsche Ort schlechthin: das Treppenhaus der Oper, in dem die elegante Gesellschaft aus *Auf der Suche nach der verlorenen Zeit* emporsteigt, und das der Erzähler nimmt, um die Berma zu sehen, wie sie *Phaedra* spielt.

die kühnen Bilder vom Mythos der Hauptstadt, seien sie nun dem freizügigen Paris, dem phantastischen Paris oder dem charmanten Paris entnommen, zu Klischees geworden, die sich im Laufe der Zeit aufgeschichtet haben und nun neue dichterische Kristalle ausbilden. Die *Pariser Bilder* und der *Pariser Spleen* von Charles Baudelaire haben bei der schreibenden Zunft viele Nachahmer hervorgebracht: Der Weltekel, die Lebensunlust, die Faszination durch Neurosen, die Umbrüche des modernen Lebens und die Veränderungen in der Kunst machen aus der Stadt ein Objekt, dem gesteigerte Aufmerksamkeit zukommt und das perfekt zum Geist der zeitgenössischen Dekadenz paßt.

Der frühe Marcel Proust, jener aus *Les Plaisirs et les Jours*, der sich nach seinen eigenen Worten sehr bald vom Milieu des »Banal-Dekadenten unserer Tage« befreit, entgeht dennoch nicht der zersetzenden Verführung dieser in Ästhetizismus vernarrten literarischen Strömung. »Sie haben den Baudelaire von *L'Âme des foules* und den Edgar Allan Poe der *Philosophy of Furniture* für sich vereinnahmt: keinerlei Substanz, aber immer ein angestrengtes Suchen nach Eindrücken«, bemerkt Marie-Claire Bancquart mit Blick auf Jean de Tinan, Robert de Montesquiou und den »kleinen Marcel«.

Da die Stadt nicht mehr als Gesamtwerk, mit dem sich das Ich identifizieren kann, empfunden wird, verschwindet die Möglichkeit, eine urbane Mythologie zu schaffen. Der Schriftsteller identifiziert sich nur noch mit Bruchstücken der Stadt, mit einer Wohnung, einem Zimmer. Auflösung des Milieus wie auch des Individuums, die irreführende Beziehungen zu Raum und Zeit hervorbringt. Dieses Ungleichgewicht, entstanden aus neuen Empfindungen und neuen Ausdrucksformen, ist die Grundlage der der Hauptstadt gewidmeten Literatur. Für so unterschiedliche Schriftsteller wie Émile Zola oder Jean Lorrain stellte das verfälschte Paris des »vorigen Jahrhunderts« jenen Ort dar, an dem sich nicht nur die widersprüchlichsten Kräfte der Zeit ausdrücken konnten, sondern auch ihre eigenen Spinnereien und Neigungen. »Auf diese Weise bildeten sich in diesem Paris am Beginn der Dritten Republik«, fährt Marie-Claire Bancquart fort, »die zukunftsweisenden ästhetischen Maßstäbe des Surrealismus und des ›nouveau roman‹, ohne hier natürlich vom Proustschen Roman zu sprechen.«

Die ortsgebundenen Schriftsteller haben ihre eigene Geographie. Deshalb ist der Gedanke an eine »literarische Geographie« ebenso legitim wie der an eine literarische Geschichte. Gibt es denn nicht zahlreiche

Zwischen 1900 und 1906 lebt Proust in der zweiten Etage der Rue de Courcelles Nummer 45, an der Ecke zur Rue de Monceau, in der Madelaine Lemaire ihre Salons abhielt, bei denen der junge Schriftsteller zu Gast war.

Entsprechungen zwischen der Erkenntnis über ein Gebiet und der Kenntnis eines geistigen Produkts? Die Aufmerksamkeit, die man der Rolle der Zeit im Werk Prousts schenkt, reduziert letztendlich den dem Raum gewidmeten Platz. Daß die Geographie, so wie sie in *Auf der Suche nach der verlorenen Zeit* dargestellt ist, in erster Linie metaphorischen Charakter hat, ist ohne Zweifel. Dennoch, der gewichtige Platz, den die Gedankenwelt einnimmt, sollte uns eine Außenwelt nicht aus den Augen verlieren lassen, die keineswegs davon ausgeschlossen ist. Wenn auch deren Existenz bei Proust eine ganz besondere Form annimmt, ist sie dennoch präsent: »Man begreift sie nicht so, wie man sie sinnlich erfassen kann, unmittelbar und oberflächlich, sondern man findet durch eine tiefergehende Wahrnehmung zu ihr, indem man durch die Facetten in die Persönlichkeit des Erzählers eindringt, der sie innig verbunden ist«, schreibt André Ferré 1939 in seiner *Géographie de Marcel Proust*.

Der gleiche Erzähler, der in *Eine Liebe von Swann* und *Die Gefangene* zugibt, »keine Art von äußerer Beobachtung« zu haben, zeigt uns dennoch auf jeder Seite die Schärfe seines Blicks. Jenseits der Erschei-

Die Wohnung, in der
Proust während der
letzen Jahre lebte, lag
in der Rue Hamelin
Nummer 44. Hier sollte
er 1922 sterben.
Das von ihm bewohnte
möblierte Zimmer,
mit Kork tapeziert,
wurde ins Musée
Carnavalet übertragen.

nungsebene eröffnet sich uns eine zweite Region. So bemerkt auch Rosette C. Lamont dazu: »Glück bedeutete für ihn diese herbe Entdeckung der Wirklichkeit, welche sich hinter Namen und Erscheinungen verbirgt, und die Wiederherstellung deren lebendiger Architektur.« In dem Augenblick, da der Autor mit ihr in Berührung kommt, sagt ihm die äußere Welt nicht viel: Er verunsichert sie oder er hält sie für unbedeutend, brüskiert oder enttäuscht sie. Was man als Prousts Snobismus bezeichnet hat, ist nichts anderes als diese Philosophie des Wunsches und der Ernüchterung.

Die Ausstattung, wie auch die Tatsachen und die Wesen, die das Gedankengebäude von *Auf der Suche nach der verlorenen Zeit* bevölkern, erhalten ihr wahres Leben nicht aus der gegenwärtigen Wahrnehmung, sondern aus der Vorstellung und der Erinnerung, woher sie ihre wesentliche Realität beziehen. Deshalb ist das Proustsche Paris ganz subjektiv und impressionistisch. Zudem kann die Vision jener Stadt, die ihn seit seiner Kindheit geprägt und die er sozusagen nie verlassen hat, nicht die eines begeisterten Reisenden sein, der die Hauptstadt in ihren malerischen Äußerlichkeiten darstellen würde. Vom Krankenzimmer aus hat der Künstler seine Ausflüge durch Paris unternommen, und er hat es vermocht, durch sein Bewußtsein um sich herum die Wesen und Orte wiedererstehen zu lassen, in eine Welt eindringen zu können, die er in jenen Zeiten entdeckt hat, als er ›mondän‹ war.

Die Bezüge zu Paris sind mannigfaltig, verlieren sich jedoch in Andeutungen. Und wenn auch die Viertel, Straßen und Monumente oft erwähnt werden, so werden sie nur selten beschrieben. Denn sie werden nicht wegen ihrer selbst beachtet, sondern in bezug auf Erinnerungen des Erzählers oder der Protagonisten des Romans. Proust sagt dazu in *Die wiedergefundene Zeit*: »Literatur, die sich damit zufriedengibt, ›die Dinge zu beschreiben‹, von ihnen nur einen schlechten Abdruck der Linien und Flächen wiedergibt, ist jene, die am weitesten von der Realität entfernt ist, obwohl sie sich realistisch nennt. (...) Denn sie zerschneidet abrupt jede Verbindung unseres gegenwärtigen Ich mit dem Vergangenen, wo die Dinge ihren Kern bewahren, und dem Zukünftigen, wo sie uns veranlassen, die Wirklichkeit neu auszuprobieren.« Im Gegensatz zu den starren Kulissen eines bewegungslosen, gleichgültigen Theaters nehmen die Orte, an denen sich die verschiedenen Phasen der Erzählung abspielen, wie individualisierte Wesen teil an der Leidenschaft und den Gedanken des Schriftstellers, tragen zur Erklärung der Figuren und der Gewissensbisse des Erzählers bei. Die Champs-Élysées, der Bois de Boulogne oder die Buttes-Chaumont werden Vorwände für die schöpferische Verherrlichung, Motive für Zärtlichkeit und Gegenstände der Erkenntnis, sind mehr als kleine Inseln, sind wahrhafte Länder. In einem Fragebogen, den man ihm als Vierzehnjährigem vorlegt, gibt der zukünftige Schriftsteller auf die Frage: »Wo möchten Sie leben?« die folgende Antwort: »Im Land des Idealen, im Land meines Ideals«. Ein Ideal, das ihn teuer zu stehen kommen wird. Sehr schnell wird ihm die Welt als ein fernes Land erscheinen, dessen Grenzen geschlossen und dessen Pässe schwer zu bekommen sind. Und wenn die Salons des Faubourg Saint-Germain für Proust anziehender sind als die von Venedig oder Florenz, werden sie doch sehr

bald gar nichts mehr sein. Seine lange Beziehung zu Paris ist die Geschichte einer fortschreitenden Veräußerung, eines Verlöschens in der Vereinsamung. Und gerade deshalb bleibt die geographische Atmosphäre, auch wenn sie nicht in der Grundidee enthalten ist, einer der interessantesten Aspekte im Werk Prousts. Auf der Suche nach dem verlorenen Raum?

Proust hat einmal gesagt, daß er den Ort, an welchem ein großer Mann geboren, den Ort, an dem er gestorben ist, für weniger wichtig hält als die Landschaften, die dieser am liebsten mochte. Diese Hochburg seiner Seele ist das vorgeburtliche und heimatliche Combray, ist das Balbec seiner Kinderträume, aber dazu gehören auch die Pariser Landschaften seiner Jugend und seines Erwachsenseins. Wenn *Auf der Suche nach der verlorenen Zeit* der Weg einer Läuterung ist, dann wäre das Leben des Erzähler-Autors, zwischen Étoile und dem Faubourg Saint-Germain, »eine schwindelerregende Bewegung, eine unaufhörliche Drehung in der gleichen Achse, die ›verlorene Zeit!‹«, um die Worte von Léon Pierre-Quint aufzugreifen. Proust will seinem Leser keine filmartige Vision der Hauptstadt liefern. Er versucht nicht wie Balzac, sich eine gedankliche Struktur der urbanen Welt zu erdenken, sondern er entnimmt ihr Bruchstücke.

Deshalb erscheint sein Paris nicht wie eine homogene Landschaft, sondern eher wie ein unendliches Nebeneinander getrennter Welten, »deren Geist«, wie Gaëtan Picon erklärt, »weniger eine Verbindung als eine Vertiefung in ihrem jeweiligen Rahmen sucht«.

Neben diesem Willen zur Aufteilung der Stadt in getrennte und nicht mehr teilbare Mikrokosmen ist die geographische Verteilung seiner Figuren über die Hauptstadt bezeichnend. Ihm zufolge gibt es eine Anziehungskraft zwischen den Menschen und den Stadtvierteln, in denen sie wohnen, auch wenn die Wohnungswahl von gewissen unklaren Neigungen geleitet ist, auch wenn Personen in einer entsprechenden gesellschaftlichen Stellung bestimmten Bereichen zugeordnet sind, in denen dann »die Leute schließlich ihrem Viertel ähnlich werden: Rue de l'Arcade, Avenue du Bois, Rue de l'Elysée«. Letztlich hat der Autor seine Helden, je nach ihrer gesellschaftlichen Stellung, innerhalb der Pariser Topographie symbolisch über die beiden Flußseiten und die verschiedenen Pariser Zentren verteilt.

Begrenzt von der Seine vom Pont-Neuf bis zum Quai d'Orsay, begrenzt vom Fluß, dem Boulevard des Invalides, der Rue de Vaugirard, der Rue de l'Odéon und der Rue Dauphine, ist der noble Faubourg Saint-Germain, dessen Bewohner nicht alle zur »großen Welt« gehören: Cottard bleibt in der Rue du Bac und Onkel Adolphe bewohnt eine Wohnung in der Rue de Bellechasse. Unter denen, die eher an diesen Ort gehören, sind Madame de Villeparisis, die am Quai Malaquais wohnt, zwei ihrer Freundinnen in der Rue de Tourmon und Rue de la Chaise, der Prinz und die Prinzessin de Guermantes in der Rue de Varenne, ein Cousin von Oriane in der Rue Vaneau. Dennoch erscheint der Faubourg Saint-Germain eher wie ein soziales Ganzes als

In der Opéra Comique sieht der Erzähler zum ersten Mal die Gräfin von Guermantes, deren Loge ihm »unerreichbar wie das Unterwasserreich der Nereiden« erscheint.

wie eine geographische Realität. Und der Salon der Gräfin von Guermantes, welcher als der erste des Faubourg gilt, liegt er nicht »an der Rive droite«?

Das Étoile-Viertel ist, wenn nicht durch seinen alteingesessenen Adel, doch zumindest durch seinen Luxus privilegiert. Madame de Saint-Euverte lebt dort in Nachbarschaft mit dem Parc Monceau; Odette de Crécy, die Halbweltdame, wird dann in der Nähe des Bois de Boulogne zu Madame Swann. In der Avenue du Bois wird auch der Prinz de Guermantes ein prächtiges Haus bauen lassen. Nicht weit davon erstreckt sich das reiche Bürgerviertel, in dem die Familie des Erzählers vor dem Umzug ins Hotel Guermantes am Boulevard Malesherbes wohnte und wo Bergotte ebenfalls seine Bleibe hat. Rund um die Champs-Elysées stehen das Haus einer großen Dame, der der Erzähler am Cours-la-Reine einen Besuch abstatten wird, und die erste Wohnung der Verdurins zu Zeiten des »petit noyau« in der Rue Montali-vet. In Auteuil, wo die Goncourts am Boulevard de Montmorency wohnen, wird sich Albertine während einer angeblichen Reise nach Balbec verstecken, in der Rue de l'Assomption.

Die Ile Saint-Louis, welche eine Brückenfunktion zwischen den beiden Ufern hat, ist der Wohnort von Swänn vor seiner Ehe. Sein altes Haus, das Odette als »seiner nicht würdig« beurteilt, stand am Quai d'Orléans. Doch ist nicht Swann selbst das Verbindungselement zwischen Bourgeoisie und Aristokratie, zwischen dem provinziellen Combray und dem mondänen Guermantes?

Was das Geschäftsviertel betrifft, so wird dies durch die Rue des Blancs-Manteaux symbolisiert, wo der Vater Bloch seine Büros hat. Ganz in der Nähe befindet sich »eine ganz den Juden überlassene Straße«.

In *Auf der Suche nach der verlorenen Zeit* spielen drei Pariser »Oasen« eine wichtige Rolle: die Champs-Élysées, der Rahmen für die Liebe der kleinen Gilberte und Schauplatz des ersten Anfalls der Krankheit, an der die Großmutter des Erzählers sterben sollte; der Bois de Boulogne mit dieser Allée des Acacias, wo der junge Marcel Madame Swann bewundern wird; die Buttes-Chaumont, welche seine Eifersucht auf Albertine verkörpern. Dagegen werden viele andere »sehr pariserische« Orte nur flüchtig erwähnt. Bedenken des Schriftstellers bezüglich der topographischen Genauigkeit – oder Adressenliste eines Eingeweihten? Swann holt Odette bei *Prévost* ab, Saint-Loup speist mit der Gräfin von Uzès und dem Prinzen von Orléans im *Café de la Paix*, Albertine macht ihre Besorgungen im *Bon Marché* und den *Trois Quartiers*, Monsieur de Charlus weilt in einem Häuschen in der Rue de Bourgogne… In Prousts Werk finden sich ebenso die großen Restaurants, das *Henry* an der Place Gaillon, das *Weber* in der Rue Royale oder *Prunier* in der Rue Duphot; die Süßwarengeschäfte und Konditoreien Rebattet und Bourbonneux, Poiré-Blanche, Colombin; die Blumengeschäfte Lemaître, Debac, La Chaume; die großen Schneider Redfern, Doucet, Paquin; der Hutmacher Delion; der Juwelier Boucheron…

Die großartige Beschwörung des Paris im Ersten Weltkrieg, mit der *Die wiedergefundene Zeit* erst richtig beginnt, zwingt den Leser dazu, sich von dem Grundgedanken einer ökonomischen und weltlichen Ordnung zu verabschieden, ebenso wie auch der mehrjährige Aufenthalt des Erzählers in einer Krankenanstalt diesen brutal von seiner Vergangenheit trennt. Es ist eine neue Hauptstadt, die da entstanden ist. »Diese Pariser Kriegsnacht, mit Angriffen der ›Gothas‹, den Sirenen, den Kellern, sie läßt an Sodom unter dem Feuerregen denken«, notiert Maurice Bardèche. Doch nicht der Schrecken beherrscht die Stadt, sondern die unglaubliche Aufregung und die seltsame Entfremdung, die dessen Auftritt auslöst: Die unterirdischen Gänge der Metro sind nun dunkle Orte, die heimliche Treffen begünstigen; die leeren Straßen zwischen Sainte-Clothilde und der Rue Bonaparte werden zu Feldwegen; der Schnee, »den kein Arbeiter mehr wegräumt«, türmt sich auf dem Boulevard Haussmann… Und während der Erzähler mit dem Baron de Charlus herumzieht, verwandelt sich das nächtliche Paris der Boulevards in einen breiten, schillernden Harem. Wo sind wir nur? In einem Hafen des Kalifenreiches? Doch das ist unwichtig, denn das Bild der Hauptstadt, welches der Schriftsteller zeigt, so impressionistisch, unverschämt und kraftvoll, ist noch in uns. Diese Modernität der Darstellung unterstreicht Maurice Bardèche: »Es ist der Neorealismus des Italienischen Films nach 1945, der sich da andeutet: Das Paris von Proust während des Krieges erinnert an *Rom, offene Stadt* von Rosselini.«

Marcel Proust ist im XVI. Arrondissement geboren, im alten Faubourg d'Auteuil, in der Rue La Fontaine Nummer 96. Er ist dort auch gestorben, auf der Höhe von Chaillot, in der Rue Hamelin Nummer 44. Dennoch verbrachte er fast sein ganzes Leben im VIII. Arrondissement. Er hat sich niemals allzu weit vom westlichen Zentrum der Hauptstadt entfernt. Wegen des Asthmas, unter

dem er leidet, ist er zur Seßhaftigkeit verurteilt, die ihn zwar dazu zwingt, die Düfte der Natur zu meiden, die aber auch gewollt ist: Er ist der Mann der Séparées und Salons, der Boulevards und des Bois de Boulogne, der Zimmer und Betten, der Schreibfedern und Hefte. *Auf der Suche nach der verlorenen Zeit* ist also das Werk eines geborenen, eingefleischten Parisers. In die Andeutungen an das legendäre Combray, die Erinnerungen an Illiers mischen sich die an Auteuil, an jenes Landhaus, welches seinem Großvater mütterlicherseits gehörte und wohin Madame Proust sich zurückgezogen hatte, um 1871 den kleinen Marcel zur Welt zu bringen. Doch er wird die ersten dreißig Jahre seines Lebens am Boulevard Malesherbes Nummer 9, einem Haus im Stil des Second Empire, verbringen. Die Wohnung, in der ersten Etage am Ende des Hofs gelegen, ist Teil des Hotel Guermantes in *Auf der Suche nach der verlorenen Zeit*. Ende des Jahres 1900 ziehen die Prousts in die Rue de Courcelles Nummer 45, jene große Straße, in der sich die Privathäuser der Fürstin Mathilde und der Bibesco befinden. Dieses weniger zentrale, aber dafür herrschaftliche und »literarische« Paris muß Proust

»Tout-Paris« erscheint montags in der Oper, dann findet auch in den Logen ein Schauspiel statt.

leider verlassen, als er sich 1905 nach dem Tod seiner Mutter im Boulevard Haussmann Nummer 102 niederläßt. »Eine sehr häßliche Wohnung, mit Staub, Bäumen, allem, was ich verabscheue; die ich nur genommen habe, weil es die einzige war, die ich finden konnte, die Mama kannte…«, schreibt er an Madame Gaston de Cavaillet. Mit diesem Ortswechsel knüpft der Schriftsteller nicht nur wieder ans Madeleineviertel, den Pariser Hintergrund seiner frühen Jugend, an, sondern er schreibt dort vor allem den größten Teil seines Werkes, isoliert vom Lärm der Straße durch Korkplatten, mit denen er sein Zimmer 1910 tapezieren läßt. Als das Gebäude 1919 an die Bank Varin-Bernier verkauft wird, muß Marcel Proust ausziehen. Nachdem er einige Monate bei der Schauspielerin Réjane verbracht hat, zieht er in die Rue Hamelin Nummer 44, in die fünfte Etage eines Hauses, das heute ein Hotel ist. In diesem unscheinbaren, möblierten Zimmer, das

»16.000 Francs kostet und ungefähr einer Mädchenkammer gleichkommt«, vollendet die literarische Nachteule ihr Werk. Bis zu den letzten sechs Monaten seines Lebens kann man ihn nur im Ritz treffen. Er hat sich so daran gewöhnt, daß er sich dort wohler fühlt als zu Hause. Hier korrigiert er auch die letzten Druckfahnen von *Auf der Suche nach der verlorenen Zeit*: »Man sah ihn in der Loge des Portiers über sein Papier gebeugt, im gläsernen Käfig, gut geheizt, wo das Kommen und Gehen der Hotelgäste, das er so beobachten konnte, seinen Geist stimulierte«, erinnert sich Léon Pierre-Quint. Er wird jedoch das ungastliche möblierte Zimmer in der Rue Hamelin nicht mehr verlassen. Hier stirbt er am 18. November 1922. In dem Durcheinander, das in seinem Zimmer herrscht, liegen die Hefte, welche den Schluß seines Werkes enthalten, auf einem Tisch aufgestapelt.

S. J.

Das Hôtel de Breteuil in der Avenue Foch, früher Avenue du Bois, wohin Proust das Hôtel des Guermantes verlegt.

Rechte Seite:
Swann geht oft zu *Lapérouse* **zum Abendessen, »aus einem dieser ebenso mystischen wie skurrilen Gründe, die man romantisch nennt: Weil nämlich dieses Restaurant (das es noch gibt) denselben Namen trägt wie die Straße, in der Odette wohnt.«**

Rainer Maria

Rilke

(1875–1926)

*In dieser so verwirrenden Pariser Zeit, in der jeder schmerzliche und schwerwiegende
Eindruck von ganz oben auf meine Seele zu fallen schien…*

BRIEF AN LOU ANDREAS-SALOMÉ VOM 9. NOVEMBER 1903

»Ich bin in Paris, die es hören, freuen sich, die meisten beneiden mich. Sie haben recht. Es ist eine große Stadt, groß, voll merkwürdiger Versuchungen. Was mich betrifft, ich muß zugeben, daß ich ihnen in gewisser Beziehung erlegen bin. Ich glaube, es läßt sich nicht anders sagen. Ich bin diesen Versuchungen erlegen und das hat gewisse Veränderungen zur Folge gehabt, wenn nicht in meinem Charakter, so doch in meiner Weltanschauung, jedenfalls in meinem Leben. Eine vollkommen andere Auffassung aller Dinge hat sich unter diesen Einflüssen in mir herausgebildet, es sind gewisse Unterschiede da, die mich von den Menschen mehr als alles Bisherige abtrennen. Eine veränderte Welt. Ein neues Leben voller neuer Bedeutungen. Ich habe es augenblicklich schwer, weil alles zu neu ist. Ich bin ein Anfänger in meinen eigenen Verhältnissen.« Könnte Rainer Maria Rilke diese Revolution, welche sein Aufenthalt in Paris für ihn bedeutet, wohl besser zusammenfassen, als er es mit diesem wesentlichen Abschnitt der *Aufzeichnungen des Malte Laurids Brigge* tut?

Auch wenn eine solche Vorgehensweise manchmal etwas irreführend scheinen mag, hier muß man unbedingt die Verbindung zwischen dem Autor und seiner Hauptperson ziehen: Zahlreiche Abschnitte der *Aufzeichnungen* finden sich in dem Briefwechsel Rilkes mit seiner Frau Clara Westhoff oder mit Lou Andreas-Salomé wieder; und die Erzählung, selbst wenn der

»Ah! Wie gut es tut, unter Leuten zu sein, die lesen!« läßt Rilke, der viele Stunden in der Bibliothèque Nationale verbringt, seinen Malte Laurids Brigge ausrufen.

Autor sich lange gesträubt hat, bevor er dies schließlich zugab, verdient ohne jede Anmerkung das Prädikat autobiographisch.

»Eine veränderte Welt«, »eine vollkommen andere Auffassung aller Dinge«: So also stellt sich die Revolution dar, welche die französische Hauptstadt in einem der größten deutschsprachigen Prosaisten auslöst, der 1902 nach Paris kommt, noch im gleichen Jahr Rodin kennenlernt und von nun an nahezu sein gesamtes bisheriges Werk ablehnt. Solche radikalen, an eine Stadt gebundenen Brüche sind selten, ein ontologischer Bruch, der unweigerlich mit einem literarischen Bruch einhergehen mußte. So kann auch Maurice Betz, Autor eines Essays über *Rilke à Paris*, mit gutem Recht sagen: »Paris war für Rilke weit mehr gewesen als Venedig für Byron oder Toledo für Barrès: die Offenlegung seiner tiefgründigen Fähigkeiten, seiner ›inneren Wasserscheide‹, des Prüfsteins seiner Kunst.« Wie sieht nun diese Offenlegung aus und welche Rolle wird vor allem Paris darin spielen? Die metaphysische Wallfahrt, zu der *Die Aufzeichnungen des Malte Laurids Brigge* den Leser einladen, läßt schon erste Antworten auf diese Frage zu. Der Anfang des Romans spricht in dieser Hinsicht für sich selbst: »11. September, Rue Toullier. So, also hierher kommen die Leute, um zu leben? Ich würde eher meinen, es stürbe sich hier.« Ein Einstieg, der alles andere als harmlos ist: In zwei Zeilen läßt Rilke seinen jungen Helden gleich unter seiner eigenen Anschrift wohnen und stellt Paris zwischen zwei so bedeutungsschwere Begriffe wie Leben und Tod.

Genauer gesagt: Wenn Rilke-Brigge in Paris mehr als irgendwo sonst den »élan vital« verspürt, der ihm zu fehlen scheint, so schreibt er doch ständig davon, daß er »in dieser riesigen Stadt Legionen von Kranken, Armeen Sterbender, tote Völkerschaften« sieht. Sehr schnell, wie ein plötzlich sehend gewordener Mensch, wird er sich der Dinge und der Realität bewußt, doch es ist eine plastische Realität, in der natürlich Paris die Feder führt. Das Hin und Her der Krankenwagen vor dem Hôtel-Dieu, jenem Krankenhaus, wo man »am Fließband, wie in der Fabrik« stirbt, wird zum tragischen Ballett; drei Wochen sind vorbei, und »es sind Jahre«, die vergangen zu sein scheinen; die Geräusche, die von der Straße bis zu seinem Zimmer hinaufdringen, werden schnell zum unerträglichen Lärm, wenn es nicht noch Schlimmeres gäbe: die völlige Stille, die angehaltene Zeit, welche dem Warten auf eine Katastrophe gleichkommt.

Diese neue Wahrnehmung der realen Welt, so überspitzt, daß sie beinahe phantastisch erscheint, taucht den Erzähler in eine Schwermut, deren Dichte wie schweres Wasser erscheint: Als er die Salpêtrière verläßt, setzt er seinen Weg fort, ohne zu wissen, durch welche Stadt er eigentlich läuft, noch ob er überhaupt hier wohnt; ja er weiß nicht einmal mehr, wie er sein Umherirren beenden kann; nachdem er auf dem Boulevard Saint-Michel einen Mann gesehen hat, der vom Veitstanz besessen ist, läßt er sich »wie ein weggeworfenes Papier, (...) die Häuser entlangtreiben...«. Diese Verwirrungen, welche auch sehr real sind, treten meist

in Form unüberwindlicher Ängste vor Veränderungen auf: »Die Angst, ich könnte mich verraten und über all das sprechen, wovor ich Angst habe und die Angst, nichts sagen zu können, weil alles unaussprechlich ist, und all die anderen Ängste... die Ängste.«

Allmählich, zwischen den Zeilen, in den Schraffierungen einer Erzählung, in der sich Kindheitserinnerungen und Erfahrungen eines Erwachsenen überlagern, wird dem Leser der gewichtige und wahrscheinlich auch erlösende Stellenwert der Schrift klar: Sie, die dieses »leere Papier« bis zum Extrem schwärzt, die die Angst eines noch romantisch veranlagten jungen Mannes vertreibt, der die Erinnerung an die Gespenster seiner Kindheit in dänischen Schlössern wachhält und der in Paris eine grundlegende Selbsterfahrung macht. »Ich lerne sehen. Ich weiß nicht, an was es liegt, aber alles dringt tiefer in mich ein, ohne dort innezuhalten, wo gewöhnlich alles aufhört. Ich habe ein Inneres, das ich bisher nicht kannte. Alles hat dort nun Zugang. Ich weiß nicht, wie mir geschieht.« Auch darin liegt die Lehre aus den *Aufzeichnungen*: Malte öffnet sich der Welt in dem gleichen Maße, in dem Rilke sich seiner als Schriftsteller bewußt wird. Wenn er gleich bei seiner Ankunft in Paris gesteht, nichts über das Leben zu wissen, dringt Malte darauf, daß nun unvermeidlich etwas geschehen muß. »Es muß so sein, daß sich ·dieser junge, unbedeutende Ausländer Brigge in seinem fünften Stockwerk einrichtet und Tag und Nacht schreibt. Ja, es muß so sein, daß er schreibt, so wird es enden.« Denn es gibt keinen anderen Ausweg.

Bei den vielen Zwangsvorstellungen, die Rilke in der Zuspitzung der von Malte gemachten Beschreibungen

Der Boulevard Saint-Michel, so wie er sich Malte Laurids Brigge präsentierte, »leer und weitläufig«, beunruhigend, wie ein zum Unbekannten offenes Meer.

mit Paris verbindet, muß man immer wieder die Allgegenwart von Krüppeln, Bettlern und Blinden, die durch
die Stadt streifen, betonen, eine Allgegenwart, die
ebenso eine Besessenheit wie auch die Verkörperung
eines Gebrechens darstellt, in welchem sich der Dichter
selbst erkennt. So betont er in den *Aufzeichnungen*,
nachdem er die Behinderten und die zerfallenen
Gemäuer der Stadt beschrieben hat: »Alles, was ich
hier vorfinde, erkenne ich wieder; aus diesem Grunde
dringt alles spontan in mich ein: ganz wie zu Hause.«
Seine auf Paris bezogenen Gedichte wechseln genauso zwischen dem Leben – es gibt zahlreiche, die
sich mit Naturbeschreibungen, dem Jardin du Luxembourg und den Tieren im Jardin des Plantes befassen –
und dem Zerfall, der auch die Menschen nicht
verschont. Eine alte Frau – Paris, eine Blinde – Paris...
Solche Überschriften lassen sich häufig in seinen
Gedichtsammlungen wie im *Buch der Bilder* finden,
dort steht unter *Pont du Carrousel*: »Der Blinde auf
der Brücke, grauer Grenzstein namenloser Königreiche,
ist vielleicht jenes unbewegliche Ding, um das sich
fern die Sternenstunde dreht, der klare Angelpunkt der
Sternenbilder.«

Gewiß, das Paris Rilkes ist nicht nur Kulisse für die
schwarzen Taumel seiner Ängste. Wie Malte spaziert
auch er entspannt durch die Tuileriengärten, verbringt
ganze Tage mit Lesen in der Bibliothèque Nationale,
wo er genüßlich die Leser mit den »verschlafenen Haaren« beobachtet; er bummelt zu den Buchhändlern an
den Seine-Quais und stattet den »Altwaren«-Händlern in

der Rue de Seine einen Besuch ab, schlendert an den
alten Bordells im Faubourg Saint-Germain vorbei,
begibt sich in den Louvre, gerät dort vor den Tapisse-
rien der Dame à la Licorne de Cluny ins Träumen, bricht
hemmungslos in Tränen aus beim Anblick der Sainte-
Geneviève von Puvis de Chavannes im Panthéon oder
sinnt unter dem »ungastlichen Gewölbe des Grand
Palais« über die Farben Cézannes nach. Denn Paris ist
auch die Hauptstadt der Kunst, in der Rilke jenen Mann
trifft, der zum großen Meister werden wird: Auguste
Rodin. Und es ist kein Zufall, wenn der berühmt gewordene Aufsatz, den er ihm gewidmet hat, mit diesem Zitat von Pomponius Gauricus beginnt: »Die Schriftsteller wirken durch Worte, die Bildhauer aber durch
Taten.« Es kann keinen Zweifel geben, daß das Werk
des Bildhauers an den Pariser Offenbarungen von Brig-
ge-Rilke einen großen Anteil hat, als ihm die Dinge ins
Bewußtsein treten und ihm die Notwendigkeit klar wird,
der Körperlosigkeit zu entsagen, jener Verschwommen-
heit, in der er sich noch gefangen glaubt. Zeitweise
wohnt er sogar in der Villa des Brillants in Meudon bei
Rodin, dessen Sekretär er von September 1905 bis Mai
1906 ist, bevor er den Bildhauer dazu ermutigt – das
wird nur allzu oft vergessen –, zu ihm in jenes Herren-
haus überzusiedeln, in welchem er selbst das ehemali-
ge Atelier seiner Frau Clara bezogen hatte. Und
schreibt er nicht am 31. August 1907 ganz prophetisch
an Rodin: »Sie sollten, teurer großer Freund, dieses
schöne Gebäude sehen und den Raum, welchen ich
seit heute bewohne. Seine drei Flügel gehen wunder-

Rechts und rechte Seite:
Spaziergänge in den Tuilerien in nebliger und leichter Luft, das Schlendern durch die Rue de Seine zu den Buchhändlern bestimmen Rilkes Tage.

Unten:
Das Hôtel Biron im Jahre 1902, dem Jahr, in welchem Rilke nach Paris kommt. Fünf Jahre später zieht er dort ein und ermuntert Rodin, zu ihm zu kommen.

bar auf einen verwilderten Garten, in dem man von Zeit zu Zeit ganz unbefangene Kaninchen wie auf alten Wandteppichen durch die Zäune springen sieht.« Rodin zieht dann auch tatsächlich zu ihm ins Hôtel Biron in die Rue de Varenne Nummer 77, dorthin, wo sich heute das Rodin-Museum befindet.

Rilke, der viel auf Reisen ist, verbringt dennoch, bis zum Ausbruch des Ersten Weltkrieges, längere Perioden in Paris. *Die Aufzeichnungen des Malte Laurids Brigge*, welche 1904 einsetzen und sechs Jahre später veröffentlicht werden, fallen also mitten in seine Zeit in der französischen Hauptstadt, ja sie sind ihr sogar auf den Leib geschrieben. Später wird er in seinen Briefen oft darauf zurückkommen, wobei er dann gerne das Werk mit der Stadt verbindet. So gesteht er der Fürstin von Thurn und Taxis in einem Brief vom 19. November 1920 seine Freude, das Paris Maltes wiederzufinden: »Es war – in einem Maße, das alle Erwartungen über-

traf – mein Paris, das von früher, fast möchte ich sagen: Das Ewige.« Am 16. Dezember des gleichen Jahres gräbt er in einem auf französisch verfaßten Brief an Merline, eine befreundete Malerin, noch tiefer in seinen nunmehr von einem Heiligenschein umgebenen Erinnerungen: »Stellen Sie sich nur einen Malte vor, der in diesem für ihn so schrecklichen Paris eine Geliebte gehabt hätte, oder auch nur einen Freund! Wäre er dann jemals so tief in die Geheimnisse der Dinge eingedrungen?« Das Paris von Rilke und das Paris Maltes sind nun endgültig zu ein und demselben gemeinsamen Symbol geworden, dessen deckungsgleiche Abbilder jetzt den klaren Umriß seiner Initiationsreise erkennen lassen.

Eine solche Erfahrung kann Rilke nicht vergessen oder außer acht lassen. In diesem Sinne schreibt er am 20. März 1926 an Eduard Korrodi einen Brief, in dem er seinem Wunsch Ausdruck verleiht, »in meiner Eigenschaft als bescheidener Schüler und als unbescheidener Bittsteller noch offensichtlicher Frankreich und dem unvergleichlichen Paris verbunden zu sein, die in meiner Entwicklung und in meinen Erinnerungen eine ganze Welt darstellen.« Er stirbt am 29. Dezember des gleichen Jahres.

L. M.

Turgenjew

(1818–1883)

Plötzlich verschwand der Nebel;
Ellis nahm ihren Ärmel von meinem Kopf, und ich nahm unter mir eine
Masse engstehender Gebäude, voller Glanz, Bewegung, Lärm wahr…
Ich nahm Paris wahr.
Erscheinungen

»Was immer man auch sagt, mein Rußland ist mir teurer als alles auf der Welt. Ich spüre es vor allem, wenn ich im Ausland bin«, vertraut Iwan Turgenjew in einem Brief vom 6. November 1856 seinem Freund Botkin an. »Das Ausland« ist für diesen großen Reisenden Deutschland, England, Italien, doch vor allem Frankreich, wo er fast die Hälfte seines Lebens verbringt. Erlaubt ihm Paris, besser von Rußland zu träumen? Am 31. Januar 1874 versichert er dennoch, daß »es tatsächlich unmöglich ist, im Ausland über russische Dinge zu schreiben«. Zwischen diesen beiden Daten sind jedoch die meisten seiner Romane und Novellen ebendort verfaßt worden. So sieht die paradoxe Situation des ewigen Exilanten aus freiem Willen aus, welche sich Turgenjew gewählt hat: sich mit Rußland zu beschäftigen, wenn er in Frankreich ist, und darunter zu leiden, fern von Paris zu sein, wenn er in sein Heimatland zurückkehrt…

Fortzugehen heißt für den jungen Turgenjew vor allem, sich von der brutalen Autorität seiner Mutter abzusetzen, die zum Beispiel damit droht, als Druckmittel einen seiner Leibeigenen auspeitschen zu lassen, falls ihr Sohn ihr nicht oft genug schreibt: »Nehmen Sie sich in acht, treiben Sie mich nicht zu solcher Ungerechtigkeit«, warnte diese krankhaft besitzergreifende Frau und forderte von Iwan, daß er ihr die intimsten Dinge seines Lebens erzähle und über alle seine Aktivitäten berichte.

Turgenjew kannte die Rue de Rivoli gut, denn er hatte dort öfters gewohnt und außerdem in Begleitung von Marie Bashkirtseff dem Trauerzug für Gambetta zugeschaut.

Im Oktober 1843 wird das Leben des Schriftstellers jedoch eine entscheidende Wendung nehmen: Er trifft bei einer Jagdgesellschaft Louis Viardot, den Direktor der italienischen Oper in Paris. Auch wenn die beiden Männer eine echte Freundschaft verbindet, kann Turgenjew nicht seine schon mit Liebe vermischte Bewunderung für dessen Frau, die Sängerin Pauline Viardot, Schwester der berühmten, 1836 verstorbenen Malibran, verbergen. Pauline ist nicht schön, aber ihre Stimme, ihr Geist, ihre Ausstrahlung verzaubern Turgenjew: »Ihre Frau«, schreibt er an Louis Viardot, gleich nachdem er sie das erste Mal gehört hat, »nicht daß ich sagen würde, sie sei grandios: Sie ist meiner Meinung nach die einzige Sängerin auf der Welt.« Von da an wird Turgenjew sie ständig in Paris oder auf ihrem Schloß Courtavenel in Seine-et-Marne besuchen. Wenn Pauline auf Tournee nach Berlin geht, findet er sich damit ab, auf ihre Rückkehr nach Paris zu warten. Er mietet ein Zimmer in der Nähe des Palais-Royal, wird Stammgast bei *Véfour* und den benachbarten Cafés, dem Variété-Theater, der Opéra Comique. Nachmittags geht er gerne in die Tuileriengärten: »Ich schaue einem Haufen Kinder beim Spielen zu, alle zauberhaft wie die Liebe und so neckisch gekleidet. Ihre kindlich ernsten Liebkosungen, ihre von der ersten Winterkälte angeknabberten kleinen roten Wangen, die stillen und guten Gesichter der Kindermädchen, die

Pauline Viardot, Turgenjews einzige Leidenschaft, 1859 in *Orpheus* von Gluck.

Rechte Seite:
Rue Chaptal, das Haus von Ary Scheffer, dem Geliebten der Sängerin; heute das Musée de la vie romantique. Der resignierte Turgenjew begab sich oft dorthin.

rote Sonne zwischen den großen Kastanienbäumen, die Statuen, die schlafenden Teiche, das majestätische Dunkelgrau der Tuilerien, all das gefällt mir unendlich, entspannt und erfrischt mich nach einem arbeitsreichen Vormittag«, schreibt er am 14. Dezember 1847 an Pauline. Einige Monate später, während der Revolution von 1848, ist er an der Porte Saint-Denis Zeuge eines Aufstands, bekommt es aber mit der Angst zu tun und flüchtet durch die Rue de l'Échiquier. In Erinnerung an diese Barrikade wird Turgenjew jenen Helden sterben lassen, der seinem Roman *Rudin* den Namen gibt und dessen Vorbild er lange nicht verraten wird. Tatsächlich handelt es sich um seinen Freund, den Revolutionär Bakunin: »in diesem Falle ist es ein Rudin, der nicht auf einer Barrikade getötet wurde«, räumt er 1862 schließlich ein. Die Episode wird auch in *Der Mann mit der grauen Brille*, einen weiteren seiner Berichte für den *Contemporain*, Eingang finden.

Das Jahr 1848 prägt Turgenjews Erfahrungen in Frankreich um so mehr, als es wahrscheinlich jene Zeit ist, in der er der Liebhaber von Pauline Viardot wird, die schließlich von der Beharrlichkeit dieses jungen russischen Schriftstellers, eines brillanten Gesprächspartners und erfahrenen Musikkenners, gerührt ist. Der Einfluß, den sie von nun an auf ihn ausübt, wird ständig wachsen, auch wenn sich die Liebe in eine innige Freundschaft verwandeln wird. Turgenjew, vermutlich durch seine Mutterbeziehung traumatisiert, findet Gefallen an solch harter Beziehung, in der die Angebetete in jeder

Hinsicht Gegenstand seiner Leidenschaft wird: »Ich bin dem Willen dieser Frau unterworfen«, erzählt er seinem Freund, dem Dichter Fet. »Schon lange hat sie für mich alles andere für immer und ewig in den Schatten gestellt. Ich verdiene, was mit mir geschieht... Ich bin nur glücklich, wenn eine Frau ihren Absatz auf meinen Hals stellt und mein Gesicht in den Schlamm drückt.«

Wenn Turgenjew nicht in Rußland ist, befindet er sich in Paris oder im Schloß der Viardots, wo er sich bisweilen auch allein aufhält: »Es gibt keinen Ort auf der Erde, den ich so liebe wie Courtavenel...«, schreibt er an Louis Viardot am 16. Mai 1850, im gleichen Jahr, in dem er Gounod kennenlernt. In den folgenden Monaten ergibt sich ein merkwürdiges Leben zu dritt: Seine Vertrautheit mit dem Ehepaar erlaubt es ihm sogar, jenem seine uneheliche Tochter aus der Beziehung zu einer Schneiderin anzuvertrauen: Pélagie, die sogleich in Paulinette umgetauft wird, genießt so eine französische Erziehung und spricht bald zur großen Zufriedenheit ihres Vaters kein Wort Russisch mehr.

1850 ist auch das Todesjahr seiner Mutter. Turgenjew wird plötzlich ein reicher Mann, doch ganz frei ist er nicht: Die Behörden seines Landes, die das düstere Gemälde Rußlands in den *Aufzeichnungen eines Jägers* wenig geschätzt haben, zwingen ihn, in Spasskoje, jenem großen Besitz, den nun er geerbt hat, zu wohnen. 1856 kehrt er zu Pauline zurück und zieht mit ihr in die Rue de Rivoli Nummer 206, in eine Pension, die er einem seiner jungen Landsleute, Leo Tolstoi, empfiehlt. Auch wenn sich die beiden Männer zu jener Zeit fast täglich sehen, besteht zwischen ihnen eine herzliche Abneigung. Unter dem Datum vom 19. März 1857 kann man in Tolstois Tagebuch lesen: »Um 5 Uhr ist Turgenjew vorbeigekommen (...), ich achte ihn, ich schätze ihn, fast liebe ich ihn, doch sympathisch ist er mir nicht, und das beruht auf Gegenseitigkeit.« Am 21. März schreibt Turgenjew: »Nein! Trotz aller Anstrengung, ich kann ihm wirklich nicht näher kommen (...) Alles was ich mag, mag er nicht, und umgekehrt.«

In Paris verschlechtert sich die Lage von Turgenjew: krank, entmutigt, verliert der Schriftsteller sein Selbstvertrauen. Wenn er literarische Salons wie den von Marie d'Agoult in der Rue des Mathurins besucht, so nur, um besser über das Leben in Paris herziehen zu können: »Eine Rastlosigkeit ohne Leben, der falsche Glanz oder die hilflose Plattheit, ein weitgehendes Unverständnis von allem, was nicht französisch ist, das Fehlen jeglichen Glaubens, jeglicher Überzeugung, selbst einer künstlerischen Überzeugung, auf all dies treffen sie, wenn sie sich umschauen… (…) Wenn ich hier lebe, so nicht wegen Frankreich, auch nicht wegen Paris, sondern auf Grund von Umständen, für die ich nichts kann«, beklagt er sich bei Aksakow am 8. Januar 1857. Diese »Umstände« tragen immer noch den Namen Pauline Viardot, denn die junge Frau zeigt sich bald darauf mit dem Maler Ary Scheffer vor dem schwachen, unglücklichen Turgenjew. Eine Reise, das alte Mittel gegen seinen Schmerz, führt ihn nach London, dann nach Deutschland, läßt ihn eine Zeitlang Abstand von Paris gewinnen. Als er im Laufe des Sommers nach Frankreich zurückkehrt, geschieht dies, um Paulines neugeborenes Kind zu sehen: Paul Viardot, vermutlich Turgenjews Sohn, der für kurze Zeit dessen Herz höher schlagen läßt. Doch er wird eisig empfangen und geht erneut auf Reisen, diesmal nach Italien, um seinen Kummer zu vertreiben. Bei seiner Rückkehr nach Rußland sichern ihm *Ein Adelsnest* und *Erste Liebe* trotz widersprüchlicher Kritiken einen Riesenerfolg: Die Liberalen werfen ihm seine Gesellschaftskritik vor, die Revolutionäre seine zurückhaltenden Ansichten. Rußland feiert ihn, Rußland klagt ihn an, doch von der Veröffentlichung des Zarenerlasses über die Aufhebung der Leibeigenschaft erfährt er am 19. Februar 1861 in Paris. Voller Freude will er in die Heimat zurückkehren und läßt sich dennoch Zeit, wird immer wieder durch Sachzwänge zurückgehalten, die er sich bisweilen selbst ausdenkt: »Warum wühlst Du mit dem Messer in meiner Wunde? Was soll ich machen, habe ich doch ein Mädchen und muß heiraten?« schreibt er am 9. März an Herzen. »Nur deshalb bleibe ich in Paris. Aber in all meinen Gedanken, mit meinem ganzen Wesen bin ich in Rußland.« Am 3. Mai reist er schließlich ab.

Für Turgenjew bedeutet die Rückkehr nach Europa unvermeidlich das Wiedersehen mit Pauline. Ihre Stimme hat begonnen, sich, wenn auch nur geringfügig, zu verändern: Sie ist so klug, sich aus der Opernszene zurückzuziehen und 1862 nach Baden-Baden überzusiedeln, wohin Turgenjew ihr alsbald folgt. Er beschließt sogar, sich dort eine luxuriöse Villa bauen zu lassen, was ihn bei der Mitgift für seine Tochter, die am 25. Februar 1865 einen französischen Industriellen heiratet, in finanzielle Schwierigkeiten bringt. Er wohnt der Hochzeit in Paris bei und reist gleich darauf wieder ab.

Ob es sich nun um Politik oder um Liebe handelt, Turgenjew bleibt ein ständig hin- und hergerissener Mensch. Als Gegner des napoleonischen Regimes freut er sich über den deutschen Sieg von 1870. Dennoch folgt er den Viardots nach London und dann wieder

nach Paris in deren Stadthaus in der Rue de Douai Nummer 48, wo er zwischen seinem Privatbüro im ersten Stock und dem Musikzimmer ein Schallrohr einbauen läßt: Selbst bei der Arbeit kann er nicht auf die Stimme von Pauline verzichten. Zu jener Zeit wird das Haus zum Treffpunkt der Russen in Paris, in dem Turgenjew als echter literarischer Botschafter und Ratgeber fungiert, zu dem man mit den verschiedensten Anliegen kommt. Seine Rolle beschränkt sich nicht auf das Führen von Gesprächen über Literatur und gesellschaftliches Leben: Auf Anregung des Revolutionärs Lopakin gründet er 1875 für Studenten und politische Emigranten die erste russische Bibliothek in Paris. Er sammelt Spenden ein, stiftet zahlreiche Werke aus seiner eigenen Bibliothek für diese in der Rue Victor Cousin gelegene Einrichtung: Nachdem sie mehrmals verlegt und während des Zweiten Weltkrieges von den Deutschen geplündert wurde, ist die Bibliothek seitdem in der Rue de Valence untergebracht, wo sie bis heute Turgenjews Namen trägt.

Die letzten Lebensjahre Turgenjews werden sich in Paris abspielen. Er geht ins Restaurant *Magny*, ins *Vélour*, ins *Riche*, und dies in bester Gesellschaft, denn

Die russische Kirche in der Rue Daru, wo Turgenjew zu Grabe getragen wurde.

Rechte Seite:
Am 17. Juni 1878 wurde im Châtelet unter dem Vorsitz von Victor Hugo der internationale Literaturkongreß eröffnet. Turgenjew war Vizepräsident.

ab 1874 nimmt er an der Seite von Flaubert, Goncourt, Zola und Daudet an den »Abendessen der Fünf« teil. Diese fröhliche Gesellschaft trägt auch den Namen »Abendessen der ausgepfiffenen Autoren«, denn jedes Mitglied verzeichnet mindestens ein Theaterstück, das durchgefallen ist, was für Turgenjew freilich nicht zutrifft, der dazugehört, um seine Freunde nicht zu enttäuschen. Bei diesen Abenden geht es um Literatur und Frauen, zwei Themen, zu denen Turgenjew seine Gesprächspartner als fabelhafter Erzähler zu unterhalten weiß. Während eines Essens bei Flaubert »verzaubert uns, umgirlandet uns, wie man im Russischen sagt, Turgenjew, dieser sanfte Riese, der liebenswerte Barbar, mit seinen weißen Haaren, die ihm ins Gesicht fallen, der tiefen Furche, die seine Stirn von einer Schläfe zur anderen wie von einer Pflugschar gegraben durchzieht, durch seine kindliche Sprache, durch diese Mischung aus Naivität und Feinheit…«, berichtet Edmond de Goncourt in seinem *Tagebuch* unter dem Datum vom 2. März 1872. In *Trente de Paris* erinnert sich auch Daudet an den Tag, als Turgenjew – immer noch bei Flaubert, der damals in der Rue Murillo wohnte – aus dem Stegreif eine Übersetzung von Goethes *Prometheus und Satyros* vornahm: »Der Parc Monceau schickte uns seine Kinderrufe, seine helle Sonne, die Frische seiner besprengten Pflanzen herüber, und wir vier, Goncourt, Zola, Flaubert und ich waren ergriffen von dieser grandiosen Improvisation, lauschten, wie ein Genie ein anderes Genie übersetzt.«

Die Abendessen der Ausgepfiffenen brechen 1880 mit dem Tod von Gustave Flaubert ab, den eine unverbrüchliche Freundschaft und eine gegenseitige Achtung mit Turgenjew verband. Ohne davon zu wissen, unternimmt dieser seine letzte Reise nach Rußland. Nach der Rückkehr nach Frankreich verbringt er seine Zeit abwechselnd in der Rue de Douai und seinem Landhaus in Bougival, welches er 1875 auf dem Grundstück der Viardots hat errichten lassen. Am 17. November 1882 kehrt er zum letzten Mal im Wagen nach Paris zurück, begleitet von einem jungen Autor, der ihn bewundert: Henry James. Trotz einer Angina pectoris, einer von Charcot diagnostizierten Nervenentzündung und seiner Gichtanfälle findet er noch die Kraft, sich zur Rue de Rivoli zu schleppen, um den Trauerzug für Gambetta am 5. Januar 1883 vorbeiziehen zu sehen. Unter den vielen Trauerkränzen findet sich auch jener mit der Aufschrift »Für Gambetta, von seinen russischen Freunden in Frankreich«, den er im Namen seiner Landsleute bestellt hatte.

Acht Tage später läßt er sich ohne Betäubung an einem Tumor operieren. Sein Zustand wird ständig schlimmer, todkrank wird er nach Bougival gebracht, wo er das Bett nicht mehr verläßt. Er stirbt am 3. September, vier Monate nach Louis Viardot, im Beisein von Pauline und seinen Kindern. Die kirchliche Trauerfeier, welche in der orthodoxen Kirche in der Rue Daru stattfindet, »läßt aus den Pariser Häusern die kleine Welt jener Riesen mit den verwitterten Zügen, mit Bärten wie der Liebe Gott heraustreten: Das ganze Kleinrußland, von dem man nicht vermutet hätte, daß es in der Hauptstadt zu Hause ist«, hält Edmond de Goncourt am Freitag, den 7. September 1883 in seinem *Tagebuch* fest. Einige Tage später wird Turgenjews Körper von der Gare du Nord aus nach Sankt Petersburg überführt, wo er seinem letzten Willen gemäß immer noch auf dem Wolkow-Friedhof liegt.

Im Lichte all dieser Ereignisse versteht man jene Urteile über Frankreich, die Turgenjew in seinem Werk abgegeben hat, besser. Paris, das Synonym für seine Liebe zu Pauline, aber auch Ursprung seiner Leiden; neben Deutschland jene »fremde Erde«, die seine Helden bereisen, wird zum Spiegel seiner widersprüchlichen Gefühle. Aus Eitelkeit, aber auch in Anlehnung an eine seit langem bestehende frankophile Tradition in Rußland verziert er seine Erzählungen mit typischen Pariser Ausdrücken, die im Text auf französisch erscheinen. Formulierungen wie »très chic«, »prenez garde«, »tout ça, c'est des bêtises«, »à la guerre comme à la guerre«, »quelle bourde« oder »courage, ma chère« sind im Mund seiner Romanfiguren ein Zeichen von Vornehmheit, die an Snobismus grenzt, was dem ironischen Turgenjew nicht entgeht, wenn er in *Ein Adelsnest* schreibt: »Glaphyra war eifersüchtig auf ihren Bruder; er war so gut erzogen, er sprach so gut französisch mit Pariser Akzent, während sie gerade mal ›bonjour‹ und ›com-

mann vous porrtez-vous?‹ zu sagen wußte.« Turgenjew macht sich lustig. Und es ist auch ein wenig Spott dabei, wenn er für einige flüchtige Pariser Gestalten in seinen Romanen besonders typische Namen findet: Der Capitaine Leboeuf, Barbichon, oder die »mam'zelle Julie«, welche in *Zwei Freunde* vorkommen, sind dafür anschauliche Beispiele. Im gleichen Roman ist Paris jedoch auch jene Klippe, auf die der naive Wiazownin geraten wird: »Wiazownin kam morgens in Paris an, und nachdem er tagsüber die Boulevards, den Tuileriengarten, die Place de la Concorde, das Palais-Royal besucht und sogar die Vendôme-Säule bestiegen hatte, speiste er gediegen und mit der Miene eines Stammgastes bei Véfour und flüchtete sich am gleichen Abend ins Château-des-Fleurs, um sich als Zuschauer darüber klar zu werden, was eigentlich der ›cancan‹ war und auf welche Weise die Pariser diesen Tanz ausführten.« Am selben Abend ist er gezwungen, sich im Bois de Vincennes wegen einer Lappalie zu duellieren. Er stirbt am Tag nach seiner Ankunft in Paris im *Hôtel des Trois Monarques*. Seine Frau weint nicht lange und heiratet wieder. So endet der Roman: mit dem Tod des Helden in Paris, wie in *Rudin*, wenn auch unter anderen Umständen.

Er kann es nicht lassen. Paris erscheint häufig wie ein düsteres Schicksalsmal: Die Beziehung Turgenjews mit Pauline Viardot in Paris, die Leiden, die er erträgt, finden sich dort wieder. Und nutzt die Heldin in *Ein Adelsnest* nicht eine mit ihrem Mann unternommene Reise nach Paris dazu, um diesen mit dem jungen Ernest zu betrügen, wodurch sie ihre Ehe zerstören wird? »Noch war keine Woche vergangen, als sie auch schon über die Straße schritt, ihren Schal trug, ihren Schirm öffnete und ihre Handschuhe mit der gleichen Eleganz wie eine reinrassige Pariserin anzog«: Als ob sie von der

Die Fassade jener Pension in der Rue de Rivoli, in der Turgenjew und Tolstoi wohnten.

Rechte Seite:
Die Rue Tronchet Nummer 1, Turgenjews Wohnung 1849. Er glaubt damals, sich mit der Cholera angesteckt zu haben, die in Paris wütet.

Pariser Luft verdorben wäre, wird die junge Frau jenen unwiderruflichen Fehler begehen.

Zwischen Anziehung und Ablehnung scheint die Rolle, die Paris auf den Schriftsteller ausübt, in der phantastischen Erzählung mit dem Titel *Erscheinungen* genau auf den Punkt gebracht. Nachdem er lange versucht hat, einer mysteriösen weißen Dame mit dem Namen Ellis zu widerstehen, geht der Erzähler schließlich zu ihr und läßt sich von ihr verführen... in den Lüften. Das Liebespaar überfliegt Rom, die Wolga und schließlich Paris: »Ich war schon in Paris gewesen, weshalb ich auch gleich den Ort wiedererkannte, zu dem sich Ellis bewegte. Es war der Tuileriengarten mit seinen alten Kastanienbäumen, seinen Eisengittern, seinem Graben und seinen Wachsoldaten, die wie Tiere aussahen. Wir überflogen das Palais, überflogen die Kirche Saint-Roch (...), wir hielten hoch über dem Boulevard des Italiens inne (...); alles prickelte, alles glänzte, alles, wohin auch immer der Blick fiel... Aber, wie merkwürdig, ich hatte keine Lust, meine luftige, reine, dunkle Höhe zu verlassen, ich hatte keine Lust, mich diesem menschlichen Ameisenhaufen zu nähern. Es schien, als ob sich von dort unten ein heißer, schwerer, tiefroter, wohlriechender oder stinkender Dampf erhob.« Daraufhin bekommt es der Held mit der Angst zu tun, als er die Stimme eines leichten Mädchens vernimmt mit dem typischen Pariser Gesicht, »ganz steinern, mit dicken Wangenknochen, lüstern, flach, mit den Augen einer Wucherin«, und sogleich will er seinen Erinnerungen an »käufliche Puppen« entfliehen. Dennoch nähern sie sich. Nach und nach, als Paris auf sie zukommt, erinnert sich der Erzähler an die nutzlose Aufregung der Stadt, an die »Dandys und Lebedamen, den Jockey-Club und den Figaro«. Er fleht Ellis an: »Weit fort von hier!« wiederholt er dreimal und bedauert seinen Wunsch, Paris wiederzusehen. Als sie endlich weit weg sind, senkt er seine Augen, kann es fast nicht glauben: »Es stimmte. Eine düstere Ebene, an einigen Stellen durch die hellen Streifen der Straßen zerschnitten, zog geschwinde unter uns fort und nur weit hinter uns, am Horizont, sah man wie den Schein eines riesigen Feuers den weitläufigen Schimmer unzähliger Lichter der Hauptstadt der Welt.«

L. M.

Verlaine

Man sondert sich ab in Paris, was immer an Schrecklichem einem auch widerfährt
Lebt scheinbar in diesem Zirkus von Irrtümern
Gefühllosem Luxus und allzu verständlicher Rachsucht…

RETRAITE, NICHT IN BUCHFORM VERÖFFENTLICHTER VERS

Bei der bloßen Erwähnung des Paris von Verlaine taucht unvermeidlich ein erstes Bild auf: jenes eines verfluchten Paris, das nur reich an verrauchten Cafés und üblen Kerlen ist, ein Paris der Boheme, in welchem absinthtrinkende Dichter auf der Suche nach Abenteuern durch die düsteren Straßen des Quartier Latin irren. Auch wenn man vieles ins Reich der Legende verweisen muß, so ist es doch verblüffend festzustellen, in welchem Maße die Stadt des *Pauvre Lélian* sich auch als Gegenstand von Kontrasten und unerwarteten Ansichten offenbart, die eine bewegte Biographie und ein weitgehend kaum bekanntes Prosawerk hervorzuheben erlauben.

Verlaines Reise durch Paris, wo er »lange Zeit die Ehre hatte, schlecht und kaum zu wohnen«, endet 1896. Die Trauerfeier wird in Saint-Étienne-du-Mont stattfinden.

Ob Gedichte oder Prosa, die Hauptstadt wird tatsächlich zuallererst im Lichte dieser merkwürdigen Aufteilung zwischen der Rive droite, dem »weißen« Ufer gesehen, das mit dem Viertel der Kindheit und der jungen Jahre verbunden ist, und der Rive gauche, dem »schwarzen« Ufer, wo Alkohol, Elend und Ausschweifung zu Hause sind. Trifft Verlaine nicht selbst in *Au Quartier* auf Anhieb den Ton, wenn er sich »in seiner Eigenschaft als Bewohner des rechten Ufers« darstellt, der geheimnisvoll einige »Ausflüge auf das linke Ufer« ausführt? Das Bild, das sicherlich noch vertieft werden muß, hat vor allem zwischen Batignolles und dem Quartier Latin seine markanten Punkte, an Orten, aus denen Verlaine seine beiden großen Heimathäfen machen wird.

Sicher, das siebenjährige Kind, welches 1851 zum ersten Mal in die Hauptstadt kommt, ist gewiß weit davon entfernt, sich vorzustellen, daß Paris ihm eines Tages so gründlich vertraut sein könnte. Als er aus Metz, einer »eisig schönen Stadt« kommt, wo das Regiment seines Vaters seinerzeit stationiert war, nimmt er am Ausgang der Gare de l'Est eine abstoßende Kulisse wahr, die aus einem Gewebe hoher grauer Häuser besteht.

»Grausam enttäuscht«, fährt er in seinen *Confessions* fort, »fing ich an zu weinen, und da man mich zu fragen begann (…) antwortete ich, daß ich Zahnschmerzen hätte (…) Doch in Wahrheit war mein erster Eindruck von Paris Häßlichkeit, Dreck und schmutziger Tag…« Ein erster Eindruck, der schnell zerstreut wird, denn gleich am nächsten Tag ist der junge Verlaine von seinen Spaziergängen auf den Boulevards geblendet, berauscht vom Treiben in den Straßen, vom Luxus der Geschäfte und dem Gewimmel der Pferdewagen. Der Einzug in die Rue Nollet Nummer 2 in Batignolles, dem »bevorzugten Viertel für Offiziere im Ruhestand« *(Les Mémoires d'un Veuf)*, beseitigt endgültig den bei der Ankunft erlebten Schock: Verlaine gesteht später, immer »eine liebe Erinnerung an diese gutbürgerlichen Gegenden« bewahrt zu haben, und erwähnt nie ohne Rührung »die ganz kleine Rue Hélène, wo ich mit sieben Jahren, ich gestehe es zu meiner großen Beschämung, lesen lernte« *(Au Quartier)*. Man kennt ja

Die Rue Nicolet Nummer 14, wo die Schwiegereltern von Verlaine wohnten, ist so erhalten, wie Verlaine sie kannte: Hier hat er seine Frau kennengelernt, 1871 Rimbaud beherbergt und seinen Sohn besucht.

nur zu gut die Dominanz der Kindheitserinnerungen: Paris, Batignolles bleibt also für Verlaine viel mehr als ein rein symbolischer Ort, an dem er, der Kindheit entwachsen, zum ersten Mal die Lust am Schreiben entdeckte…

Von der Kindheit bis zum Heranwachsen scheinen sich die glücklichen Tage des Jungen auf dieses ruhige Dorf im XVII. Arrondissement zu beschränken: Er geht gerne mit seinem Vater durch die angrenzenden Viertel von Vintimille und Notre-Dame-de-Lorette, geht in die Betstunde in der Rue de Douai und zur Messe in eine hölzerne Behelfskirche in der Rue de Clichy, die dort bis zum Bau der Trinité-Kirche bleibt, besucht die Landry-Schule in der Rue Chaptal (heute verschwunden) und das Gymnasium Bonaparte, das spätere Condorcet in der Rue Caumartin. Mit siebzehn Jahren beginnt für ihn eine neue Zeit, in der er dank des Besuchs einer Lesehalle in der Passage de l'Opéra die Poesie Baudelaires entdeckt. Es ist die Periode, in der er nach seinem eigenen Eingeständnis zum ersten Mal einige »Jungenstreiche« und ein neues Laster probiert: »die Sucht, die Begeisterung fürs Trinken«, mit einer Vor-

liebe für Absinth, damals Fee oder grüne Muse genannt, den er aber eher als »gräßliche Hexe« bezeichnet (Confessions). Besäufnisse, leichte Mädchen, nächtliche Umtriebe ziehen ihn ins Quartier Latin, bevor ihn seine Verlobte, Mathilde Mauté, 1869 für kurze Zeit davon abbringt. Sehr verliebt macht sich Verlaine täglich auf den Weg von der Rue Lécluse, wo er nun mit seiner verwitweten Mutter lebt, aus seinen geliebten »Batignolles, wo die Eltern schon so lange wohnen«, in die Rue Nicolet, wo die Schwiegereltern leben, in »dieses Montmartre der Verlobung«.

In diese »Rive-droite«-Periode fallen auch seine ersten literarischen Regungen, denn bei seinem Verleger Lemerre in der Passage Choiseul Nummer 45 treffen sich seine Freunde vom Parnasse, unter denen »eine große Herzlichkeit [herrscht]. In der Etage von Lemerre treffen sie sich nahezu täglich zu erlesenen Plaudereien, in denen Witz und scharfer Verstand einen gehörigen Anteil haben…« (Les Mémoires d'un veuf). Viele von ihnen besuchen wie Verlaine die literarischen Salons der Marquise de Ricard am Boulevard des Batignolles und der Nina de Villars in der Rue Chaptal.

Für friedvolle Tage und glückliche Erinnerungen stehen die Batignolles, Titel eines Gedicht aus dem Sammelband Amour, und auch für die ewige Ruhe: »Ein großer Sandsteinblock; vier Namen: ihr, mein Vater / Meine Mutter, ich und späterhin mein Sohn / Im engen Frieden dieses Kirchhofs hier / Am Rand der Mauer, weiß und schwarz und grün…« Das Grab Verlaines ist immer noch dort.

Lange nach seiner kurzen Ehe, nach den Dramen mit Rimbaud und den wiederholten Aufenthalten im Gefängnis führt ihn 1882 die Liebe wieder auf dieses Seineufer, doch dieses Mal nach Auteuil, wo er jeden Freitag auf einen seiner alten Schüler, Lucien Létinois, wartet, über den er sagt, er habe ihn in keuscher und reiner Zärtlichkeit geliebt. Diesem ist ein langes Liebesgedicht gewidmet: »Seele, erinnere dich, tief im Paradies, / Der Gare d'Auteuil und der Züge von einst / Die dich mitnahmen jeden Tag, aus Richtung La Chapelle? (…) / Mein armes Kind, deine Stimme im Bois de Boulogne!«

Obwohl ihn das Baufieber seiner Zeit verschreckt, wird Verlaine aus diesem Viertel das seiner Sehnsüchte und der reinen Erinnerungen machen. Denn der Dichter läßt sich nicht beirren: »Dieses Auteuil! Trotz dieser gräßlichen gleichförmigen Häuser, mit der gerade noch erlaubten Einwohnerzahl, die sich hochrecken wie Gänse ihre Hälse, trotz der düsteren Gaslaternen, des vollkommen lächerlichen Asphalts, klebrig, wie er gar nicht sein darf, trotz alledem und anderer Widrigkeiten muß man diesen so stillen Teil der Stadt lieben.« Er ist bezaubert von diesen noch ländlichen Aussichten, von der Bevölkerung, die sich »aus jungen zweideutigen Leuten und aus ganz unzweideutigen Frauen« zusammensetzt, von den »recht lustigen« Cafés, von der »spannenden« Ankunft der Züge alle sieben Minuten oder jede Viertelstunde *(Les Mémoires d'un Veuf)*. Doch die glücklichen Augenblicke, die anscheinend im Leben von Verlaine nur von kurzer Dauer sein sollen, sind schon im folgenden Jahr zu Ende: Lucien Létinois stirbt im Alter von zweiundzwanzig Jahren an Typhus. Verlaine, der damals mit seiner Mutter in einer bescheidenen Wohnung in der Rue de la Roquette wohnte, wird sich dieser Zeit später in einer Ode an das Ostufer erinnern, welche er Armand Sinval widmet: »Da ich an diesen lieben Rändern der Bastille wohne, / Wo ich zu glücklich und zu unglücklich war, (…) Freunde aus dem

Viertel, ich, der ich von ihnen geschaukelt worden bin / Zum Narren gehalten von ihnen durch wunderliche und schreckliche Liebschaften / Kasperfiguren, denen ich ein familiäres Bedauern gewähre, / Ich bitte euch inständig, tief unten in diesem Broussais, / Ein in Plaisance gelegenes Krankenhaus! (…) Auf diese meine Vergangenheit aus gesiebtem Gold, dargestellt / Durch einen Genius der Luft, Elend und Freiheit!« *(Dédicaces)*.

Während er in seinen Gedichten häufig die friedlichen Ufer der Rive droite besingt, taucht die Rive gauche nahezu niemals auf. Außer in einem kleinen lockeren Vierzeiler über *La croix sans or du Panthéon…*, das »göttliche Viertel«, in welchem Verlaine so viele »Sitzungen in Bumscafés« abgehalten hat, wird es nie ausdrücklich genannt. Dennoch hat er unzählige Stunden im *François 1er* am Boulevard Saint-Michel, im *Café Voltaire* an der Place de l'Odéon, im *Procope* in der Rue de l'Ancienne-Comédie verbracht. Zumindest denkt

Charles Marville: **Rue de la Montagne-Sainte-Geneviève. Das Quartier Latin, die schwarze Flußseite des Verlaineschen Paris, ist das der Cafés und der nächtlichen Streifzüge:** »… ich sah ihn fast jeden Tag vorbeikommen, wenn er aus seiner aberwitzigen Höhle kam und gestikulierend in irgendeine Kneipe am Polytechnikum wankte«, berichtet der junge Paul Valéry.

Folgende Doppelseite: **Das Krankenhaus Saint-Louis.**

er wohl an diesen Schauplatz seines Lebens, denn er schreibt in seiner Ballade *En faveur des dénommés décadents et symbolistes*, die in den *Dédicaces* enthalten ist: »Manche in diesem Paris / Wir leben von Stolz und Geldknappheit.«

Das Quartier Latin ist als mythischer Ort des Abstiegs in die Hölle vor allem mit einer Person verbunden, die im Leben Verlaines nicht weniger mythisch ist: Arthur Rimbaud natürlich, der junge Mann »mit dem vollkommen ovalen Gesicht eines verstoßenen Engels«, der im September 1871 »Land und Sprache der Stadt Villons annahm«.

Auf die »langen Spaziergänge um die Butte [Montmartre] und später in den Cafés des Trudaine-Viertels und des Quartier Latin« *(Nouvelles notes sur Arthur Rimbaud)* folgen die Abendessen der Bösen Biedermänner »in der ersten Etage eines Weinhändlers an der Ecke Rue Bonaparte und Place Saint-Sulpice« (Vorwort zu den *Poésies complètes de Rimbaud*). Diese Tage setzen sich im *Cercle zutique* fort, gegründet von Charles Cros, der bei diesen Zusammenkünften im alten Hôtel des Étrangers an der Ecke Rue Racine/Boulevard Saint-Michel den Vorsitz führt, wo die fieberhaften Diskussionen über den freien Vers in Cognacdunst und Haschischrauch aufgehen.

Nachdem Rimbaud eine Zeitlang bei Verlaines Schwiegereltern gewohnt hat, emigriert er schnell auf die Rive gauche. Die berühmten Streitereien unter den Verliebten, ihre zahlreichen Seitensprünge, Zerwürfnisse und Versöhnungen werden so enden, wie es bekannt ist: Weil er auf Rimbaud zwei Schüsse mit dem Revolver abgegeben und ihn leicht am Handgelenk verletzt hat, verbringt Verlaine zwei Jahre im Gefängnis, ein Aufenthalt, bei dem er zum strengsten Katholiken konvertiert. Dieses Drama entfernt Verlaine zehn Jahre lang fast gänzlich von Paris und dem literari-

schen Leben, zehn Jahre, in denen er in England und Nordfrankreich unterrichtet. Seine Rückkehr in die Hauptstadt, als er wieder Geschmack an der Trunkenheit findet und sich mit »Spitzbuben mit schwulem Blick« umgibt, ist bestimmt durch die Bekanntschaft mit seinem neuen Verleger Léon Vanier, der sein Geschäft für Anglerbedarf am Quai Saint-Michel in einen Buchladen umgewandelt hat: Man könnte also sagen, daß er mit dem Verkauf von Versen seinen Beruf nicht gewechselt hat…

Für Verlaine beginnt nun ein Vagabundenleben zwischen schäbigen Hotels und düsteren Krankenhäusern, mit wiederholten Gewaltausbrüchen (er hatte bereits seinen Sohn mißhandelt und versucht, seine Frau zu erwürgen und seine Mutter zu ermorden), ein Leben im Elend, in dem er seine Schmerzen mit Alkohol betäubt und seinen Kummer bei zwei alten Prostituierten ablädt, die zu seinen ständigen Maitressen werden: Eugénie Krantz – die ihn eine Zeitlang in der Rue Saint-Jacques beherbergt – und Philomène Boudin – bei der er gelegentlich wohnt, in der Rue Broca. Ein schreckliches Lebensende, über das Paul Valéry, damals ein junger Dichter, der im Luxembourg-Viertel wohnt, in seiner *Passage de Verlaine* einen rührenden Nachruf schreiben wird: »…ich sah ihn fast jeden Tag vorbeikommen, wenn er aus seiner aberwitzigen Höhle kam und gestikulierend in irgendeine Kneipe am Polytechnikum wankte. Dieser Verdammte, dieser Gesegnete, er hinkte, stampfte den Boden mit dem schweren Stab der Landstreicher und Krüppel. Beklagenswert, mit flammenden Augen, bedeckt mit buschigen Brauen, verblüffte er die Straße durch seine brutale Würde und seine unflätigen Aussprüche.«

So starb Verlaine einsam im Jahre 1896 in der Rue Descartes, ohne sich jemals diesen merkwürdigen Wunsch erfüllt zu haben, »dieses Viertel, wo ich geliebt und gelitten, gelebt und nicht gelebt habe, und das ich bei der ersten Gelegenheit verlassen werde, um in die sogenannten Vororte, wenn nicht aufs erfrischende Land zu ziehen: Denn ich bin eher ein Mensch der Weite, eher ein Bauer denn ein Städter« *(Au Quartier)*. Die Trauerfeier findet in Saint-Etienne-du-Mont statt, bevor er dann ein letztes Mal die Stille der Batignolles aufsucht.

Ob weiß oder schwarz, die Pariser Ufer beinhalten für Verlaine auch diese gesamte Stadt, in der die Literatur geboren wird und der »Prinz der Poeten« stirbt, jener ewig literarische Raum, der unter seiner Feder zum Gegenstand der Dichtung wird. Er weiß, wie sehr Paris seit Balzac und Victor Hugo zum »Allgemeinplatz« geworden ist, er kennt auch die unvergleichliche Schön-

1882 wartet Verlaine jede Woche an der Gare d'Auteuil auf seinen ehemaligen Schüler Lucien Létinois. Dessen Tod im folgenden Jahr wird den Dichter zerstören.

heit der *Tableaux* von Baudelaire, des »Pariser Genies, wenn er es denn war« – er hat sich über dieses Thema ausgelassen, das er dennoch »von den Dichtern noch weniger als von den Romanschreibern ausgebeutet« sieht *(Articles et préfaces)*.

Von dem schwarzen Paris seiner ersten Kindheitserinnerungen geht Verlaine schnell zur Vision eines »griesgrämigen und weißen« Paris über, es ist jedoch ein frevelhaftes Weiß: Der große Schuldige dieser Verstümmelung wird in der Person des Barons Haussmann klar benannt, über dessen »phantastische Rechnungen« und nimmersatte Bauwut seinerzeit viele Schriftsteller schimpfen. Verlaine, der im übrigen überzeugter Republikaner ist, wird nie aufhören, »in diesem so häßlich modernen Paris …, das fieberhafte Bauen, zu dem noch das Stehlen kommt« anzuprangern *(Invectives)*. Und in Sagesse macht er sich lustig über »Die ›große Stadt‹! / Ein greller Haufen weißer Steine / Wo die Sonne wütet wie in erobertem Land.« Man zöge besser, so rät der Dichter in der gleichen Gedichtsammlung, den Charme der Provinz vor, »anstatt des langen Jammers unserer Haussmanniaden (…) / Und Sie werden weniger als zuvor den ›Glanz‹ des alten Unge-

heuers vermissen / Und seinen Fieberpuls, und den Geruch!«

Tatsächlich spießt Verlaine mit seiner Federspitze all die brutalen Alpträume der Moderne auf, wenn er die Haussmann-Projekte meint. In *Qui veut des merveilles?*, das in der *Revue de l'année* 1867 erschien, haben sich Verlaine und sein Freund François Coppée den Spaß erlaubt, um dieses Thema herum ihre Reime zu schmieden: »Suchen wir zuerst den Meterstab / Um zu verkünden, oh Gasometer / Die erstaunliche Pracht / Deiner Häßlichkeit«, ruft eine Person in diesem Stück aus. Der Epilog beschließt das Spiel nicht ohne Ironie vor einer typischen Pariser Kulisse des Second Empire wie folgt: »Das Paris von 1868 in einer Schlußszene mit elektrischer Beleuchtung. – Riesige und in allen Richtungen strahlende Boulevards. – Herrliche Kasernen. – In Zinkkragen gehüllte Bäume. – Unzählige Fotografiestudios.« Die Ingenieure mögen sie natürlich, die neue Beleuchtung, aber den Dichtern paßt sie nicht: »Einer jener eher heißen Abende, von denen man sagen würde / Daß das Gas an der Decke sich zu unserem

Charles Marville:
Das Théâtre du
Luxembourg von
der Rue de Fleurus
aus gesehen.
In der Gaststätte
dieses Theaters
fanden die
regelmäßigen
Sitzungen der
»Bösen Biedermänner«
statt: Copée,
Mendes, Valade,
Verlaine...

Schaden / Mit dem Wein am Tresen verschwört, ein naiver, grüner Geschmack«, schreibt sogar Verlaine in seinen *Elégies*… Eine solche Verbitterung verdient jedoch eine Erklärung: Als Verlaine als Kind nach Paris kommt, zählt die Hauptstadt ungefähr neuntausend Gaslaternen, deren Aufstellung von dem allzusehr in Vergessenheit geratenen Präfekten Rambuteau, dem Vorgänger von Haussmann, gefördert wurde. Zwanzig Jahre später gibt es schon dreißigtausend dieser geschmähten Laternenpfähle. Dieser Eindruck, zu dem noch der einer brutalen Veränderung der Stadtlandschaft kommt, muß wohl ein Gefühl von Invasion hervorrufen. Die Lichterstadt liefert Verlaine nichtsdestotrotz Stoff für unvergeßliche Eindrücke, wie die *Poèmes saturniens* beweisen: »Ich ging, und träumte dabei vom göttlichen Platon / Und von Phidias. / Und von Salamin und Marathon. / unter den blinzelnden Augen der blauen Gaslampen.« *(Croquis parisien)*. Oder auch in *Nocturne parisien*: »Man entzündet die Gaslampen entlang der Mauern / Und der Stern und die Fackeln tanzen eigenwillig Zickzack / Im Fluß, schwärzer als der Samt der Masken«. Dieser schwarze Fluß, der da beschworen wird, diese düstere Seine der Selbstmörder, »obszöner und weichlicher Strom«, besitzt nicht mehr die Gunst Ver-

laines, des Bücherfreundes, der es geliebt hatte, am Ufer entlangzubummeln. Diese Zeit scheint ein für allemal vorbei: Dem Dichter ist kein Wort zu hart, um diesen Teil von Paris zu geißeln, der ebenfalls dem Verfall preisgegeben ist, mit den beiden verschmutzten Quais und den »scheußlichen verschimmelten Büchern«. Gewiß, »der Wind rauscht noch immer… Die liebreizende Landschaft!… / Doch Buchhändler, kein Gedanke mehr! Üble Gauner / Haben für die Buchläden ihre Raubzüge durchgeführt / Und die Geschäfte haben den Amateuren eins ausgewischt« *(Biblio-sonnets)*.

Neben dem städtebaulichen Verfall bleibt Paris vor allem geistig erdrückend: Es verströmt ständig einen Hauch von Einsamkeit und Tod, und eher noch als das klassische Abbild der Hölle erkennt Verlaine hier vor allem die Umrisse eines Gefängnisses. Kein Zweifel, daß die persönlichen Erfahrungen des Schriftstellers hierbei eine große Rolle spielen: Er spielt wahrscheinlich auf das Elend an, jenes Gefängnis, das man als erstes mit Paris verbindet, wenn er sich in den *Sites urbains* als »Gefangener in Paris, aus allzu vielen Gründen…« bezeichnet. An anderer Stelle, in den *Invectives* heißt es: »Paris ist lustig wie ein Friedhof«, »eine in ihrer so unechten Größe lästige Stadt…«, es bleibt die Hauptstadt, in der allzu viele Herzen gebrochen werden und in der »man Nachbar ist und doch so fern…«.

»Es befindet sich am Carrefour de l'Ode und beheimatet (…) eine Gruppe von Elitedichtern und echten Prosaisten«: Das *Voltaire*, wie es Verlaine in seinen *Mémoires d'un veuf* beschrieb.

Als ob der Stadt etwas Fatales innewohnte, »sondert man sich ab in Paris, was immer an Schrecklichem einem auch widerfährt / Lebt scheinbar in diesem Zirkus von Irrtümern / Gefühllosem Luxus und allzu verständlicher Rachsucht«.

Verlaine gibt zu, dort noch zu leben, »schlecht und kaum«, was man sich bei seinen häufigen Aufenthalten in den Pariser Krankenhäusern leicht vorstellen kann. Man bedenke: Vom Sommer 1886 – dem Jahr, in dem seine Mutter starb – bis zum Frühling 1891 ist Verlaine vierzehn Mal im Krankenhaus, um seine rheumatische Arthrose im Knie behandeln zu lassen, die schließlich die gesamte linke Seite befällt. In seiner Erzählung *Meine Spitäler* – wie er dann auch *Meine Gefängnisse* schreiben wird – faßt er in wenigen Worten seine Verzweiflung, die nahe am Selbstmord liegt, zusammen: »Elend und fast der Strick«. Er beschreibt das Cochin-Krankenhaus, welches aussieht wie eines »jener Landhäuser mit sehr hohen Decken«, dessen »Parkett, grausig gebohnert, bisweilen durch Abnutzung aufgequollen, das durch seine bizarre Schräglage von dem beachtlichen Alter dieses Gebäudes zeugt«, oder auch Saint-Louis, »das größte Krankenhaus von Paris, aber auch das älteste (…). Sehr bemerkenswerte Henri IV-Stücke. Ziemlich viele Bäume, Überbleibsel von Sträuchern, die Nymphen und Geschichte verjagen«. Er spricht auch wieder von seinem täglichen Leben: Die Bibliothek schon ganz ausgelesen, Schreie von irren Frauen und Männern, die Langeweile der endlosen Tage, die Freundschaft der Dichter und Arbeiter, die Erinnerung an einst gehörte Lieder, »topographische Schlager, wenn man das so ausdrücken darf, in denen nach feschen Melodien alle Viertel und Monumente vorkommen (…), *Die beschwipsten Statuen, Der Gallier von der Pont d'Iena, Die Chaussée Clignancourt, La Samaritaine, Letzter Omnibus*«. Diese schreckliche Armseligkeit hat nach Verlaine ihren Grund auch in der Zeit, in welcher er lebt: »Alles ist irgendwie lang und weiß, in diesen Irrenhäusern… Alles, außer für mich, der an diesem herrlichen Junitag von soviel Armut genug hat (…), in diesem Krankenhaus mit einem großen K, grausiger Gedanke, der unbeschreibliches Unglück wachruft, vom modernen Krankenhaus für den modernen Dichter, der es in den Stunden seiner Verzweiflung nur schwarz wie den Tod und das Grab sehen kann, und wie das Grabkreuz, und wie das Fehlen von Barmherzigkeit, euer modernes Krankenhaus, so zivilisiert, wie ihr es gemacht habt, ihr Männer dieses Jahr-

hunderts des Geldes, des Drecks und des Auswurfs!«

Krankenhäuser, Gefängnisse, Kommissariate, Cafés, Stundenhotels, Bordelle: Ob er nun zur Wirklichkeit steht oder sie etwas ausschmückt, Verlaines Geschichte spielt sich an diesen Orten ab. Als melancholische Stadt schlechthin »ist Paris nur in seiner Leichtigkeit großzügig / Trunkenheit des Begehrens und des Vergnügens« *(Paris)*, in der der Dichter sein Unglück nur mit Absinth und Fleischeslust vertreiben kann. Bleibt, daß ihn die Hauptstadt lange Zeit beschäftigt hat, wie er es selbst in einer Art von letztem Gesinnungswandel in seinen *Mémoires d'un veuf* gesteht, in denen er zugibt, Paris oft im Traum zu sehen, jedoch »nie so, wie es ist. Es ist eine unbekannte Stadt, absurd in jeder Hinsicht. Ich umgebe es mit einem schmalen Fluß, der zwischen zwei Reihen irgendwelcher Bäume eingezwängt ist. Rote Dächer leuchten zwischen sehr grünem Blätterwerk. (…) Eine Bauernlandschaft, verstehen Sie.«   L. M.

Selten sind die von den Dichtern besuchten Restaurants aus dem vergangenen Jahrhundert, welche noch existieren: Das älteste, *Procope*, bleibt untrennbar mit der Literaturgeschichte verbunden.

Émile
Zola

(1840–1902)

… und Angèle glaubte, unter den Schatten, die sich in der Tiefe häuften, ein fernes Krachen zu vernehmen, als hätte die Hand ihres Gatten die Schnitte, von denen er sprach, wirklich vollzogen und damit Paris von einem Ende zum anderen gespalten, die Balken zerbrochen, die Steine zermalmt und lange, entsetzliche Wunden zusammenstürzender Mauern hinterlassen.

DIE BEUTE

»Lassen Sie mich Ihnen sagen, mein lieber Kollege, daß Ihre Bourgeoisie die kleine Ecke aus Ihren Beziehungen darstellt, während die meine jene breite Klasse ist, welche vom Volk bis zur Aristokratie reicht. Und glauben Sie nicht an das Märchen der Reporter, die aus mir einen Provinzler aus Carpentras machen. Ich bin in Paris geboren, ich bin dort aufgewachsen, ich habe dort gelebt und in allen Welten. Warum wollen Sie mehr Bourgeois sein, als ich nicht Bourgeois bin?« Mit diesen Worten antwortet Émile Zola auf die Kritik von Henry Fouquier bezüglich des im *Gil Blas* vom 27. April 1886 erschienenen *Pot-Bouille*. Wenn Zola sich als echter Pariser versteht, wenn er die Schablone des »großen Mannes aus der Provinz« ablehnt, auf den die Journalisten seine Person zuschneiden wollten, so deshalb, weil sein Paris weit entfernt ist von den sicherlich mit Enttäuschungen versehenen Träumen vom sozialen oder politischen Aufstieg, den Träumen der Rubemprés oder der Stureis seines Jahrhunderts.

Unter dem Paris Zolas ist das Paris der Commune zu verstehen, in welchem das moderne Babylon schließlich, dem Ende von *Der Zusammenbruch* zufolge, in Flammen aufgeht. Es ist ein wildes, organisches Paris, kannibalisch, eine Art *Behemot*, wo »Männer und Frauen den Dingen unterworfen sind«. Gewiß gibt es in der Stadt auch Natur, ebenso wie Erde und Land, doch ist es eine höllische Natur, in der sich die Lebewesen nur

Das Paris der Kaufhäuser, der Oper, der Geschäfte beherrscht den Zyklus der *Rougon-Macquart*, Sinnbild einer schwarzen, fiebrigen Stadt, wo sich alles ständig verzehrt.

verzehren und nichts erschaffen. Sie ist ein Ort, an dem die Menschen ihre Niederlagen vollenden, so wie das Second Empire die seine während der Belagerung erlebt hat. Eine Stadt, die nur verbraucht, und die Modernität, die sie ausdünstet, ist die Modernität eines Bauches, der dicker oder dünner wird, eines Hirns, das sich mit Alkohol füllt, nicht aber die eines Arms, der im Dienst eines ungewissen Fortschritts arbeitet.

Ist es wirklich ein Zufall, wenn der dritte Roman aus dem Zyklus *Rougon-Macquart*, der einzige, der den Namen der Hauptstadt – *Der Bauch von Paris* (1873) – im Titel trägt, eine Art Hymne an die alles beherrschende Materie darstellt, hier symbolisiert durch das Gewimmel von Speisen und Nahrung? Gleich nach der Ankunft von Florent, dem auf dem Karren von Madame François aus der Verbannung Geflüchteten, stürzt sich der Held »auf einen unbekannten Fraß, den er um sich herum wabern [fühlt]« und der ihn beunruhigt. Lange vor Boris Vian und dessen lebenden Wohnstätten bilden die Halles bei Zola den nicht zu überbietenden Schrecken des triumphierenden Materialismus, des sich grausig selbst auf die Steine ausbreitenden Lebens. Eine Metzgerei wird zu einer »Welt guter Dinge«, dann »zerlaufender Dinge«, und schließlich »fetter Dinge«; die Gedärmehandlung, durch welche Cadine und Marjolin laufen, hat Flecken von »dunklen Pfützen« auf dem Boden, in denen »ihre Schuh-

nengelernt hatte und der in *La Fontaine und seine Fabeln* aus der Ähnlichkeit von Mensch und Tier das Phänomen einer Ansteckung, nicht jedoch eine Metapher oder ein Stilmittel gemacht hatte. Für Taine bietet die Natur ein Schauspiel mit einer verblüffenden Kontinuität vom Mineral zum Organischen und vom Organischen zum Menschen bis hin zu dessen sozialen Errungenschaften. »Daß der Löwe König sein soll, ist nur gerecht. Buffon gibt hier nur La Fontaine recht«, sagt er. Der Löwe ist König, ebenso wie die Katze Heuchlerin und der Fuchs Höfling ist: »Das Tier verwischt den Menschen, der Mensch verwischt das Tier.« Einfluß der Vererbung, des Umfelds und des Zeitpunkts: Welchen Wert haben gegenüber solch schwerwiegenden Determinanten Initiative und Willensäußerung des in der offenen Metropole ausgesetzten Individuums? Nicht viel mehr, als die dünne Schicht der Illusion zu bilden, die von Gervaise in *L'Assommoir* aufrechterhalten wird, bevor diese träge wird, verfällt und im Leichenkarren des Père Bazouge weggebracht wird.

Gegenüber der Hybris wie auch den kleinbürgerlichen Sehnsüchten nach Normalität hat das flirrende Leben der Stadt letztendlich immer recht. Sie erdrückt, sie tötet den Bescheidenen wie den Maßlosen. Der von Syphilis zerstörte Körper von Anna Coupeau, der Tochter von Gervaise, wie auch das Ende von *Nana* sind Beweis dafür. Der Körper wird zum »Kadaver, einem Haufen Flüssigkeit und Blut, einer Schaufel verdorbenen Fleisches, die da auf ein Kissen geworfen wird«. Ein Körper, bei dem »die Pusteln das ganze Gesicht übersät [haben], ein Pickel neben dem anderen, verunstaltet, erschlafft, wie grauer Schlamm«, ein Körper, der »schon vermoderter Erde« gleicht, ein »unförmiges Gesicht, in dem man keine Züge mehr findet. Ein Auge, das linke, war völlig im aufgequollenen Eiter versunken; das andere, halboffen, lag tief eingesunken wie ein schwarzes, fauliges Loch«.

Zola ist von jenem dem Sozialdarwinismus eigenen Pessimismus geprägt, der damals herrschenden Ideologie. Die Sozialdarwinisten, an ihrer Spitze Herbert Spencer, wenden die Theorie des Kampfes ums Überleben auf die menschliche Gesellschaft, auf Rassen und Nationen an, auch wenn Zola manchmal diese düstere Vision durch optimistische Einschübe abmildert (im Nachwort von *Germinal* und am Ende von *Der Zusammenbruch*).

Frankreichs Hauptstadt wird unter seiner Feder zum Spiegel der tragischen, aber natürlichen Auseinandersetzung zwischen antagonistischen Kräften, die operieren, ohne sich über die natürliche Auslese im klaren zu

sohlen« kleben bleiben, wo sie »unruhig, entzückt von diesem gräßlichen Schlamm« umhertapsen. Das Fett, welches schließlich in *L'Assommoir* den Körper von Gervaise aufquellen läßt, stellt einen weiteren Sieg des Fleisches und der Stadt über die schlichten und ehrlichen Absichten einer sittsamen Existenz dar.

Doch in *Der Bauch von Paris* breitet sich der Triumph der Schlaffheit über die Aktion auf die ganze vollgefressene Stadt aus. Der Regen, der auf die Halles fällt, löst ein »Rieseln gelben Wassers« aus, das »die Dämmerung im Schlamm wegzuschwemmen und auszulöschen« scheint; während sich »Nebel aus allen Schlünden über den Dächern« auftürmt, »breitet sich« über ganz Paris eine schwere Wolke aus. Zola war, wie man durch die berühmte medizinisch-psychologische Monographie des Doktor Toulouse aus dem Jahre 1895 weiß, ein »Geruchsmensch«, und die Feinheit seines Geruchssinnes grenzte an die eines Parfümhändlers. Hier, unter dem Metallgerüst des Ballard-Pavillons, breitet sich alles in einer übelriechenden Wolke aus...

Aus Marjolin, dem Findelkind aus den Halles in *Der Bauch von Paris*, machen die meisten Kritiker den literarischen Cousin von Quasimodo aus *Der Glöckner von Notre-Dame*. Wie in diesem Roman von Victor Hugo sind viele von Zolas Pariser Romanfiguren Schöpfungen, die von Bauwerken oder einem Milieu herrühren. Quenu, der Schweinetöter, »dessen rasiertes Gesicht länger geworden war, hatte mit der Zeit eine entfernte Ähnlichkeit mit einem Schweinerüssel«; sein Nacken ist mit »einer rötlichen Schwarte« verziert. Hier spürt man noch den Einfluß von Taine, den Zola bei Hachette ken-

sein, und den gnadenlosen Sieg der Starken über die Schwachen garantieren. Das Pariser Leben ist vollkommen beherrscht von Vererbung und Evolution. Was die Pariser betrifft, die glauben, aus eigenem Antrieb zu handeln, so sind sie einem geheimen psychologischen Schicksal unterworfen, welches den Rückfall in ihre eigentliche Umwelt bestimmt, der sie vergeblich zu entkommen suchten. Als anthropologische Arena läßt Paris eine Verrohung ebenso zu wie eine Erneuerung. Als makroskopische Entsprechung des seltsamen Niedergangs zerfällt die Stadt schließlich unter dem Ansturm der vom mörderischen Wahn erfaßten Massen, oder im kollektiven Rausch der Kommunarden. »Die Goten, die Heruler sind unter uns«, wiederholte Taine nach Mallet du Pan.

Nichts Nostalgisches also im Paris von Zola. Weder Trauer um die alte gotische, durch die Spitzhacke der Abbruchunternehmen zerstörte Stadt, noch weinseliges Jammern um den Verlust der früher so nahen Felder und Wiesen, auf denen ein Jahrhundert zuvor der Autor von *Rêveries du promeneur solitaire* Pflanzen sammelte. Die moderne Stadt hat unwiederbringlich ihren Rousseauschen Aspekt verloren. Und die Modernität ist düster. Dennoch bleibt Zola in das moderne Paris verliebt. Was soweit geht, daß er als einer der ersten das Pariser Pflaster mit einem Automobil befährt. Sein Paris bleibt ein Paris, dessen sichtbare Seite auch Licht und Technik beinhaltet, ein von Bahnhöfen, Zügen, Rauch und Feuerzeichen durchzogenes Paris. Doch hinter den Baustellen des Barons Haussmann, hinter dem leeren Gerippe der naturalistischen Beschreibung, ist es durchaus die Gegenutopie zur Modernität, welche Zola, ebenfalls als einer der ersten, zur Anwendung vorschlägt. Das Paris Zolas grenzt an Ozeanien aus Orwells *1984*, wo die Arbeiter Alkoholtränen weinen, an von Kafka beschriebene Städte von »beunruhigen-

der Fremdheit«, an Raincy in *Reise ans Ende der Nacht*. Und niemals sind das Landleben, noch der Bodenkult, noch die Vergangenheit für Zola ein glaubhafter Gegenentwurf zu einer zyklopischen und allesfressenden Moderne. Hat das Paris Zolas nicht vielleicht mehr gemein mit der Stadt des Expressionismus als mit der des XIX. Jahrhunderts?

Der gleiche unverstellte Blick auf die Baustelle Paris bildet den Rahmen und die spezielle Kulisse von *Die Beute*, dem Roman der Haussmannisierung. Sicherlich findet man darin auch Beschreibungen der glanzvollen Hauptstadt des Second Empire. In jenen Zeiten, in denen die Leichtigkeit des Kitsches die Last einer erschreckenden urbanen Existenz ausgleicht, hatte sich der Städter Zola einen Schutzwall aus Hunderten kleiner Objekte aufgebaut, mit denen sein Privathaus in der Rue de Bruxelles Nummer 21a vollgestopft war, eben dort, wo er erstickt ist, vielleicht auch umgebracht wurde. Sechsundzwanzig vergoldete gotische Tafeln und das gesamte Mobiliar einer Kirche gaben seiner Wohnung etwas Mystisches, während man in seinem Schlafzimmer ein Chorgitter fand und Kirchenfenster ein zusätzliches Hindernis zwischen der Stadt und dem Schriftsteller aufrichteten. So hatte er wohl die Wahrheit jenseits des bloßen Sehens gesucht.

In *Die Beute* regiert also, unter dem glänzenden Lack der Boulevards, das schäbige Spekulantentum, und es beherrscht »dieses neue Paris, in dem all die heißen Genüsse im Lärm der Millionen« aufflammen. Noch einmal: lebende Mauern wie die der Hotels vom Parc Monceau, die »Gold schwitzen«. Aristide Rougon, der aus Plassans kommt, treibt die Verwandlung des Menschen zum Wolf so weit, als Gegenleistung für seine Ernennung zum Commissaire-voyer im Rathaus seinen Namen in Saccard zu ändern. Ganz so, wie Florent in die Lasterhöhlen der Hauptstadt geworfen wird, geht er dort ebenso vor die Hunde, aber nur, um eine Art gesellschaftliches Ungeheuer zu werden. Bei seiner Ankunft stellt er sich »verbissene Kämpfe [vor], in denen er das Vergnügen haben würde, ebendiese Masse zu schlagen und hinters Licht zu führen, mit der er Seite an Seite auf dem Bürgersteig gegangen war«.

Paris ist in Wahrheit der Furunkel, der die Krankheit des Second Empire deutlich macht, und nur der in Versailles angezündete finale Scheiterhaufen scheint imstande zu sein, die erforderliche Reinigung dieses kranken Körpers zu bewerkstelligen. Ein letztes Mal gewinnt Paris in *Der Zusammenbruch* die Oberhand über die begrenzten Träume von Jean Macquart, dem ehrlichen Bauern, sowie über die verrückten Utopien von Maurice Levasseur, der von seinem kleinen Zimmer in der Rue des Orties aus ein letztes Mal die Stadt beherrscht, bevor er durch das Bajonett seines eigenen Waffenbruders stirbt. Als sich die beiden Männer am Vorabend der Commune zum letzten Mal die Hand reichen, stehen beide einander einige Sekunden »von Angesicht zu Angesicht gegenüber, der eine in der Erregung eines Anfalls von Geistesgestörtheit, der ganz Paris mitreißt, dieses Übels, das von den Auswüchsen des vergangenen Systems herrührt; der andere bestärkt durch seine Gutgläubigkeit und sein Unwissen, noch gesund, weil er woanders aufgewachsen ist, in jener Erde der Arbeit und Sparsamkeit.« Hier wird das morbide Schicksal der Großstadt zunehmend politisch, wobei in allem ein wütender Wunsch nach Zerstörung mitschwingt: »Auf daß sich die Erde öffnen möge, denkt Maurice, der mitten in dieser kosmischen Zerstörung, die das Leben erneuert hat, eine Wandlung durchmacht.« Der Untergang von Gervaise und Coupeau ist zum gemeinsamen Schicksal geworden. Maurice ertränkt sich im allgemeinen Besäufnis, er, der nie getrunken hatte. Für Zola wie für Taine ist die entfesselte Commune ein Zeichen für den Sieg der Instinkte, bei dem sich der große Organismus der Stadt endgültig zersetzt, wie jener von *Nana*, und mit dem zur gleichen Zeit der *Rougon-Macquart*-Zyklus sein Ende findet.

»Voller Bangigkeit wandte sich Jean nach Paris um. An diesem so klaren Ende eines schönen Sonntags beleuchtete die schräge, auf der Ebene des Horizonts stehende Sonne die ungeheure Stadt mit glühendrotem Schein. Man hätte meinen können, eine Sonne aus Blut über einem grenzenlosen Meer. Die Scheiben der unzähligen Fenster funkelten wie von unsichtbaren Blasebälgen angefacht, die Dächer entzündeten sich wie Kohlelager, die Flächen der gelben Gemäuer, die hohen rostfarbenen Baudenkmäler flammten mit dem Sprühen von jähen Reisigfeuern in der Abendluft. War das nicht die Schlußgarbe, der riesenhafte Purpurstrauß, brannte nicht ganz Paris wie ein riesiges Bündel, ein uralter, dürrer Wald, in einem Feuer- und Funkenflug?« Alle sind sie da, um es aus der Ferne brennen zu sehen: Otto, der preußische Offizier, der glaubt, der lateinischen Rasse den Gnadenstoß versetzt zu haben, und Henriette auf ihrem Steg und Jean der Soldat und Maurice, der sterbende Aufständische. Und kein Wort des Mitleids für die gemordete Stadt, deren rauchende Ruinen höchstens das Versprechen einer neuen Generation zu sein scheinen. Die verkohlte Ansiedlung wird sich dem zukünftigen Besucher wohl höchstens als der neolithische Rest eines Turnierplatzes darbieten, an dem unverständliche Auseinandersetzungen stattfanden. »Die einer altertümlichen und vergessenen Horde.«

N. W.

Bibliographie

Allgemeine Werke

Adrienne Monnier & La Maison des Amis des Livres, 1915–1951. Paris 1991.

Le Paris des étrangers depuis un siècle. Paris 1989.

Le Paris des étrangers depuis 1945. Paris 1994.

»Paris des écrivains«, Magazine littéraire, Nr. 322, Mai 1995.

Paris et le phénomène des capitales littéraires, 3 Bände. Paris 1984.

Paris-Guide, par les principaux écrivains et artistes de la France, 2 Bände, Paris 1867.

Ausseur, Christine: *Guide littéraire des monuments de Paris.* Paris 1992.

Bancquart, Marie-Claire: *Images littéraires du Paris fin-de-siècle.* Paris 1979.

dies.: *Paris des surréalistes.* Paris 1972.

Baniol, Robert und Nègre, Gaston: *La ville, mythe et réalités.* Paris 1974.

Caillois, Roger: *»Paris, mythe moderne«.* In: *Le mythe et l'homme.* Paris 1987.

Carco, Francis: *De Montmartre au Quartier latin.* Paris 1927.

ders.: *Nostalgie de Paris.* Paris 1952.

Citron, Pierre: *La poésie de Paris dans la littérature française de Rousseau à Baudelaire,* 2 Bände. Paris 1961.

Clébert, Jean-Paul: *Les hauts lieux de la littérature à Paris.* Paris 1992.

Fargue, Léon-Paul: *Le Piéton de Paris suivi de D'après Paris.* Paris 1983.

Ford, Hugh: *Published in Paris. L'édition américaine et anglaise à Paris 1920–1939.* Paris 1996.

Juan, Mari-Sylvie: *Paris la nuit: Nerval, Maupassant, Proust, Aragon.* Paris 1991.

Lemaire, Gérard-Georges: *Les Cafés littéraires.* Paris 1987.

Macchia, Giovanni: *Paris en ruines.* Paris 1988

Méral, Jean: *Paris dans la littérature américaine.* Paris 1983.

Oster, D. und Goulemot, J.: *La vie parisienne, anthologie des chroniqueurs de Paris.* Paris 1989.

Seigel, Jerrold: *Paris bohème 1830–1930.* Paris 1991.

Werke nach Autoren geordnet

(Für die meisten Autoren werden nur die Werke aufgeführt, die für das vorliegende Buch benutzt wurden und in denen Paris ausdrücklich erwähnt wird.)

Guillaume Apollinaire

Œuvres poétiques. Paris 1994.

Œuvres en prose complètes, 3 Bände. Paris 1991–1993.

Die elftausend Ruten. München 1985.

Über das Paris von Apollinaire:

Apollinaire chez lui. Paris 1991.

Delbreil, Daniel: *»Noms de Paris, Onomastique et topographie parisienne dans l'œuvre de G. Apollinaire«.* In: *Errances et parcours parisiens de Rutebeuf à Crevel.* Paris 1986.

Leiris, Michel: *»Apollinaire, citoyen de Paris«.* In: *Les Lettres françaises clandestines,* Nr. 6, April 1945.

Read, Peter: *»Tout Paris chez Apollinaire ou l'Amphonie quotidienne«.* In: *Paris et le phénomène des capitales littéraires.* Paris 1984.

Louis Aragon

L'Œuvre poétique, 15 Bände. Paris 1974–1990.

Romane:

Anicet ou le Panorama, roman. Paris 1921.

Les Voyageurs de l'impériale. Paris 1947.

Théâtre/Roman. Paris 1974.

Blanche ou l'oubli. Frankfurt/M. 1965.

Spiegelbilder. Berlin 1968.

Die Karwoche. Leipzig 1973.

Die Viertel der Reichen. Frankfurt/M. 1986.

Die Glocken von Basel. Frankfurt/M. 1986.

Aurélien. Frankfurt/M. 1989.

Der Pariser Bauer. Frankfurt/M. 1996.

Über Louis Aragon:

»Aragon, l'amour et l'histoire«, Magazine littéraire, Nr. 32, Juni 1994.

Daix, Pierre: *Aragon.* Paris 1994.

ders.: *Aragon, une vie à changer.* Paris 1975.

Über das Paris von Aragon:

Bancquart, Marie-Claire: *Paris des surréalistes.* Paris 1972.

Savigneau, Josyane: *»Le ›Tout-Paris‹ d'Aragon«.* In: *Le Monde des Livres* vom 22. August 1986.

Honoré de Balzac

Œuvres diverses, 2 Bände. Paris 1995–1996.

Lettres à Madame Hanska, 2 Bände. Paris 1992.

»Histoire et Physiologie des Boulevards de Paris«. In: *Le Paris romantique, Panorama des grands Boulevards.* Paris 1989.

Ce qui disparaît de Paris. Paris 1994.

Die menschliche Komödie, 20 Bände. Frankfurt/M. 1996.

Vater Goriot. Frankfurt/M. 1996.

Das Chagrinleder. Frankfurt/M. 1996.

Die Frau von dreißig Jahren. Frankfurt/M. 1996.

Verlorene Illusionen. Frankfurt/M. 1996.

Über das Paris von Balzac:

»Balzac et le mythe de Paris«. In: *L'Œuvre de Balzac,* Band IV. Paris 1964.

Maison de Balzac, guide général. Paris 1991.

Le Paris de Balzac. Paris 1978.

Boussel, Patrice: *»Splendeurs et misères du Paris de Balzac«.* In: *Europe,* Nr. 55–56, Juli/August 1950.

Brasillach, Robert: *Le Paris de Balzac.* Paris 1984.

Guichardet, Jacqueline: *Balzac, »archéologue« de Paris.* Paris 1991.

Jacques, G.: *Paysages et structures dans la »Comédie humaine«.* Louvain 1976.

Samaran, C.: *»Paris: aspects de la Comédie humaine«.* In: *Balzac, le livre du centenaire.* Paris 1952.

Stevenson, N.: *Paris dans »La Comédie humaine« de Balzac.* Courville 1938.

Ygaunin, Jean: *Paris à l'époque de Balzac et dans la »Comédie humaine«.* Nizet 1992.

Charles Baudelaire

Œuvres complètes, 2 Bände. Paris 1975–1976.

Correspondance, 2 Bände. Paris 1973.

Die Blumen des Bösen. Zürich 1982.

Sämtliche Werke/Briefe, 12 Bände. München 1992.

Der Künstler und das moderne Leben. Essays, »Salons«, intime Tagebücher. Leipzig 1994.

Über Baudelaire:

Album Baudelaire. Paris 1975.

Pia, Pascal: *Baudelaire par lui-même.* Paris 1952.

Über das Paris von Baudelaire:

L'Année Baudelaire 1, Baudelaire Paris, L'Allégorie. Paris 1995.

Pichois, Claude, und Avice, Jean-Pierre: *Baudelaire-Paris.* Katalog zur Ausstellung der Bibliothèque Historique de la Ville de Paris vom 17. November 1993 bis zum 15. Februar 1994.

Benjamin, Walter: *Charles Baudelaire. Ein Lyriker im Zeitalter des Hochkapitalismus.* Frankfurt/M. o. J.

Italo Calvino

Das Schloß, darin sich Schicksale kreuzen. München 1984.

Die unsichtbaren Städte. München 1985.

Der Baron auf den Bäumen. München 1986.

Der geteilte Visconte. München 1986.

Der Ritter, den es nicht gab. München 1987.

Unter der Jaguar-Sonne. München 1987.

Cosmicomics. München 1989.

Wo Spinnen ihre Nester bauen. München 1994.

Eremit in Paris. München 1997.

Über Paris und Calvino:

Bertone, Giorgio: *Italo Calvino. Il catello della scrittura.* Turin 1994.

Macchia, Giovanni: *Il mito di Parigi.* Turin 1965.

Alejo Carpentier

Explosion in der Kathedrale. Frankfurt/M. 1985.
Die Methode der Macht. Frankfurt/M. 1989.

Über das Paris von Carpentier:

Labarre, Françoise: *»L'image de Paris dans Le Recours de la méthode d'Alejo Carpentier«.* In: *Paris et le phénomène des capitales littéraires,* Band II. Paris 1984.
Vasquez, Carmen: *»Visions et cauchemars de Paris: Alejo Carpentier en ville«.* In: *Paris et le phénomène des capitales littéraires,* Band III. Paris 1984.

Colette

Œuvres, 3 Bände. Paris 1991–1994.
Œuvres complètes, 16 Bände. Paris 1973.
Lettres à ses pairs. Paris 1973.
Colette, par elle-même. Entretiens avec André Parinaud (1948–1949), 2 Bände. Paris 1991. Auch unter dem Titel: *Mes vérités.* Paris 1996.
Claudine. Sammelband. Wien o. J.
Die Freuden des Lebens. Wien 1961.
Sonntagslaune. Und andere Erzählungen. Wien 1988.

Über Colette:

Album Colette. Paris 1984.
Malige, Jeannie: *Colette, qui êtes-vous?* Lyon 1987.

Über das Paris von Colette:

Les maisons de Colette. Katalog zur Ausstellung im Louvre des Antiquaires vom 23. Oktober bis zum 8. April 1991.

Ernest Hemingway

Paris – ein Fest fürs Leben. Reinbek 1971.
Gesammelte Werke, 10 Bände. Reinbek 1987.

Über Hemingway:

Baker, Carlos: *Hemingway, the writer as Artist.* Princeton 1963.
Meyers, Jeffrey: *Hemingway.* Paris 1987.

Victor Hugo

Œuvres poétiques, 3 Bände. Paris 1964–1974.
Die Elenden. Zürich 1986.
1793 oder die Verschwörung in der Provinz. Bergisch Gladbach 1995.
Der Glöckner von Notre-Dame. München 1996.

Über das Paris von Hugo:

Combes, Claudette: *Paris dans »Les Misérables«.* Paris 1981.
Barrère, Jean-Bertrand: *La fantaisie de Victor Hugo,* 2 Bände. Paris 1949 und 1960.

Henry James

Voyages en France. Paris 1983.
Esquisses parisiennes. Paris 1988.
Die Gesandten. Köln 1982.
Der Amerikaner. Berlin 1983.
Die Europäer. Berlin 1983.
Die Drehung der Schraube. München 1993.
Portrait einer jungen Dame. Cadolzburg 1997.

Über Henry James:

Edel, Léon: *Henry James, The untried years und The Master,* 5 Bände. Philadelphia 1953–1972.
Edel, Léon: *Henry James, Une vie.* Paris 1990.
Greene, Graham: *Henry James, The private universe.* London 1936.

James Joyce

Werke, 7 Bände. Frankfurt/M. 1981.

Über das Paris von Joyce:

Ergal, Yves-Michel: *»Joyce, Ulysse et Paris«.* In: *Paris et le phénomène des capitales littéraires,* Band I. Paris 1984.

Henry Miller

The Rosy Crucifixion: Sexus. Reinbek 1970.
Plexus. Reinbek 1955.
Nexus. Reinbek 1961.
Wendekreis des Krebses. Reinbek 1979.
Wendekreis des Steinbocks. Reinbek 1980.
Frühling in Paris. Reinbek 1991.

Briefwechsel und Gespräche:

G. Belmont – Henry Miller: *Entretiens de Paris.* Paris 1969.
B. Cendrars – Henry Miller: *Correspondance 1934–1979: 45 ans d'amitié.* Paris 1995.
A. Nin – H. Miller: *Briefe der Leidenschaft 1932 bis 1953.* München 1992.

Über Henry Miller:

Brassaï: *Henry Miller grandeur nature.* Paris 1975.
Deaborn, M, V: *The Happiest Man Alive. A Biography of Henry Miller.* New York 1991.
Mailer, Norman: *Henry Miller, Genius and Lust.* New York 1976.
Nadeau, Maurice: *Grâces leur soient rendues.* Paris 1990.

Patrick Modiano

La Place de l'Étoile. Paris 1968.
La Ronde de nuit. Paris 1969.
Les Boulevards de ceinture. Paris 1972.
De si braves garçons. Paris 1982.
Quartier perdu. Paris 1984.
Chien de printemps. Paris 1993.
Du plus loin de l'oubli. Paris 1996.
Eine Jugend. Frankfurt/M. 1985.
Die Gasse der dunklen Läden. Frankfurt/M. 1988.
Sonntage im August. Frankfurt/M. 1989.
Pariser Trilogie: Abendgesellschaft. Außenbezirke. Familienstammbuch. Frankfurt/M. 1989.
Hochzeitsreise. Frankfurt/M. 1991.
Vorraum der Kindheit. Frankfurt/M. 1992.

Gérard de Nerval

Werke, 3 Bände. München 1988.

Über Nerval:

Album Nerval. Paris 1993.
Jean, Raymond: *»Ecrivains de toujours«.* Paris 1981.
Pichois, Claude, und Brix, Michel: *Gérard de Nerval.* Paris 1995.

Jacques Prévert

Œuvres complètes, 2 Bände. Paris 1993 und 1996.
Gedichte und Chansons. Reinbek 1971.

dazu auch:

Robert Doisneau: *Rue Jacques Prévert.* Paris 1992.

Marcel Proust

Werke, 17 Bände. Frankfurt/M. 1988.

Über Marcel Proust:

Benjamin, Walter: *Zum Bilde Prousts.* Frankfurt/M. 1955.

Über das Paris von Proust:

Trottenberg, Arthur D.: *Ein Bild von Paris.* Frankfurt/M. 1987.
Bancquart, Marie-Claire: *Images littéraires du Paris fin-de-siècle.* Paris 1979.
Ferré, André: *Géographie de Marcel Proust.* Paris 1939.
Tadié, Jean-Yves: *»Le Paris de Marcel Proust«.* In: *Ecrire Paris.* Paris 1990.

Rainer Maria Rilke

Die Aufzeichnungen des Malte Laurids Brigge. Frankfurt/M. 1987.
Briefe 1896–1926. Frankfurt/M. 1991.
Werke, 4 Bände. Frankfurt/M. 1996.

Über das Paris von Rilke:

Betz, Maurice: *Rilke à Paris.* Paris 1990.

Iwan Turgenjew

Gesammelte Werke, 10 Einzelbände. Berlin 1994.

Über Turgenjew in Paris:

Guide des Russes en France. Paris 1990
Troyat, Henri: *Tourguéniev.* Paris 1985.

Paul Verlaine

Œuvres en prose complètes. Paris 1993.
Meine Gefängnisse. Leipzig 1948.
Poetische Werke. Frankfurt/M. 1994.

Über Verlaine:

Album Verlaine. Paris 1981.
Bornecque, J.-H.: *Verlaine.* Paris 1983.
Petitfils, Pierre: *Paul Verlaine.* Paris 1994.

Émile Zola

Les Rougon-Macquart, 5 Bände. Paris 1960–1975.
Der Bauch von Paris. München 1974.
Nana. München 1976.
Die Beute. München 1981.
Thérèse Raquin. Frankfurt/M. 1989.
Die Salons von 1866–1896. Weinheim 1994.

Über das Paris von Zola:

Kranowski, N.: *Paris dans les romans d'Émile Zola.* Paris 1968.
Max, S.: *Les Métamorphoses de la grande ville dans les »Rougon-Macquart«.* Nizet 1966.
Serres, M.: *Feux et signaux de brume, Zola.* Paris 1975.

Danksagung

Ich möchte allen Mitarbeitern dieses Buches für die in ihren Bei-
trägen an den Tag gelegte Genauigkeit und Intelligenz danken.
Sie haben dazu beigetragen, dieses Buch unter den besten
Bedingungen zu vollenden. Es sei mir hier erlaubt, insbesondere
Mona Thomas, die dieses Projekt von Anfang an begleitet und
mit ihren Anregungen stimuliert hat, meine Verbundenheit und
also meinen Dank auszusprechen.

Ein Dank geht ebenfalls an: Professor Claude Pichois, der als
erster durch seine Lesungen von Texten über Baudelaire, Nerval
und Colette mich in die richtige Richtung zu ermutigen wußte;

Yannick Bellon, der so nett war, mir seinen Film über Colette zu
überlassen, eine seltene Quelle über die Orte der Schriftstellerin;
Joël Moro, Medienbeauftragter bei der Abteilung für kulturelle
Angelegenheiten der Stadt Paris; und Christophe Walter, Fotograf, der mir bei der Bebilderung behilflich war; Hélène Favard
und André Derval von der IMEC; Fortunée Sellam und Salya de
Lichana von der BIFI; Georges Hoffman; die Agentur Magnum;
die Agentur Roger Viollet; Didier Rioux von der Dokumentations-
abteilung der Zeitung Le Monde; und Bernard Delvaille, für einen
wichtigen bibliographischen Hinweis.

Bildnachweis

© RMN: S. 12, 19
© Photothèque des Musées de la Ville de Paris / Cliché
Eugène Atget: S. 20 o., 52, 160
© Photothèque des Musées de la Ville de Paris / Cliché Char-
les Marville: S. 53, 54, 94, 185, 189
© Photothèque des Musées de la Ville de Paris: S. 22, 45,
197
© Patrick Zachmann / Magnum: S. 20 u., 21
© Roger Viollet: S. 8 o., 10 o., 11 o., 12 o., 13 u., 14 o.,
26 o., 29, 40, 71, 88, 91, 99, 121, 139, 145 u., 157,
167, 168, 175, 176
© Harlingue-Viollet: S. 9 o., 10 u., 11 o., 11 u., 39, 74,
101, 183, 193, 194
© Collection Viollet / Carjat: S. 9 u., 49

© Lipnitzki-Viollet: S. 13 o., 76, 111
© LL-Viollet: S. 112, 190
© Collection Viollet / Nadar: S. 8 u., 137
© BHVP: S. 35, 159, 172, 196
© DAC / DAP / Photo Marchand: S. 41 o.
© DAC / DAP / Photo Clavier: S. 41 u.
© Pepe Fernandez: S. 17 o., 157
© Gallimard / Photo André Bronin: S. 16 u., 63
© Gallimard / Jacques Sassier: S. 127
© Fonds Adrienne Monnier / Archiv IMEC: S. 83, 84, 114
© BIFI / Coll. Cinémathèque Française: S. 95, 155
© Robert Doisneau / Rapho: S. 15 o., 149
© Giraudon: S. 145 o.
D. R.: S. 15 u., 117

Anmerkung: o. = oben; u. = unten

Titel der Originalausgabe
Paris des Écrivains
Fotografien von Georges Fessy
Herausgegeben von Laure Murat
Erschienen bei Les Editions du Chêne – Hachette Livre 1996
© 1996 Editions du Chêne – Hachette Livre

Die Deutsche Bibliothek – CIP-Einheitsaufnahme
Paris – Stadt der Dichter / hrsg. von Laure Murat
Mitarb.: Patrizia Briguglio … Fotografien von Georges Fessy
Aus dem Franz. von Christophe Zerpka. –
Dt. Erstausg. – München : Knesebeck 1997
Einheitssacht.: Paris des écrivains <dt.>
ISBN 3-89660-026-5

© 1997 von dem Knesebeck GmbH & Co.
Verlags KG, München
Umschlag: Zembsch' Werkstatt, München
Umschlagabbildung: Georges Fessy
Herstellung: Heidi Kitz, München
Satz: Satz & Repro Grieb, München
Druck und Bindung: Cayfosa, Barcelona
Printed in Spain